U0908933

主权财富基金监管研究

Research on Regulation of Sovereign Wealth Funds

李 虹 著

编委会及编辑部成员名单

序　一

博士后制度是19世纪下半叶首先在若干发达国家逐渐形成的一种培养高级优秀专业人才的制度，至今已有一百多年历史。

20世纪80年代初，由著名物理学家李政道先生积极倡导，在邓小平同志大力支持下，中国开始酝酿实施博士后制度。1985年，首批博士后研究人员进站。

中国的博士后制度最初仅覆盖了自然科学诸领域。经过若干年实践，为了适应国家加快改革开放和建设社会主义市场经济制度的需要，全国博士后管理委员会决定，将设站领域拓展至社会科学。1992年，首批社会科学博士后人员进站，至今已整整20年。

20世纪90年代初期，正是中国经济社会发展和改革开放突飞猛进之时。理论突破和实践跨越的双重需求，使中国的社会科学工作者们获得了前所未有的发展空间。毋庸讳言，与发达国家相比，中国的社会科学在理论体系、研究方法乃至研究手段上均存在较大的差距。正是这种差距，激励中国的社会科学界正视国外，大量引进，兼收并蓄，同时，不忘植根本土，深究国情，开拓创新，从而开创了中国社会科学发展历史上最为繁荣的时期。在短短20余年内，随着学术交流渠道的拓宽、交流方式的创新和交流频率的提高，中国的社会科学不仅基本完成了理论上从传统体制向社会主义市场经济体制的转换，而且在中国丰富实践的基础上展开了自己的伟大创造。中国的社会科学和社会科学工作者们在改革开放和现代化建设事业中发挥了不可替代的重要作用。在这个波澜壮阔的历史进程中，中国社会科学博士后制度功不可没。

值此中国实施社会科学博士后制度20周年之际，为了充分展示中国社会科学博士后的研究成果，推动中国社会科学博士后制度进一步发展，全国博士后管理委员会和中国社会科学院经反复磋商，并征求了多家设站单位的意见，决定推出《中国社会科学博士后文库》(以下简称《文库》)。作为一个集中、系统、全面展示社会科学领域博士后优秀成果的学术平台，《文库》将成为展示中国社会科学博士后学术风采、扩大博士后群体的学术影响力和社会影响力的园地，成为调动广大博士后科研人员的积极性和创造力的加速器，成为培养中国社会科学领域各学科领军人才的孵化器。

创新、影响和规范，是《文库》的基本追求。

我们提倡创新，首先就是要求，入选的著作应能提供经过严密论证的新结论，或者提供有助于对所述论题进一步深入研究的新材料、新方法和新思路。与当前社会上一些机构对学术成果的要求不同，我们不提倡在一部著作中提出多少观点，一般地，我们甚至也不追求观点之“新”。我们需要的是有翔实的资料支撑，经过科学论证，而且能够被证实或证伪的论点。对于那些缺少严格的前提设定，没有充分的资料支撑，缺乏合乎逻辑的推理过程，仅仅凭借少数来路模糊的资料和数据，便一下子导出几个很“强”的结论的论著，我们概不收录。因为，在我们看来，提出一种观点和论证一种观点相比较，后者可能更为重要：观点未经论证，至多只是天才的猜测；经过论证的观点，才能成为科学。

我们提倡创新，还表现在研究方法之新上。这里所说的方法，显然不是指那种在时下的课题论证书中常见的老调重弹，诸如“历史与逻辑并重”、“演绎与归纳统一”之类；也不是我们在很多论文中见到的那种敷衍塞责的表述，诸如“理论研究与实证分析的统一”等等。我们所说的方法，就理论研究而论，指的是在某一研究领域中确定或建立基本事实以及这些事实之间关系的假设、模型、推论及其检验；就应用研究而言，则指的是根据某一理论假设，为了完成一个既定目标，所使用的具体模型、技术、工具或程序。众所周知，在方法上求新如同在理论上创新一样，殊非易事。因此，我们亦不强求提出全新的理论方法，我们的最低要求，是要按照现代社会科学的研究规范来展开研究并构造论著。

我们支持那些有影响力的著述入选。这里说的影响力，既包括学术影响力，也包括社会影响力和国际影响力。就学术影响力而言，入选的成果应达到公认的学科高水平，要在本学科领域得到学术界的普遍认可，还要经得起历史和时间的检验，若干年后仍然能够为学者引用或参考。就社会影响力而言，入选的成果应能向正在进行着的社会经济进程转化。哲学社会科学与自然科学一样，也有一个转化问题。其研究成果要向现实生产力转化，要向现实政策转化，要向和谐社会建设转化，要向文化产业转化，要向人才培养转化。就国际影响力而言，中国哲学社会科学要想发挥巨大影响，就要瞄准国际一流水平，站在学术高峰，为世界文明的发展作出贡献。

我们尊奉严谨治学、实事求是的学风。我们强调恪守学术规范，尊重知识产权，坚决抵制各种学术不端之风，自觉维护哲学社会科学工作者的良好形象。当此学术界世风日下之时，我们希望本《文库》能通过自己良好的学术形象，为整肃不良学风贡献力量。

李扬

中国社会科学院副院长

中国社会科学院博士后管理委员会主任

2012 年 9 月

序　二

在21世纪的全球化时代，人才已成为国家的核心竞争力之一。从人才培养和学科发展的历史来看，哲学社会科学的发展水平体现着一个国家或民族的思维能力、精神状况和文明素质。

培养优秀的哲学社会科学人才，是我国可持续发展战略的重要内容之一。哲学社会科学的人才队伍、科研能力和研究成果作为国家的“软实力”，在综合国力体系中占据越来越重要的地位。在全面建设小康社会、加快推进社会主义现代化、实现中华民族伟大复兴的历史进程中，哲学社会科学具有不可替代的重大作用。胡锦涛同志强调，一定要从党和国家事业发展全局的战略高度，把繁荣发展哲学社会科学作为一项重大而紧迫的战略任务切实抓紧抓好，推动我国哲学社会科学新的更大的发展，为中国特色社会主义事业提供强有力的思想保证、精神动力和智力支持。因此，国家与社会要实现可持续健康发展，必须切实重视哲学社会科学，“努力建设具有中国特色、中国风格、中国气派的哲学社会科学”，充分展示当代中国哲学社会科学的本土情怀与世界眼光，力争在当代世界思想与学术的舞台上赢得应有的尊严与地位。

在培养和造就哲学社会科学人才的战略与实践上，博士后制度发挥了重要作用。我国的博士后制度是在世界著名物理学家、诺贝尔奖获得者李政道先生的建议下，由邓小平同志亲自决策，经国务院批准于1985年开始实施的。这也是我国有计划、有目的地培养高层次青年人才的一项重要制度。二十多年来，在党中央、国务院的领导下，经过各方共同努力，我国已建立了科学、完备的博士后制度体系，同时，形成了培养和使用相结合，产学研相结合，政府调控和社会参与相结合，服务物质文明与精神文明建设的鲜明特色。通过实施博士后制度，我国培养了一支优秀的高素质哲学社会科学人才队伍。他们在科研机构或高等院校依托自身优势和兴趣，自主从事开拓性、创新性研究工作，从而具有宽广的学术视野、突出的研究能力和强烈的探索精神。其中，一些出站博士后已成为哲学社会科学领域的科研骨干和学术带头人，在“长江学者”、“新世纪百千万人才工程”等国家重大科研人才梯队中占据越来越大的比重。可以说，博士后制度已成为国家培养哲学社会科学拔尖人才的重要途径，而且为哲学社会科学的发展造就了一支新的生力军。

哲学社会科学领域部分博士后的优秀研究成果不仅具有重要的学术价值，而且具有解决当前社会问题的现实意义，但往往因为一些客观因素，这些成果不能尽快问世，不能发挥其应有的现实作用，着实令人痛惜。

可喜的是，今天我们在支持哲学社会科学领域博士后研究成果出版方面迈出了坚实的一步。全国博士后管理委员会与中国社会科学院共同设立了《中国社会科学博士后文库》，每年在全国范围内择优出版哲学社会科学博士后的科研成果，并为其提供出版资助。这一举措不仅在建立以质量为导向的人才培养机制上具有积极的示范作用，而且有益于提升博士后青年科研人才的学术地位，扩大其学术影响力和社会影响力，更有益于人才强国战略的实施。

今天，借《中国社会科学博士后文库》出版之际，我衷心地希望更多的人、更多的部门与机构能够了解和关心哲学社会科学领域博士后及其研究成果，积极支持博士后工作。可以预见，我国的博士后事业也将取得新的更大的发展。让我们携起手来，共同努力，推动实现社会主义现代化事业的可持续发展与中华民族的伟大复兴。

王晓初

人力资源和社会保障部副部长

全国博士后管理委员会主任

2012 年 9 月

摘 要

2007年秋天至今，拥有政府背景、透明度低、规模巨大且快速增长的主权财富基金（Sovereign Wealth Funds，SWFs）及其投资行为引起了东道国和母国的关切，引发了监管层和学术界的广泛重视。在此过程中，主权财富基金通常被视为非商业投资者，其政治性投资可能对全球金融市场、对东道国国家利益和经济安全、对目标公司治理等带来负面影响。主权财富基金监管问题进而被高度政治化。2008年金融危机的爆发导致主权财富基金的投资亏损惨重，这一境况部分地消除了东道国的情绪化反应或阴谋论论调，表明主权财富基金的潜在危害被夸大了，同时也激起了母国对主权财富基金功能定位和发展前景的担忧。

主权财富基金是初始资本源于外汇资产的、为获得超出无风险回报率的、政府所有的投资工具或资本集合。主权财富基金的形成根源于全球经贸的持续不平衡和国际货币体系的内在缺陷。以中国为代表的新兴市场国家设立主权财富基金的主要目的是降低超额外汇储备的持有成本，力争实现全球资本利得的公平分配，是对主要国际储备货币即美元泛滥的适应性调整。由于缺乏良好的公司治理架构和规制体系，主权财富基金进入全球金融市场意味着超额外汇储备的保值增值将面临更大的风险暴露。同时，主权财富基金的兴起打破了全球资本流动的传统格局，展现出了新兴经济体日益突出的重要性和国际金融监管的体制性缺陷。主权财富基金引发的深层次焦虑，反映了全球经济的结构性失衡问题，反映了公权力主体以私法人方式深度介入市场给传统国际法治带来的严峻挑战。总体来看，当前国际社会在主权财富基金规制问题上存在着明显缺陷，即缺少母国视角，忽视了主权财富基金形成与投资过程中的东道国责任与母国利益，在很大程度上形成了对主权财富基金投资的限制性或歧视性待遇。

有效监管主权财富基金是促进全球经济健康均衡发展、推动全球金融监管合作的重要突破口。主权财富基金监管的基本取向是“去政治化”，即通过一系列制度安排，将主权财富基金变成公认的中性的市场投资者。“去政治化”的实现需要大力推进两个转变，即监管主导者从东道国向母国转变；监管重心从投资者身份向投资行为转变。转变监管主导者要求母国以透明有效的方式将政府的股东或控制者角色与监管者功能区分开来，用法律和市场问责代替政治问责机制，减少政治干预，划清公私权力的界限。转变监管重心要求东道国和国际社会在投资者身份问题上坚持监管中性原则，即不因投资者的所有权或决策者而改变监管措施，减少对主权性投资的歧视，防止仅因投资者的政府背景而对其实施特别或额外限制措施，而仅基于投资行为本身制定监管规定。

在具体实施步骤上，我们提出了完善主权财富基金规制的“有限修补”方案。建议母国“先行一步”，首先完善本国的制度框架和主权财富基金的治理结构，实现母国股东角色与监管者角色的有效分离，着力培养主权财富基金的“自生能力”。在此基础上，东道国需要厘清“国家安全”、“关键基础设施”等法律制度，厘清主权豁免例外的适用情形，并建议采用单独实体排除规则和行为性质判定相结合的标准来具体分析主权财富基金的行为是否构成主权行为。

在国际法层面，通过扩大双边投资协议中对投资的界定，将国际投资法延展适用于主权财富基金。建议采取以双边为基础的以资本利得为对象的税收信息共享机制，并基于市场投资者与系统重要性测试对主权财富基金分类规制。对不具有市场投资者地位，但具备系统重要性的主权财富基金，由金融稳定理事会监管。对具有市场投资者地位的主权财富基金，则遵循私法自治原则进行处理。这个方案坚持“去政治化”或法治化方向，旨在促使东道国和国际法对主权财富基金的监管重点实现从“身份”到“契约”的转变。

关键词： 主权财富基金监管　去政治化　中投　公司治理　投资争端解决

Abstract

The emergence of Sovereign Wealth Funds (SWFs) and their investment have attracted attentions from both host and home countries and have become a hot–debated topic among regulators and academics since 2007, resulting from SWFs' governmental ownership, opaque transparency as well as huge and rapidly growing scale. In the process, SWFs have been controversially perceived as non–commercial investors and their politics–based investment should be a threat to or a negative impact on the global financial market, the safety of host countries' national interests or domestic economy as well as the quality of the invested corporation governance. Therefore SWFs regulation has been highly politicized. Until the financial crisis erupted in 2008 and led to SWFs' more–than–hundreds–billions–loss, the emotional reaction or conspiracy argument from host countries were partly eliminated, while not surprisingly, this situation testified eloquently that the potential hazards of SWFs were exaggerated and also aroused home countries concerns about SWFs' function and prospects.

SWFs are defined by the author as investment tools or capital pools owned by government, initiated with foreign exchange assets and aiming to obtain rational financial return beyond the risk–free rate. The rise of SWFs is rooted of global trade long–standing imbalance and the inherent defects of the international monetary system. The specific purpose of setting up SWFs in the emerging countries such as China is to reduce holding cost for excessive foreign exchange reserves and to achieve an equitable distribution of global capital gains in the world, which can be viewed as an adaptive adjustment to abuse of dollar's reserve currency status by the United States. Due to lack of sound corporate governance structure and corresponding regulation system, SWFs' rush into global financial markets implies a greater risk exposure of excessive foreign exchange reserves. Meanwhile, the rise of SWFs takes a great change to traditional pattern of global capital flows, suggesting the growing importance of the emerging countries in global economic landscape as well as drawbacks of international financial supervision system. Moreover, the deep anxiety raised by SWFs reflects the problem of global macroeconomic imbalances and the great challenge brought to traditional international law by public power's embedding into market in the private law way as SWFs investment. Overall, the response of international society to SWFs has a significant deficiency, i.e., lack of perspective from home countries, leading to that potential threat of the funds has been exaggerated, and the responsibility neglected by host and home countries. So the SWFs have been treated restrictively and discriminatorily.

Effective regulation for SWFs is a critical breakthrough to promote global economy to develop healthly and steady and to enhancing world-wide financial regulation cooperation. The best way forward is to depoliticize SWFs regulation and make SWFs become typical or generally be accepted neutral market investors. Accordingly, two big transitions are needed, i.e., the home rather than host countries should exert most regulatory function and the investment behavior rather than identities or ownership of the investors should be topped among supervisory targets. Primary regulator transition requires home countries to erect transparent firewalls between their role as shareholders and as watchdogs of state-owned capital-exporting, and to employ legal/market accountability instead of political accountability to reduce improper governmental interference and draw the clear boundaries of public and private power. Supervisory target transition requires international society, especially host countries, adhere to regulatory neutrality principle, regardless of investors' ownership, meaning the regulators make decisions and rules only based on investment behavior itself, rather than investors' owners, and take efforts to reduce discriminatory treatment with SWFs.

In terms of specific measures, the author proposes a three-step functional approach to regulate SWFs. The home countries should firstly improve corporate governance of SWFs and make the funds viable, i.e., the funds are capable to obtain the normal market profit without policy allowance and administrative subsidiary. And then host countries need to review and amend the degree and scope of sovereign immunity exception, national security review mechanism and the key infrastructure protection system. A comprehensive judgment based on separate entity exclusion and nature of activity is recommended when analyzing whether the SWFs' investment is the sovereign activity.

The international law should clarify and redefine concepts of investment in bilateral investment agreements and then the international investment law should apply to SWFs under the definition. It is recommended to build a bilateral-based capital gains tax information sharing mechanism and to impose classified supervision on SWFs in accordance with the test result of market -based investor and importance of system. Financial Stability Board should assume responsibility for regulating the SWFs which are systemically important without market investor status, while the SWFs with market investor status should be treated in line with the principle of private autonomy. This strategy keeps to depoliticizing SWFs investment and will make the focus of international regulation and law about SWFs transformed from identity (who it is) to contract (what it has done).

Key Words: Sovereign Wealth Funds Regulation; Depoliticization; China Investment Corporation; Corporate Governance; Investment Dispute Settlement

目 录

Contents

导 论

本研究试图解决的主要问题是：如何有效地监管主权财富基金。这里首先追溯主权财富基金规制问题的成因，在阐明主权财富基金问题的复杂性与多维性基础上，回顾学界近年来的研究进展，进而确定问题边界和本研究定位。

第一节 选题背景与研究意义

一、选题背景

主权财富基金在非严格意义上被界定为独立于外汇储备而以外汇资产为主要来源的政府投资工具。[①] 作为新名词，主权财富基金迟至 2005 年由经济学家 Andrew Rozanov 首次提出。[②] 但作为一类投资者，早在 20 世纪 50 年代，科威特等国就出现了利用本国外汇资产进行投资的专门投资者，更有学者将其追溯到 1816 年法国设立的信托投资局（Caisse des Depots et

---

① 本书未严格区分外汇储备和外汇资产，央行储备属于 IMF（International Monetary Fund）定义的官方外汇储备范畴。参见 IMF，Balance of Payments Manual（Fifth edition），at XXI.“Reserve Assets”.

② 他指出，随着一国宏观经济、贸易条件和财政收支状况的改善，以及政府长期预算与财政支出限制政策的实施，国家财政盈余与外汇储备盈余不断积累。针对过多的财政盈余与外汇储备盈余，一些国家成立了专门的投资机构来进行管理运作，这类机构可称为“主权财富基金”。参见 Andrew Rozanov，“Who Holds the Wealth of Nations?”，*Central Banking Journal*，Vol. 15，No. 4，2005，p.3.

Consignations，CDC）。[①] 主权财富基金的兴起是 2007 年以来全球金融业的重大事件之一，特别是由其发起的投资行动在这次源自美国的世界金融危机中备受关注，它们不仅成为母国和东道国金融业者以及相关国家监管机构与国际组织的考察目标，也引起了学术界的兴趣，成为研究全球化背景下主权变迁与金融业未来发展趋势的重要对象之一。

1. 主权财富基金的兴起与东道国的担忧

（1）主权财富基金兴起的主要原因。主权财富基金在过去 10 年得到长足发展的主要原因包括：第一，2000 年以来世界外汇储备总规模迅速上升，规模空前。[②] 外汇储备总量上升主要是因为：其一，全球贸易不平衡。20 世纪 90 年代中期到 2007 年，发达国家和发展中国家形成了明显的“消费—供给结构”，很多发展中国家坚持出口导向型经济，这导致它们尤其是中国的外汇储备迅速增长，而发达国家尤其是美国以消费为经济发展的主导力量，贸易赤字不断增加，形成了显著且越来越难以持续的全球经济失衡状态。其二，自我保险或谨慎动机。因全球金融体系的不稳定性在 20 世纪 80 年代以后越发明显，发生在 90 年代的新兴国家金融危机也显示，以 IMF 为首的国际金融体系在风险预警、危机防范及灾后援助等方面存在制度性缺陷，拥有高流动性的外汇资产不仅有利于改善本国的主权信用评级，降低借款成本，从而减少金融危机爆发带来的损害，还有利于降低危机爆发的概率，故持有外汇储备是管理金融风险、阻隔危机传染的重要自保工具。[③] 其三，管理汇率或“重商”动机。在汇率自由化的背景下，中央银行常常出于防止本币升值的动机而购买外汇（盯住美元或限制汇率波动区间），以维护本国宏观经济稳定和出口竞争力，但此动机要弱于自保动机。[④] 其四，能源矿产等资源类产品价格不断上升，形成大量的“石油

---

① 也被译为“法国国有控股公司”、“法国信托投资银行”。法国信托投资局主要从事公益性活动，以 1816 年成立时制定的原则为基础，即管理政府要求给予特殊保护的私营资金，还利用自有资金参与四大部门的国有政策管理，并通过下设的分公司参与市场竞争行业管理。参见 http：//www.caissedesdepots.fr/en/le-groupe/identite/presentation.html.

② IMF，Currency Composition of Official Foreign Exchange Reserves，2013. 以及国家外汇管理局：国家外汇储备规模。

③ Donghyun Park and Gemma B. Estrada，“Are Developing Asia's Foreign Exchange Reserves Excessive? An Empirical Examination”，ADB Economics Working Paper Series，No. 170，2009，p. 2；Martin Feldstein，“A Self-Help Guide for Emerging Markets”，Foreign Affairs，Mar/Apr. 1999，p. 94.

④ Joshua Aizenman and Jaewoo Lee，“Financial versus Monetary Mercantilism：Long-run View of Large International Reserves Hoarding”，IMF Working Paper，06/280，2006，p. 3.

美元”。[1]

第二，超额外汇储备的持有成本不断上升，各国央行倾向于通过多元化投资在流动性和营利性之间谋求平衡。持有外汇储备的成本包括经济成本和社会成本，前者包括冲销成本、机会成本及资产负债表风险等。后者包括过分倚重储备积累而忽视改革资本账户管理政策以减少短期外债水平，而且巨额外汇储备可能造成一国经济繁荣安全的假象而导致进一步的经济改革乏力。[2] 对此，有学者将其通俗地概括为三点：Dornbusch 问题，穷人借钱给富人；Willimson 问题，穷人高息从富人处借钱，再把钱低息借回给富人；Krugman 问题，借给富人的钱面临遭受资本损失的危险。[3] 故对任何国家而言，都存在最优外汇储备水平，在该点上持有储备的边际收益与边际成本大致平衡。学者们设计了多种方法来计算最优外汇储备水平。[4] 据此得出的共同结论是发展中国家尤其是亚洲国家积累了过多的超额外汇储备。[5] 同时，持有以美元为主的外汇资产的长期收益率趋于零甚至在某些情形下趋于负值。从而，这就为持有超额外汇储备的国家采取购买美国国债之外的方式经营外汇储备以减少本国的福利损失提供了经济和政治上的双重支持。

（2）主权财富基金引发的担忧及其重估。东道国对主权财富基金的主要困扰包括国家安全或战略产业安全问题、可能对国际金融市场引起异动或资产泡沫，以及对目标公司治理体系的负面影响等。此外，还有一些来

---

① Diana Farrell and Susan Lund, “The New Role of Oil Wealth in the World Economy”, McKinsey Global Institute Report, Jan. 2008, p. 2.

② 一个国家获得流动性的途径有三个，即减少短期债务、创设附担保的信用便利、增加央行的外汇储备。诺齐克指出，发展中国家大量积累储备不失理性，但更好的途径是将增加储备与减少短期债务结合起来，而不能仅仅依赖储备的增加而停止对资本账户管理政策的调整和完善。参见 Dani Rodrik, “The Social Cost of Foreign Exchange Reserves”, Paper Prepared for Presentation at the American Economic Association Meetings in Boston, Jan. 2006, p. 4; Russell Green and Tom Torgerson, “Are High Foreign Exchange Reserves in Emerging Markets: A Blessing or a Burden?”, Office of International Affairs Occasional Paper, No. 6, 2007, p. 1.

③ 余永定：《美国经济再平衡视角下中国面临的挑战》，《国际金融研究》2010 年第 1 期。

④ 比如，储备/债务比例法、储备/进口比例法、储备/M2 比例法、储备/GDP 比例法、机会成本论、货币供给决定论等。参见 Olivier Jeanne and Romain Ranciere, “The Optimal Level of International Reserves for Emerging Market Economies: Formulas and Applications”, IMF Research Department Mimeo, 2005, p. 7.

⑤ Donghyun Park and Gemma B. Estrada, “Are Developing Asia's Foreign Exchange Reserves Excessive? An Empirical Examination”, ADB Economics Working Paper Series, No. 170, 2009, p. 2.

自意识形态考量，比如，一些评论者依照西方标准，断定主权财富基金母国的民主程度一般都较低，主权财富基金运作的透明度也与母国民主程度负相关，所以这种主权性投资可能树立一种不良的典范，对欧美等国自由民主资本主义发展模式构成威胁。从而，主权财富基金的出现本身不仅对现有市场格局，而且对主流经济学理论及华盛顿共识都带来了强烈冲击。

东道国的担忧主要来自：其一，主权财富基金的巨大规模和快速增长。其二，主权财富基金的政府背景。尽管对主权财富基金的界定存在诸多差异，但它们的重要共识是政府对主权财富基金的运作拥有最终决定权。其三，主权财富基金运作的低透明度。学者们发现多数主权财富基金缺乏有效的公司治理结构和内控控制框架，也很少对其投资战略和财务运营进行披露。①

上述困扰在 2008 年前后引起了一连串的政策反应，比如：第一，IMF 在 2007 年第一季度的《金融稳定报告》中将对冲基金等机构投资者和主权财富基金的日益活跃并列为国际金融业出现的新的重大变化，呼吁各国对金融监管的重点和模式予以调整；第二，美国等国家着手制定更严格的外资并购政策，或强化对外资的国家安全审查机制；第三，2008 年初，美国、新加坡及阿拉伯联合酋长国就主权财富基金投资问题达成九项原则；第四，以 IMF 为秘书处的主权财富基金国际工作组 2008 年 10 月制定并发布《普遍接受的原则与实践》，即《圣地亚哥原则》。②

金融危机的持续恶化使得主权财富基金的作用与影响被重新评估，主要原因在于：其一，东道国的担心缺乏证据支持，无论在历史上还是在这次危机中，主权性投资行为并未对东道国国家安全、国际金融市场及目标公司构成真实威胁；其二，很多母国声明本国主权财富基金是一个长期消极投资者，其经营目标是商业利益而非政治考量；其三，在危机中，几乎所有的主权财富基金在海外尤其是欧美金融市场的投资都面临着巨额亏损。③ 这使人们认识到主权财富基金是一把“双刃剑”，母国必须确保主权

① Bruce Winfield Bean，“Attack of the Sovereign Wealth Funds：Defending the Republic from the Threat of Sovereign Wealth Funds?”，Michigan State University College of Law Legal Studies Research Paper，No. 08-01，2010，p. 5.

② 李虹：《主权投资基金的法律性质及其监管》，《政治与法律》2008 年第 7 期。

③ IFSL，Sovereign Wealth Funds 2010，p. 6，Mar. 2010. 其中，主权财富基金在 2008 年前后大量购入的七家金融机构即瑞士信贷、巴克利、花旗、瑞银、摩根士丹利、美林、德意志的股价到 2009 年底分别下跌 10%、15%、90%、63%、45%、68%、56%。

财富基金问责体系的高效运行，并在全球规制中发挥更大的作用。

2. 全球金融危机：不是“病因”，是“病症”

当进一步追问超额外汇储备是怎样形成的，我们会意识到母国是“代人受过”，东道国则有“倒打一耙”之嫌；我们还将发现发端于美国的全球性金融危机与主权财富基金的兴起同时出现并非全然巧合。其必然性在于：它们都是全球经济贸易不平衡的表现，而这种不平衡源自国际货币体系的不健全和国际储备货币发行国（主要是美国）的政策失误。从而，主权财富基金的形成所引发的问题与东道国尤其是美国关系紧密，甚至可以说正是美国的政策导致了母国不得不选择以主权财富基金的形式来部分地填补因为在国际货币体系中处于不利地位而带来的损失。

金融危机、全球经贸不平衡以及国际货币体系不健全之间的逻辑关系潜藏于下述事实之中。自第二次世界大战以来，在布雷顿森林体系下，美联储扮演着“世界央行”的角色。然而，这个体系存在内在缺陷，即特里芬两难：美元储备货币以美国保持贸易逆差为条件，而美国保持贸易逆差必然导致对美元—黄金本位的信心崩溃，并由此导致了布雷顿森林体系的崩溃。

1980 年以后，尽管美国出现了持续经常项目逆差，但美元并未出现明显贬值趋势，形成了美元本位制。其间，美元国际循环由金融渠道投放、贸易渠道回流转化为贸易渠道投放、金融渠道回流。但后一种模式潜存巨大风险：美国经济因美元超量供给、“去工业化”趋势、金融泡沫膨胀、对国外储蓄的依赖而日渐空虚和脆弱；贸易国家经济由于对美国市场的过度依赖以及货币升值压力带来的调控难题、美元资产损失风险而渐失稳定；世界经济也因过度依赖美国的贸易逆差而面临衰退的风险。[①] 这种不平衡的最直接体现便是以中国为首的东亚[②] 积累了巨额外汇储备，劳伦斯·萨默斯将此局面称为“金融恐怖平衡”。[③]

---

① 学者们对此有不同的概括。参见张纯威:《美元本位、美元环流与美元陷阱》,《国际金融研究》2008 年第 6 期。

② 亚洲在过去 10 年持有的外汇储备在世界总量中的比例迅速上升。在世界外汇储备最多的前 10 个经济体中，有 7 个来自亚洲。IMF，“International Financial Statistics Online Database and Currency Composition of Official Foreign Exchange Reserves”， available at http：//www.imf.org/external/np/sta/cofer/eng/index.htm.

③ Lawrence H. Summers，“The United States and the Global Adjustment Process”，Speech at the Third Annual Stavros S. Niarchos Lecture at Institute for International Economics，Mar. 23，2004.

在危机爆发前，国际经济学界讨论的热点问题是国际收支不平衡的原因及其可持续性。经济学家们通常假设美国资本市场能够为外国投资者提供稳定的回报率；外国投资者之所以要求逐渐提高风险贴水，并非担心美国资本市场会发生什么问题，而是仅基于外债余额对 GDP 比例提高必然导致美国偿债能力下降这一简单假设。但危机的爆发暴露出美国金融资产的高风险性，而这在很大程度上正是国际收支不平衡的效应之一：大量外资通过私人资本和国债形式进入美国资本市场，使美国得以保持低利息率，助长了美国的房地产泡沫和其他形形色色的资产泡沫，进而助长了美国资本市场的过度扩张和无节制的消费。在此情形下，美元作为储备货币、美国国债作为储备资产的资格本身的信誉受到严重挑战，[①] 美联储已有从世界银行沦为世界掠夺者的嫌疑。对外国投资者尤其是主权财富基金母国来说，最重要的是如何尽快摆脱美元资产陷阱，减少损失。

简而言之，美国凭借美元的“储备货币”地位攫取的国际铸币税成为弥补其经常项目逆差的稳定来源，这既是全球经贸不平衡的根源，也是美国资本市场过度扩张和无节制消费的根源。全球经贸不平衡导致了发展中国家尤其是亚洲国家积累了巨额外汇储备，[②] 而资本市场高风险意味着美元资产的价格泡沫和美元作为外汇储备的稳定性与收益不断下降，并最终引爆危机。其间，主权财富基金及其母国绝非罪魁祸首，也非症结所在；这是以美国为首的储备货币发行国实施不当经济政策积重难返而结出的“罪恶之果”，是病症表象。与持有美国国债相比，母国试图通过主权财富基金持有股权或其他资产的行为与其说是“图谋不轨”，还不如说是“亡羊补牢”。

3. 中国因素：全球化背景下的经济结构和政治结构调整

中国投资有限责任公司（以下简称中投）自成立之日起就一直备受国内外监管者、金融市场甚至普通民众的广泛关注，直接原因包括：

首先，我国是世界上外汇储备和超额外汇储备最多的国家。巨额外汇储备被视为 10 年来全球经贸不平衡的重要体现。所以在危机爆发前中国

---

① 余永定：《国际货币体系改革和中国外汇储备资产保值》，《国际经济评论》2009 年第 5 期。

② 也正因此，有必要将 20 世纪 70 年代布雷顿森林体系崩溃前后的外汇储备所蕴含的经济意义和政策效应区分开来，不宜完全等同视之。

的巨额贸易顺差以及由此引发的人民币币值低估问题一直是争论的焦点，国内学者则同时关注由此反映出的经济体制与经济增长方式中的深层次问题。当然，这也展现了我国经济实力在世界格局中的重要变化，而此变化被认为是世界领导权开始由西方向东方转移的表现。①

其次，我国的外汇储备大部分体现为美元资产，超额外汇储备可能引发国际金融体系的结构性变化。不同学者对此的估计有所差异，但通常认为美元资产占我国外汇储备的70%以上。② 正如克鲁格曼所言，巨额外汇储备使中国一不留神从人民共和国变成了 T-bills 共和国，跌入了美元陷阱。③ 然而，由于美国政府采取极度扩张性货币政策和财政政策，美元供应急剧增加，我国所持有的美元资产已贬值。④ 这也正是我国领导人不止一次要求美国政府确保美国国债价值的缘由。然而，美国人更关注的是中国抛售美国国债可能带来的经济和安全后果。⑤

最后，中投本身的原因。这些因素包括：其一，规模巨大，中投拥有超过 2000 亿美元的资本金，成立伊始即跻身世界前五大主权财富基金行列；其二，投资策略问题，中投倾向于向金融以及能源等被视为具有战略意义的产业和企业投资；⑥ 其三，政府背景浓厚；其四，海外投资亏损问题严重，比如中投在成立第一个年度中的海外投资亏损达到-2.1%；⑦ 其五，公司治理问题，体现为投资透明度低、战略目标模糊等。

然而，我国主权财富基金的设立及其受到广泛关注的更深层次原因在于我国经济结构与政治结构的重大调整：中投的成立既是我国市场化改革的成果，也是我国法治化进程的缩影，而中投自身蕴涵及其遭逢的问题同

① James Hoge, "A Global Power Shift in the Making", *Foreign Affairs*, Jul./Aug. 2004, p. 2.

② Philip D. Wooldridge, "The Changing Composition of Official Reserves", BIS Quarterly Review, Sept. 2006.

③ Paul Krugman, "China's Dollar Trap", *The New York Times*, Apr. 2, 2009.

④ 余永定：《国际货币体系改革和中国外汇储备资产保值》，《国际经济评论》2009 年第 5 期。

⑤ 为此，美中经济与安全审查委员会于 2010 年专门举行了中国持有美国国债问题的听证会。与会者观点各异，有人认为中国持有的美国国债是命脉，但也有人认为那不过是“纸老虎”。参见 http：//www.uscc.gov/hearings/2010hearings/hr10_02_25.php（2010 年 3 月 10 日访问）。

⑥ 比如，中投已向加拿大泰克资源公司（能源产业）、哈萨克斯坦石油天然气勘探开发股份有限公司（能源产业）、新加坡来宝农业集团（农业与物业）、印度尼西亚布米资源公司（能源产业）、包钢集团（能源产业）、保利香港（房地产）、英国歌鸟房地产公司（房地产）、澳大利亚嘉民集团（房地产）、北京金隅（建材业）等企业投资。

⑦ 中国投资有限责任公司：《2008 年年度报告》，第 32 页。

样也反映了我国在市场化与法治化路径上需要直面的重重障碍。

就经济方面而言：其一，中投是市场化改革的重要成果，是我国汇率形成机制与外汇管理方式对我国经济发展的适应性调整，意味着长期由中国人民银行消极经营模式开始向市场化积极管理模式转变，由外汇储备的财政性使用向商业性使用转变。其二，中投的成立是我国经济沉疴的表征之一。大规模超额外汇储备是我国经济高度外向性或依赖性的产物，这除了与我国的改革开放后生产力得以释放有关之外，与汇率机制的关系也十分密切。政府主导下的出口导向和投资驱动政策是我国经济快速发展的机制因素，出口导向的主要政策工具是制度壁垒（如关税）和汇率政策，前者用来保护国内市场，后者用来促进出口发展，从而使得我国可以用出口来弥补内需不足，支持经济增长，并形成了历史上绝无仅有的长期双顺差局面。[①] 这种做法的后果是借助低汇率出口低要素价格产品和低附加价值产品，“低价抛售”了包括劳动力在内的资源和环境，这既不利于我国经济结构调整，且经常项目长期顺差也加剧了贸易摩擦，客观上也成为全球经贸不平衡的重要促成因素；同时，我国采取央行入市干预即收购外汇以压住本币的方式，大量“高能货币”得以释放，从而形成流动性过度供应压力，导致资产泡沫或物价上涨，使货币政策的独立性和有效性陷入困境。这都需要我国不断转变经济增长方式，进行经济结构调整。中投的成立与投资相对于规模巨大且不断上升的外汇储备而言，尽管有所影响，比如可以在有限程度上减少外汇风险，但却无法从根本上改变外汇管理的方式，更不用说对汇率形成机制等产生实质性影响，让人民币反映市场应该有的价格。

尽管笔者强调国际经济关系的去政治化和法治化，但在学理分析中并不否认剖析主权财富基金背后的政治意义的必要性。

具体来说，在政治方面：首先，成立中投是优化我国公共财政体制的体现。现代国家的成长过程伴随着财政从家财型向税收型的转型。家财型

---

① “双顺差”是指国际收支表中同时出现金融项目顺差和经常项目顺差。金融项目顺差意味着本国资本的输出，经常项目顺差意味着资源的大量输出。“双顺差”导致了外汇储备的增加，这是我国用股权置换美国债权以及用经常项目顺差购买美国债权的结果。余永定：《反思双顺差》，《21 世纪经济报道》2006 年 7 月 23 日。

财政向税收型财政的转型，也推动了从传统国家向现代国家的转型，[①] 有关财政收入对国家建设的影响如表 0-1 所示。我国在新中国成立后确立了以国营或国有单位为基础的家财型财政，在收入上高度依赖于国有企业收入，支出方面主要用于国有企业的投资，预算权力属于中央政府。1978 年后我国财政的公共性越来越强，开始从家财型财政转向税收型财政，公共财政得以逐步建立和完善。[②] 这个过程同样生动地体现在对外汇储备的使用上，即从“央行—汇金”（以下简称“汇金模式”）到“央行—财政部—中投”（以下简称“中投模式”）的转变之中，如图 0-1 所示。暂且不论在法律性质上的差异，[③] 这两种方式在财政收入与使用上分属不同类型：在汇金模式中，央行、汇金连同国有商业银行一道作为一个互相勾连的市场主体而出现，参与市场竞争，将外汇储备视为国家财富而进行投资，属于家财型财政；中投模式通过尽管是账面上的但却不乏法学意义的交易将行政机构与市场竞争隔离开来，政府似乎意识到外汇储备非净财富而是对国民的债务，从而对私有财产权与国家财政权做了一定程度的区隔。

其次，中投的公司治理现状反映了我国法治化建设中存在的若干突出问题。具体体现为中投功能定位不清，商业决策受到不当政治干预，以及审计监督缺位与相应信息披露机制不健全等。

最后，中投引发的讨论反映了全球治理与主权间的冲突。在全球化的

---

① 财政转型不仅意味着国家汲取财政收入方式的变化，而且常伴之以国家与社会关系的调整以及政治变迁和国家治理方式的转型。参见刘守刚：《财政类型与现代国家构建——一项基于文献的研究》，《公共行政评论》2008 年第 1 期。税收国家是相对于所有权者国家和企业者国家而言的，指以税收为国家主要收入的国家，这意味着国家本身是“无产”的，而“私人”是“有产”的。在税收国家中，课税不但是国家收入的合法形态，也是唯一的合法形态。除非公用事业及其他独占性企业，国家原则上不得从事营利活动（即“公权力不得谋利”）；非有特殊法律的依据，非租税之其他公课，不得成立。参见丛中笑：《税收国家及其法治构造》，《法学家》2009 年第 5 期。

② 具体表现为：其一，就财政收入而言，原来基本来自于国有企业的收入上缴，现在多数来自于税收特别是非国有企业的税收；其二，就财政支出而言，呈现出一种全面退出生产领域的趋势，从以生产性投资为主，转向以公共服务性支出为主；其三，就财政管理而言，原来财政收支过程由政府内部掌握，并根据国家计划的变化而相对随意地转变，现在预算事先控制的理念和制度逐渐加强。参见刘守刚、刘雪梅：《从家财型财政到公财型财政——中国财政转型的案例分析》，《山东经济》2009 年第 7 期。

③ 特别是汇金模式的合法性缺失招致学界的诸多批评，可参见王曦、舒元：《有关外汇储备注资的学理与法理问题辨析》，《学术研究》2005 年第 5 期；常健：《外汇储备注资国有商业银行的法律分析》，《法律科学》2004 年第 4 期。

表 0–1 财政收入形式及其对现代国家构建的影响

	家财型国家	税收型国家
收入形式	依靠君主或政府拥有的财产收益来取得收入	主要征税于国内贸易、流动资本和劳动收入
典型国家	中世纪西欧	17~19 世纪的英国
对国家构建的影响	政府（君主）收入与公众（臣民）无关，无须公众同意，易形成绝对专制政体	政府收入取决于公众收入并需获其同意，易形成代议制民主政治和更制度化的政治结构

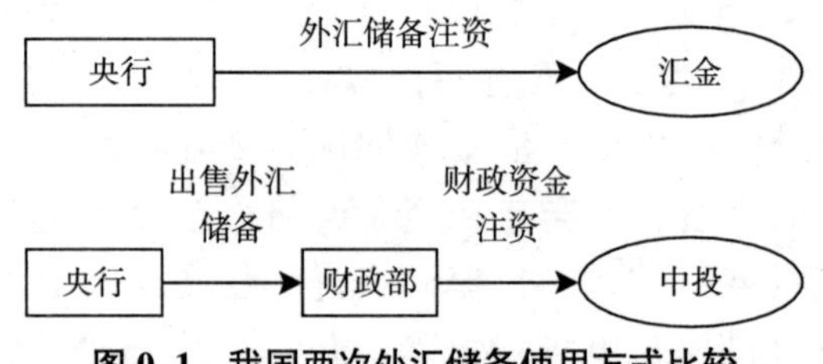

图 0–1 我国两次外汇储备使用方式比较

驱动下，公共问题和公共利益逐渐凸显。在国际社会无政府状态和广泛的相互依赖并存的背景下[①]如何实现有效的全球治理，或者说在局部全球化的背景下如何克服全球规模的治理困境，[②]正在给传统上具有封闭性和内敛性的主权国家带来巨大冲击。主权财富基金的涌现可以被理解为主权针对全球化发展高度不确定的一种适应性调整变异，而各国对它的不同态度则反映出对这种不确定性的多元化认识。

综上所述，主权财富基金是在一个高度全球化时代的产物，它的出现具有丰富而立体的时代特征。在地理范围上，它首先是母国的国内问题，同时又反映了全球化背景下的主权某种程度上的“变异”，建立在领土主权和统一基础上的国际体系似乎正在受到考验；在学科范畴上，它最直接的是一个金融投资问题，但更深层的却是全球治理和财政宪政问题。这种综合性与多维性特征预示着主权财富基金研究的重要性和复杂性。

① 国际政治理论把无政府状态视为国际政治的基本假设，米尔纳质疑这种假设的正确性，并提出理解国际关系较为有效的方法是将无政府状态和相互依赖结合起来。参见 Milner Helen，“The Assumption of Anarchy in International Relations Theory：A Critique”，*Review of International Studies*，Vol. 17，Jan. 1991，p. 69.

② Robert Keohane，“Governance in a Partially Globalized World”，*American Political Science Review*，Vol. 95，2001，p. 1.

二、研究意义

1. 实践意义

其一，母国需要借助科学有效的规制体系来促进主权财富基金的治理与绩效。危机中主权财富基金的巨额亏损表明除非获得自生能力和合理的激励结构，否则就很难实现母国积极管理超额外汇储备的直接目的，更可能成为主权“贫困”基金而无法实现增值保值。在 2008 年以来的金融危机中，几乎所有的主权财富基金均因财务收益不佳而面临严重的国内批评。雪上加霜的是，东道国的学者和政策制定者常常选择性地忽视其产生根源与实际功能，对母国政府提出了过高甚至不切实际的要求，多建议对主权财富基金采取限制或歧视性措施；母国语境的欠缺使得多数主权财富基金面临着十分不利的舆论背景和政策压力。① 在深入研讨之后，我们发现主权性投资与目前的国际金融与经济体系及国际投资法律框架有着深层次的联系。

其二，东道国需要发现主权财富基金的真实运行机制和运行目的。主权财富基金对东道国的意义在于提供了数量和“耐心”都更多的流动性，有利于降低东道国资本价格，促进东道国经济发展。但问题也在于，主权财富基金的政府背景与市场取向兼而有之，在当下对国际秩序的现实主义理解依然有效的背景下，如何建立有效的规制体系以保障东道国的公共安全和战略利益仍不乏合理性，后者构成了东道国采取保护主义行为的重要动机。

其三，有效监管主权财富基金及其投资行为是促进全球金融稳定和全球经济均衡发展的重要途径。主权财富基金问题反映了全球范围内的结构性问题。对它的有效规制不仅需要全面客观地了解全球经济金融的运作方式和固有弊病，还需要体察母国和东道国的真实顾虑，为减少囚徒困境，避免“以邻为壑”，提高全球经济的治理质量，就需要探索互利共赢的主权财富基金监管之道。

其四，作为世界上超额外汇储备最多的国家，以及多家主权财富基金

① 以笔者在 2009 年 9 月参加的新加坡“主权财富基金治理与规制”国际研讨会为例，会议报告人和评议人共 21 位，其中 16 位来自欧美国家，9 位来自亚洲国家，学者们根据母国与东道国的区别而分成观点近乎对立的两个“阵营”，而来自母国的声音相对较弱。

投资的东道国，我国学者必须直面主权财富基金的规制问题。作为母国，我国主权财富基金是国际国内关注的焦点。就国外而言，有关主权财富基金的责难正是始于中投与美国百仕通之间30亿美元的股权交易及其成立，一些监管者明确表示，所谓主权财富基金问题本质上即怎样对待中国在国际社会中的权力问题。就国内而言，中投及外汇管理局（以下简称“外管局”）的投资亏损也不乏公众质疑，如何确保这些基金的独立性、透明度和问责性成为必须解答的问题。随着资本管制放松和经济快速增长，越来越多的主权财富基金已经或即将进入我国。但迄今为止，我国对主权财富基金的法律定性与对策仍有待明确。[①]

2. 理论价值

其一，主权财富基金的出现是对公法与私法之间界限进一步模糊的最新表现。传统上，公法与私法的区别被视为整个法律秩序甚至社会关系与秩序的基础。然而，这种逾越已然超出国界，开始更多地通过政府直接的跨国投资体现出来。主权财富基金的投资行为不仅表现为公权力主体采用私法方式实现公共目标，而且更深地介入市场，成为追求投资回报最大化的市场参与者。这在国内和国际的双重意义上，改变了对主权国家的传统定位。在国内法层面上，主权财富基金在调整对象、保护重心、运行逻辑、基本理念、功能场域等方面对过去那种传统公法与私法明确界分的二元法律结构提出了严峻挑战。在国际法层面上，主权财富基金所推动的国际公法、国际私法与国际经济法的融合是在缺乏国内意义上的法治背景下发生的，这种融合一改传统上全球化将限制或制约主权的认识，而呈现出全球化与国家主权间错综复杂的互动关系，故在跨国层面上，主权财富基金投资行为引发的问题，依然是国际法基本问题之一即国际法合法性与有效性问题的一种新的表现形式。

其二，主权财富基金规制是完善全球金融监管体系，促进全球经济再平衡的突破口。主权财富基金所代表的官方资本的商业化及由此引发的东道国焦虑症，在很大程度上暴露了后布雷顿森林体系下，国际货币及金融监管系统对主权财富基金母国的“剥削机制”，以及由此带来的不可持续的全球经济发展模式。所以与本次金融危机一样，主权财富基金现象同样反映了各国脆弱而复合的相互依赖性及改善全球经济治理的必要性。由于

① 参见本书第四章第二节的阐述。

既涉及国际金融市场，又涉及各国国内规则体系的有效性及主权与法律、市场关系的反思，而且与现有国际法律和国际权力格局密切关联，因而可以说主权财富基金集中反映了若干深层次的问题，而设计有效的规制框架就将反映我们对这些基本问题的看法。

第二节 文献综述

一、国内研究综述

国内学术界对主权财富基金法律问题的研究要晚于国外，大致始于2007年末，而与主权财富基金间接相关的研究如外汇储备制度及国有金融资产出资人制度则早已有之。相关研究的阶段性特征十分明显：其一，围绕2003年中央汇金公司成立，诸多学者探讨了国有金融资产管理改革问题以及利用外汇储备直接注资国有商业银行的合法性或正当性问题，这些问题与中投的法律性质及其治理有着密切的关联；其二，在2007年9月即中投成立前后，对主权财富基金的研究开始涌现。

1. 外汇储备制度改革与国有金融资产监管体制研究

国内法学界常常将外汇储备视同国有资产。对外汇储备制度的反思属于法学界对此问题较早的研究成果，主要讨论了外汇储备的宏观政策效应及“外汇储备万能论”和“国家外汇所有制优越论”等观念误区，提出应促使以行政性、指令性为主的直接管制向以经济、法律手段为主的间接管理型的外汇管理体制转变，对外汇储备进行法治化、规范化的管理。[①] 虽然个别学者已对外汇储备的超额发展有所涉猎，但相关研究非常有限，对法学界而言，在2003年以前，外汇储备及其管理中的法律问题仍是个边缘话题。中央汇金投资有限责任公司（以下简称“汇金”）成立则开始吸引学界关注，热点问题包括外汇储备注资商业银行问题及国有金融资产的监管问题。

有学者对汇金利用外汇储备直接注资国有商业银行的合法性提出了质

① 郑顺炎：《论我国外汇储备及外汇管理条例》，《中外法学》1998年第3期。

疑。比如，有人认为外汇储备注资国有金融机构的行为无法可依，与其他法律与规则存在诸多冲突；[①] 应制定《外汇法》，全面规范外汇储备经营活动；明确外汇储备经营的基本原则，突出安全经营理念；规范外汇储备经营的程序与监督机制；完善外汇储备经营的法律责任规则。[②] 也有人认为外汇储备注资可能带来严重的负面影响，相关规则再次被打破。[③]

由于 2009 年《企业国有资产法》对金融国有资本的监管未做具体规定，在实践中金融国有资本的出资人职能由多个部门分割行使，存在出资人职能和公共管理职能不分、缺乏统一的履行出资人职能的机构等突出问题。[④] 在此背景下，学者们对汇金模式是否可行及如何实现国有金融资产的有效管理提出了不同看法。有人认为，汇金模式解决了央行国有资本出资人虚位的问题，改变了国有银行产权管理无体系的现状，为国有商业银行公司治理结构建设提供了根本保障。[⑤] 也有学者质疑汇金模式的合法性，认为政府应树立“角色不得错位、利益不得冲突、人人可（被）问责”的观念。[⑥] 有关建议包括：通过“所有权保持国有、管理权民营化”的方式完善我国金融产业治理结构，[⑦] 促进投资主体多元化，优化股权结构，从国有控股企业转变为公开上市的公众公司。[⑧]

汇金所采取的由央行直接以外汇储备注资的模式存在着实质合法性的缺失，与《中国人民银行法》、《公司法》、《预算法》等法律规定或立法精神相抵触，故受到批评。中投模式不仅解决了央行直接注资方式的固有缺陷，还推动了外汇储备运作的规范化，促进我国现有金融国资管理体系的

---

① 在该文发表时，《公司法》尚未修改，当时的《公司法》第 58 条明确规定：“国家公务员不得兼任公司的董事、监事、经理。”2005 年 10 月 27 日，《公司法》修改后，这一规定被删除。但类似的规定见《中国人民银行法》第 14 条，该条规定，“中国人民银行的行长、副行长及其他工作人员，不得在任何金融机构、企业、基金会兼职”。

② 常健、汪灏：《论外汇储备经营的法律规制——以外汇储备注资国有金融机构为视角》，《上海金融》2005 年第 10 期。

③ 包括：其一，机关、事业单位不能兴办营利性经营实体的规定；其二，《中国人民银行法》对人民银行职能的规定；其三，金融分业监管的改革方向；其四，政出多门的再次出现；其五，操作面违背法规的嫌疑。参见王曦、舒元：《有关外汇储备注资的学理与法理问题辨析》，《学术研究》2005 年第 5 期。

④ 江翔宇：《略论履行金融国资出资人职能机构之选择》，《东方法学》2008 年第 6 期。

⑤ 徐慧泉、杨朝君：《中央汇金模式下的金融国有资产监管体系建设》，《上海金融》2005 年第 5 期。

⑥ 常健：《外汇储备注资国有商业银行的法律分析》，《法律科学》2004 年第 4 期。

⑦ 余云辉、骆德明：《谁将掌控中国的金融》，《财经科学》2005 年第 6 期。

⑧ 解植春：《国有金融企业“所有者缺位”问题探讨》，《福建论坛（人文社会科学版）》2005 年第 11 期。

协调发展。但财政部通过发行特别国债融资购买外汇储备的方法尚不完善，仍缺乏实质合法性。

2. 主权财富基金的含义、监管及中投相关问题研究

中投的设立拉开了对我国的超额外汇储备进行积极管理的帷幕。其法人治理结构、责任风险分担、监管等都缺乏相关法律规范，从法律角度对此加以研究十分必要。中投是我国首次正式设立的主权财富基金，从国际角度来看，因为中投本身所担负的职责使命使其投资存在一定障碍，又因为主权财富基金本身的公司治理不完善使得主权财富基金的国际投资环境变得紧张，相关国际组织紧密出台了一系列多边文件，东道国也制定相应法律规定来约束主权财富基金的投资。在此背景下，对主权财富基金国际法规制问题就显得极其重要。2008 年以来，国内研究主权财富基金法律问题的文献开始增多，以下分述之。

（1）主权财富基金的特征。主权财富基金是特殊的基金，具有资金来源特殊、管理机构呈现明显的国家特征、在地理上主要分布于新兴国家和地区以及不透明性较强等特征。[①] 在资金性质上，主权投资基金来源于财政盈余或央行储备，分别对应国有资产管理和外汇管理两个法律范畴；从法律主体形式上看，主权投资基金可能构成行政机关法人或国有企业法人。[②] 还有人认为，主权财富基金是新型“国家资本主义”。[③]

（2）主权财富基金的影响。主权财富基金性质和运作的二重性对新兴经济体、发达国家及世界经济发展存在重大弊端，包括战略性行业的垄断越来越严重、导致“金融保护主义”兴起等。[④]

（3）主权财富基金的国际监管问题即现有监管规定的适用性问题。有人将对主权财富基金的特别规范或限制概括为收购权限制、私密性限制及竞争能力限制等，建议我国积极参与规则制定，在国内建立起符合国际潮流的主权财富基金制度。[⑤] 有学者通过对《圣地亚哥原则》背景与内容的分析，指出该原则的最大价值在于消除投资壁垒、稳定金融市场，其缺陷在于是自愿性规范，缺乏约束力。以该原则为借鉴，我国应完善中投的公

---

① 张明坤：《论主权财富基金的监管》，《政治与法律》2008 年第 7 期。

② 李虹：《主权投资基金的法律属性及其监管》，《政治与法律》2008 年第 7 期。

③④ 宋玉华、李锋：《主权财富基金的新型“国家资本主义”性质探析》，《世界经济研究》2009 年第 4 期。

⑤ 史树林：《论主权财富基金的法律问题》，《中央财经大学学报》2008 年第 5 期。

司治理结构、进行适度的信息披露和完善风险管理体系。[①] 也有人指出，现有监管框架包括国内法和国际监管合作两个层面，其中母国的专门立法、主权投资基金作为主权豁免适用之例外及东道国对外资的国家安全审查机制发挥着核心作用。[②]

（4）中投的性质、缺陷及我国的监管完善建议。有学者指出，中投在信息披露、注册资金来源与合法性及其与百仕通（旧称“黑石”）交易的合法性等方面存在的缺陷，[③] 以及尚未建立起科学的法人治理结构、不适用现有的信息披露制度及风险防范机制不健全等。[④] 相关政策建议包括：加强准入审查和运行监测；加强信息披露要求，增强透明度；加强对并购活动的监管；加强国际监管合作。[⑤] 在推动制定东道国准则和主权财富基金的最佳行为规范的同时，制定专门的法规对中投的相关法律问题进行规范和明确，要求在我国运营的外国主权财富基金加强信息报告和披露。[⑥] 国际社会应建立以平等互利原则为前提、外部稳定原则为核心、经济安全原则和商业化原则为保障的主权财富基金法律规制体系；我国作为主权财富基金的参与者和规制者宜积极参与国际规制，加强国内规制，促进主权财富基金健康、有序、稳定发展。[⑦]

（5）其他较具针对性的法律问题。一是透明度问题。透明度选择是主权财富基金之间及其与 IMF 和舆论媒体之间的多方博弈，建议中投在短期内借鉴韩国，加强信息披露，然后逐渐向新加坡淡马锡模式靠拢，最后达到挪威的水平。[⑧] 也有学者指出，主权财富基金信息透明化应遵循自愿披露原则并设计相关的激励机制鼓励信息披露、遵循成本—效益原则、保证信息披露的质量、拓宽信息披露的渠道，从维护本国公民利益、加强监管、维护东道国金融安全和维护国际金融市场稳定等角度确定应予以披露

---

① 解正山：《主权财富基金投资法律环境新变化——评 IMF “圣地亚哥原则”》，《江西财经大学学报》2009 年第 3 期。

② 李虹：《主权投资基金的法律属性及其监管》，《政治与法律》2008 年第 7 期。

③ 赵玲：《中国投资公司的法律解释》，《国际商务》2008 年第 5 期。

④ 曾文革、安稳：《论中投公司法律监管的问题与对策》，《云南大学学报（法学版）》2009 年第 5 期。

⑤ 张明坤：《论主权财富基金的监管》，《政治与法律》2008 年第 7 期。

⑥ 章毅：《法律调整视野下的中国主权财富基金》，《学术界》2008 年第 6 期。

⑦ 邓瑞平、詹才锋：《论主权财富基金的运行、功能及其规制体系》，《暨南学报（哲学社会科学版）》2008 年第 5 期。

⑧ 对外经济贸易大学金融学院主权财富基金研究课题组：《主权财富基金透明度的选择》，《国际商务》2008 年第 4 期。

的信息。[1] 二是美国金融业法律对中投的适用性问题。有专家指出，中投可以援引美国《银行控股公司法》4(c)（9）条的规定获得豁免，这对试图"在全球范围内对股权、固定收益及多种形式的另类资产进行投资"的中投至关重要。作为美国法下的银行控股公司，中投、汇金及旗下国有控股银行需注意三点，即遵守美联储"分类监管"下的要求、各主体之间充分沟通协调、重视"实力源泉"原则可能带来的影响。我国应坚持开放、合作、透明、互信的原则，进一步完善中投及汇金的制度安排。[2]

二、国外研究综述

1. 主权财富基金兴起反映的全球资本流动和"国家—市场"关系的结构性变化，以及其对监管带来的挑战

一是主权财富基金的兴起是对长期以来的"西方新殖民主义"的反动，即东方新殖民主义，这种反动体现为资金流向的变化和不同国家对外资自由化态度的变化。[3]

二是主权财富基金的兴起对国家和企业、经济活动和政治规制、国家和跨国法律框架、公私法律框架之间关系的重构。跨国公司在事实上跨境行使着部分监管权，国家有时则作为市场参与者而非监管者参与竞争。[4] 国家正成为重要的市场参与者和维稳力量，主权财富基金是最新表现。主权性投资将主权活动、公共政策和私人市场三者融于一体。[5] 从全球金融治理角度来看，金融关系在金融危机中的最大变化是所有权结构或资本结构的变化，这意味着由主权者或政府或国家控制的企业成为全球金融体系

① 吕明、叶眉：《主权财富基金信息透明度问题研究》，《广东金融学院学报》2008 年第 9 期。

② 郭雳：《中投：主权财富基金的控股公司路径》，《中外法学》2009 年第 4 期。

③ Yvonne Lee, "A Reversal of Neo-Colonialism: The Pitfalls and Prospects of Sovereign Wealth Funds", 40 *Geo. J. Int'l L.* 1103, 2009, p. 1104.

④ Larry Catá Backer, "Sovereign Wealth Funds as Regulatory Chameleons: The Norwegian Sovereign Wealth Funds and Public Global Governance Through Private Global Investment", 41 *Geo. J. Int'l L.* 2, 2009, p. 4.

⑤ Larry Catá Backer, "Sovereign Investing in Times of Crisis: Global Regulation of Sovereign Wealth Funds, State Owned Enterprises and the Chinese Experience", *Transnational Law and Contemporary Problems*, Vol. 19, No. 1, 2009, p. 5.

明示的利益相关者，从而对传统监管理念构成了巨大挑战。[①]

三是主权财富基金可以成为母国经济社会稳定的“最后保险人”。推动新加坡设立政府投资公司的重要因素是长期出口导向型政策使其易于受到国际市场波动的冲击进而影响政策稳定。政府投资公司作为最后保险人，不仅维护着本国金融系统的安全和国民的长期福利，也捍卫着主权的经济独立和安全。在英美两国，政府是默认的最后保险人，它们利用现在和将来的税收而非公共储蓄作为维护金融体系稳定的主要手段，这就使得在危机爆发后，政府不得不增加负债水平，进而威胁到经济稳定和不同阶层的经济平等。[②]

2. 主权财富基金的社会责任问题

一是主权财富基金应首先用于满足母国的自身发展或“社会债务”。有学者提出了意在将主权财富基金公私属性分析熔于一炉的“社会债务”（Social Arrears）理论。该理论要求，母国除非已履行其社会债务或有证据证明该投资行为是为了国民长期发展的需要，否则不得投资于境外。[③] 在此基础上，有学者指出国际社会存在“无节制的财富”（Unconditioned Wealth）现象，即国家掌握大量财产而无与之相应的政治或市场约束机制，难以有效用于促进经济发展，增进社会福利。为纠正这一现象，建议世界银行将 “主权基金计划”转变为“多边主权投资机构”，将主权财富基金份额集中起来按照风险资本模式投资。[④]

二是质疑挪威政府全球养老基金投资伦理的可行性与真实性。比如，挪威政府全球养老基金投资伦理相关规定存在以伦理学界定替代法律界定的情形。伦理可能是生成规范的途径，也可能成为这些规范的替代品，提供虚幻而非真正的问责性。[⑤] 也有学者指出，挪威政府全球养老基金做出

---

① Katharina Pistor, “Sovereign Wealth Funds, Banks and Governments in the Global Crisis: Towards a New Governance of Global Finance?”, *E.B.O.R.*, Vol.10, Issue 3, 2009, p. 334.

② Gordon Clark and Ashby Monk, “Government of Singapore Investment Corporation: Insurer of Last Resort and Bulwark of Nation-State Legitimacy”, *The Pacific Review*, Vol. 23, Issue 4, 2010, p. 429.

③ Patrick Keenan, “Sovereign Wealth Funds and Social Arrears: Should Debts to Citizens be Treated Differently than Debts to other Creditors?”, 49 *Va. J. Int'l L.* 431, 2009, p. 436.

④ Patrick Keenan and Christiana Ochoa, “The Human Rights Potential of Sovereign Wealth Funds”, 40 *Geo. J. Int'l L.* 1151, 2010, p. 1154.

⑤ Simon Chesterman, “The Turn to Ethics: Disinvestment from Multinational Corporations for Human Rights Violations - The Case of Norway's Sovereign Wealth Fund” . 23 *Am. U. Int'l L. Rev.* 577, 2008, p.578.

了可贵的投资伦理承诺，即遵守国际公认的公司治理原则和不投资存在社会和环境正义问题的企业。通过撤资这种“点名羞辱”（Naming and Shaming）的方法，该基金贯彻了挪威国内政治对全球正义的看法。但考虑到与政府的密切关联，该基金在从事长期投资时如何有效实现透明度和问责性却不无疑问，很难判断这个高远的目标如何在决策中得以体现。①

3. 主权财富基金的多边监管问题

这个问题涉及对主权财富基金产生的根源及其本身性质的判断、现有监管措施的完备性及如何改进等方面。

一是主权财富基金是否需要特别监管。对此，学者们有不同看法。“保守派”认为，实证研究表明主权财富基金投资行为主要受金融而非政治因素的驱动，主权财富基金与普通理性投资者并无显著差异。② 主权财富基金的国有性质、巨大规模以及活跃的投资仍然激起东道国对其投资动机的疑虑，在很大程度上是虚构、夸大和虚假的。③ 而且，主权财富基金在母国面临着巨大的政治和商业压力，使得最大化投资收益比其他目标更为重要，这正是过去数年以来主权财富基金被证明是长期的有耐心的资本的重要原因。主权财富基金对美投资使得母国与美国的经济更紧密地交织在一起，反而会提高美国的安全性。贸然采取措施强化监管会促使主权财富基金改变投资方向，激起其他国家的经济民族主义和金融保护主义。④ 为此，学者们建议：应采取“静观其变”政策，至少实施额外的监管规定，或者建议坚持《圣地亚哥原则》采取的软法模式，以兼顾主权、不确定性以及相关方在利益与偏好上的差异等因素。“激进派”强调主权财富基金投资的政治特性，认为主权财富基金并非为了利润最大化而投资，主

① Gordon Clark and Ashby Monk, “Resource Wealth and the Ethics of Global Investment: The Legitimacy and Governance of Norway's Sovereign Wealth Fund” (Sept. 15, 2009). Available at http: //ssrn.com/abstract=1473973.

② Eric Langland, “Misplaced Fears Put to Rest: Financial Crisis Reveals the True Motives of Sovereign Wealth Funds”, 18 *Tul. J. Int'l and Comp. L.* 263, 2009, p. 267.

③ Zhao Feng, “How Should Sovereign Wealth Funds be Regulated?”, 3 Brook. J. Corp. Fin. & Com. L. 483, 2009, p. 585.

④ Mark Plotkin, “Foreign Direct Investment by Sovereign Wealth Funds: Using the Market and the Committee on Foreign Investment in the United States together to Make the United States more Secure”, 118 *Yale L.J. Pocket Part* 104, Nov. 17, 2008, p. 105.

权财富基金问题在更大程度上是政治问题而非单纯的法律问题。[①] 虽然美国能够保护本国市场的利益，但对外国主权财富基金的政治性投资能够采取制约措施有限，而且其他诸多国家并不存在足够有效的经济实力和监管手段来捍卫国家利益，故应对主权财富基金的投资提高警惕。[②]

二是多边监管措施（如《圣地亚哥原则》）的可行性与有效性。有学者指出，主权财富基金问题在本质上是信息不对称所致，可信、有效的信息披露应成为相应监管制度的重心。《圣地亚哥原则》的缺陷在于忽视主权财富基金与东道国的关系、对合规情况缺乏计量比较的标准、缺少奖惩机制等，建议加强与经济合作与发展组织（以下简称 DECD）的合作，就信息披露制定更具体的指引，制定标准化的披露方法，允许工作组来衡量和评估各主权财富基金的合规状况，设立独立审计委员会等方式来强化透明度。[③] 尽管如此，《圣地亚哥原则》仍不失为一个弱的金融法治框架，据此母国和东道国的行为都得到了一定程度的约束，而且它们可以在本国范围内对这些国际性规则得以硬化。[④] 考虑到主权性投资可能带来的负面政治后果，《圣地亚哥原则》的制定和实施是化解担忧的有效途径。[⑤] 此外，有学者认为当其投资违反审慎规制或危及国家安全时，东道国有权介入干预，但这种干预，比如在母国进行某些调查活动，可能会受到国家豁免原则的某些限制。[⑥]

三是东道国应如何监管主权财富基金的投资。有学者指出，美国现有监管政策使得主权财富基金在美国作为一个消极投资者而存在，这种“结构性消极”（Structured Passivity）是监管者与主权财富基金因后者透明度缺乏和问责性不足而达成某种平衡，只要投资机会和资金需要保持现状，

---

① David Hall, “The False Panacea of International Agreements for U.S. Regulation of Sovereign Wealth Funds”, 5 *B.Y.U. Int'l L. & Mgmt. Rev.* 137, 2008, p. 140.

② Paul Rose, “Sovereigns as Shareholders”, 87 *N.C. L. Rev.* 83, 2008, p. 86.

③ Anthony Wong, “Sovereign Wealth Funds and the Problem of Asymmetric Information: The Santiago Principles and International Regulations”, 34 *Brook. J. Int'l L.* 1081, 2009, p. 1083.

④ Yvonne Lee, “A Reversal of Neo-Colonialism: The Pitfalls and Prospects of Sovereign Wealth Funds”, 40 Geo. J. Int'l L. 1103, 2009, p. 1105.

⑤ Paul Rose, “Sovereigns as Shareholders”, 87 N.C. L. Rev. 83, 2008, p. 84.

⑥ Bart De Meester, “International Legal Aspects of Sovereign Wealth Funds: Reconciling International Economic Law and the Law of State Immunities with a New Role of the State”, 20 (6) E.B.L. Rev. 779, 2009, p. 801.

这种结构性消极就会继续存在。[1] 此看法在一定程度上解释了主权财富基金在积极行动与消极行动之间做出选择的动因，同时，也暗示具有高度流动性、规范性、安全性与开放性的美国金融市场是主权财富基金不多的投资目标地。有学者指出，主权财富基金监管需要兼顾保护国家安全利益和促进投资开放的双重需要，应积极采取措施实现二者平衡。[2] 有人建议，可以对主权财富基金适用《外国国家豁免法》，以减轻潜在危害。[3] 更加激进的主张是建议美国政府剥夺外国政府控制的实体收购的美国公司股票的投票权。当外界批评此有“保护主义”之嫌时，作者辩称：“剥夺投票权只有在相互竞争的资本主义形式发生摩擦时才可称为保护主义，这种措施立足于保护市场资本主义体制，防止新重商主义体制的入侵。不同于真正的保护主义意在保护国家、公司的商业利益，我们的建议重在保护资本主义形式的结构完整。”[4]

4. 主权财富基金的公司治理与投资决策问题

针对东道国不信任的根源问题，学者给予了不同的解释。有学者指出，不信任源于主权财富基金自身的正当性危机，要获得信任就需要正当化。因为存在政治与文化等差异，故此过程艰难而漫长。尽管如此，通过完善组织架构，加强组织正当性，仍可减少东道国的疑虑，使得主权财富基金获得制度性地被接受或信任，这不仅是制定《圣地亚哥原则》的初衷所在，也符合所有相关者的利益。[5] 有学者通过对俄罗斯自 2004 年主权财富基金设立以来的争论以及在国内批评下的目标和功能转变的考察，指出母国内部的力量对主权财富基金的结构、管理和运营方式有重要影响，主权财富基金并非像西方国家认为的那样可以被专断地用作外交政策工具，而对国内的吁求置若罔闻。俄罗斯主权财富基金最终不得不用来解决国内

---

① Paul Rose, “Sovereign Wealth Funds: Active or Passive Investor”, 118 Yale L.J. Pocket Part 104, 2008, p. 107.

② Jennifer Cooke, “Finding the Right Balance for Sovereign Wealth Fund Regulation: Open Investment Vs. National Security”, 2009 Colum. Bus. L. Rev. 728, 2009, p. 734.

③ Joel Slawotsky, “Sovereign Wealth Funds and Jurisdiction under the FSIA”, 11 U. Pa. J. Bus. L. 967, 2009, p. 980.

④ Ronald Gilson and Curtis Milhaupt, “Sovereign Wealth Funds and Corporate Governance: A Minimalist Response to the New Mercantilism”, 60 Stan. L. Rev. 1353, 2008, p. 1372.

⑤ Ashby Monk, “Recasting the Sovereign Wealth Fund Debate: Trust, Legitimacy, and Governance”, May 1, 2008, Available at SSRN: http: //ssrn.com/abstract=1134862.

的经济问题，甚至从未设想过成为对付西方国家的武器。[①] 通过考察澳大利亚未来基金在设定投资目的和治理结构时面临的来自国内不同利益群体的政治压力与诱惑，有学者指出以透明稳定的方式设定长期投资目标有利于主权财富基金的长期发展和母国的经济增长。[②]

三、简要评析

从法学层面直接针对主权财富基金的专门研究较零散。主要关注点包括：其一，对主权财富基金的界定及法律属性问题。由于在资金来源、投资动机、治理框架、规制体系等方面的显著异质性，学者们对如何界定提出了多种方法。进而，有学者认为主权财富基金反映了“普遍所有权”的发展。其二，与东道国国家安全的关系。主权财富基金集中于金融、基础设施、能源及高科技等“敏感行业”的投资，激发了一些国际法学者有关投资行为对国家安全进而对地缘政治风险的担忧，通常建议监管者加强对外国投资的监管，如通过强化美国外资委员会的审查力度，或限制主权财富基金投票权等方式避免其政治性投资，或强制要求披露在董事会投票记录等。其三，对国际投资法的冲击。政府的直接跨国投资行为对国际投资法中有关“投资”的定义以及出现争端后的法律适用问题形成了挑战，尤其是欧盟国家出现争端以后，将面临双重的冲突法问题，即母国与东道国之间的横向冲突和成员国与欧盟之间的纵向冲突；有的学者为此提出在世界贸易组织的框架下处理主权财富基金的投资争端问题。其四，其他问题，包括投资伦理、内部治理、主权投资基金与社会保障等问题。

现有基于规制的研究尚处在初步阶段，其中特别需要在以下方面做出改进：其一，对主权财富基金的界定比较粗疏。一些文献并未直接触及定义问题，即使给出了判断标准，也未给出相应依据。缺少具有明确统一的概念，就会导致在涉及主权财富基金与国家豁免、外商直接投资（FDI）或组合投资（FPI）、公共养老基金、对冲基金或私募基金、外汇储备管理、国有企业等概念之间的关系问题上莫衷一是，在监管层面则会造成确

---

① Arina Popova, “We don't Want to Conquer You; We Have Enough to Worry about: The Russian Sovereign Wealth Fund”, 118 Yale L. J. Pocket Part 109, 2008, p. 115.

② Gordon Clark, “Temptation and the Virtues of Long-Term Commitment: The Governance of Sovereign Wealth Fund Investment”, Available at http://ssrn.com/abstract=1349123, Feb.25, 2009.

定性和可预见性缺失及监管套利等问题。其二，忽视对其他学科尤其是金融学或经济学基本结论的理解和借鉴。法学断非自足性学科，主权财富基金问题尤其如此。作为金融学、经济学、法学和政治学等多学科的交叉点，缺少对其他学科的理解与借鉴会影响法学研究的针对性和有效性。比如，国内国外都有学者将主权财富基金引起的大宗交易会对金融市场的资产价格产生扭曲作为加强监管的重要理由，然而在理论上，金融资产价格的供求曲线均为平行线，在实践上也缺少有力证据，故此理由是站不住脚的，而据此进行的制度设计不仅不必要，而且会导致过度管制问题。其三，基于母国的研究较少。大部分文献及政策性研究基于东道国立场而展开，尽管主权财富基金的投资主要从发展中国家流向发达国家，但相应的规则制定和研究均不应是单向的，事实上，相对于母国，主要金融市场的配置效率较高、监管体系相对完善，特别是在当时金融危机的情形下，如何基于母国角度确保主权财富基金的保值增值才更具重要性和迫切性。其四，对主权财富基金投资行为反映的长期趋势有待深入。政府的跨国投资行为反映了公法与私法、国内法与国际法之间界限的模糊，其大背景是对国家在经济发展的地位或其与全球市场关系问题的探讨，这对将法律视为主权意志具体化的基本观念形成的挑战及因应，都需要法学界投注更多精力；此外，国际监管协调应奠基于对全球金融治理结构的清醒认识和审慎规划。

第三节　本书的研究思路与结构

一、研究思路

1. 选题目的

笔者认为，有必要基于中国立场和全球化背景，探讨和化解主权财富基金在规制中遭遇的政治化难题，这是本研究将要讨论和尝试解决的中心议题。

中国立场包含三重含义：首先，作为主权财富基金母国。如前所述，母国在主权财富基金监管规则制定中处于不利地位，东道国坚持在由传统资本输出国制定的投资者保护条款之外，针对主权性投资制定新的歧视性规则，并强调其外资管辖权；主权财富基金进入全球金融市场意味着国有资产的保值增值面临更大的风险暴露，故从母国角度出发进行研究具有国内、国外双重意义。其次，作为主权财富基金东道国。到目前为止，包括挪威、新加坡及中东国家在内的主权财富基金已进入我国，并广泛开展投资活动。对它们的现有待遇是否合适以及潜在风险或争端如何化解，都是今后难以避免的议题。最后，作为全球贸易不平衡的盈余方。我国是开放的国际市场主要获益者，是全球贸易不平衡中的重要一端。这要求我国积极促进世界主要国家践行资本自由流动的承诺，维护金融市场的开放。

全球化是指半个世纪以来，生产力的发展与以往相比正在摆脱领土陷阱，[①] 特别是在经济领域实现了各国相互依赖的局面；与此同时，在政治制度上仍维系威斯敏斯特体系基础上的国家—市场关系模式。主权财富基金的出现是对公法与私法之间界限进一步模糊的最新表现。其投资行为不仅表现为公权力主体采用私法方式实现公共目标，而且更深地介入市场，成为追求投资回报最大化的市场参与者。这在国内和国际的双重意义上，改变了对主权国家的传统定位，也使得全球化与国家主权间呈现出错综复杂的互动关系。

政治化难题是指主权财富基金在 2007 年 9 月以来，就不再被视为单纯的市场投资者，部分学者和东道国国家的监管者尤其强调其政治背景，并认为其存在非商业动机；在母国，主权财富基金问题也面临着类似的境况。

主权财富基金的规制问题的核心问题是“去政治化”，即从公司治理、国别监管及国际法规制三个方面将主权财富基金看成一个中性的市场投资者。从中国的角度看，就是如何在尊重市场原则和相关者利益的基础上，实现超额外汇资产保值增值的问题；同时，实现东道国对主权财富基金的规制重心“从身份（所有权）到契约（投资行为）”的转变。

2. *主要内容*

主权财富基金的兴起反映了在全球化背景下金融资源从传统的单向流动向双向互动发展的趋势，并对现有的国际金融秩序形成了新挑战。在理

① John Agnew, “The Territorial Trap: The Geographical Assumptions of International Relations Theory”, *Review of International Political Economy*, Vol. 1, 1994, p. 1.

论上意味着主权政府与市场和其他主权者关系的重新定位，公、私法界限混淆体现在国内和国际两个层面。规制主权财富基金应坚持“双向正常化”的基本思路，母国以透明有效的方式将其“去政治化”，即将政府的股东或控制者角色与监管者功能区分开来；相应地，东道国应取消投资壁垒，避免歧视性待遇，从而共同将主权财富基金规制融入到现有国际投资监管体系中去。为此，从公司自身治理、国别监管和国际监管合作三个层面展开。特别是在国际层面上，本研究认为另立新规的必要性或意义相当有限，而应在新的背景下，将主权财富基金投资纳入到国际投资法律框架的构建中去。

为此，笔者试图在以下方面做出努力：第一，对主权财富基金的形成及其地位进行全面反思和重新定位。如前所述，主权财富基金的研究与规制目前主要由东道国学者和监管者进行，他们中的大多数基于种种原因如政治正确、学科限制等忽视了对其做客观全面的考察，忽视了对母国关切的考虑。笔者主要从两方面实现对其再定位：一是基于母国角度。拥有大量超额外汇储备多非母国本意，而是在当前国内和国际制度环境下的次优选择。考虑到大部分母国在金融投资及内部治理上缺乏足够的经验和能力，主权财富基金首先考虑的是不要带来比购买美国国债更差的收益，而到目前来看，这个目标并非可以轻易实现的；其次是要获得自生能力，争取使其收益能达到同类私人投资者的一般水平，并可以与它们展开竞争，而非商业目标对主权财富基金似乎过于“奢侈”了。二是基于全球资本逆转角度。资本流动的传统格局即私人资本从北到南，官方资本从南到北被打破，在此格局中蕴含着国际货币体系和国际经贸体系相互依赖的不平等与不对称，意味着隐形“剥削关系”的存在。主权财富基金则意味着对旧秩序的反动，它的出现显示了亚洲金融危机所展现出的新兴经济体的重要性，以及在危机救助中多边国际金融机构的低效和无力。

第二，提出完善主权财富基金规制的“有限修补”方案。主权财富基金规制应当更多地从母国角度考虑，既要考虑促进其保值增值，又要防止其危害金融稳健性与竞争有效性，同时，它在投资上的外向性要求国际法在投资保护、税收处理和争端解决等问题有所因应。

国际社会尤其是东道国不应狭隘地理解主权财富基金的出现及其投资的兴起，这个现象在根本上是母国被动地回应全球经贸不平衡、国际货币体系的痼疾尤其是美国放任货币过量发行的产物，故该问题的解决需要各方共同努力。但各国对这一问题的敏感性和脆弱性又不尽一致，巨额亏损的现实表明，实现对主权财富基金的有效规制对母国而言更为迫切和重要。

基于此，笔者认为：第一，母国有必要先行一步，完善本国的制度框架和主权财富基金的治理结构，实现母国股东角色与监管者角色的有效分离，培养主权财富基金的“自生能力”；同时，关注其可能给宏观政策带来的效应，在积极保护其海外投资利益的同时，严格加以监管，促进金融稳健性和竞争有效性不受侵害。第二，东道国则需要厘清所谓的“国家安全”、“关键基础设施”等带有贸易保护主义之嫌的国内法律的含义，厘清主权豁免例外的适用情形，并建议采用单独实体排除规则和行为性质判定相结合的标准来具体分析主权财富基金的行为是否构成主权行为。第三，在国际法层面，笔者提出，应基于市场投资者与系统重要性测试对主权财富基金分类规制，对那些不具有市场投资者地位，但同时由具有系统重要性的主权财富基金由金融稳定理事会加以监管，而具有市场投资者地位的则遵循私法自治的原则进行处理。这个方案坚持“去政治化”或法治化方向，旨在促使东道国和国际法对主权财富基金的规制重点实现“从身份到契约”的转变。

二、结构安排

本研究包括七个部分。导论分析了主权财富基金问题的形成根源，回顾了学界对该问题的研究进展，结语部分总结了主要内容。正文各章内容概要如下：

第一章着重界定研究对象，即基于规制角度将主权财富基金界定为“初始资本源于外汇资产的，为获得超出无风险回报率的，政府所有的投资工具或资本集合”，提出应当对主权财富基金规制问题“去政治化”。

第二章讨论公司治理问题。母国政府作为股东或实际控制者出现，对治理架构和风险管理制度的建设负有重要责任。为强化其自生能力，母国政府应将其运营目标单一化和法定化为经济目标，并建立相应绩效考核机制；同时需要规范其出资人行为，完善主权财富基金的股东权行权模式。

接下来的两章主要论述国别监管，包括母国和东道国监管两部分。在第三章，母国政府将作为金融市场的监管者出现。第四章阐述东道国监管，主要讨论三方面问题，首先是主权豁免例外适用的程度和范围问题，其次是与主权财富基金关系密切相关的国家安全审查制度，最后是关键基础设施保护制度。

第五章主要讨论国际法规制问题。笔者认为没有必要针对其制定专门的国际监管规则或成立专门的监管组织，而应将其纳入现有国际投资法律体系的谈判和构建中，从双边、区际和国际诸层面论述实现此改造的可能性和必要性，就突出问题做了详细阐述。

第一章 主权财富基金的基本理论

国际社会对主权财富基金的概念界定仍显混乱，试图为其定规立制就有必要明晰其内涵与外延。准确界定概念的现实原因在于主权财富基金的异质性显著和对这个术语的“过度使用”。本章在比较不同界定的基础上给出了自己的定义，然后对主权财富基金的法律性质和投资特征进行了归纳，提出了“去政治化”的基本思路。

第一节 主权财富基金的概念界定

本节首先评述对主权财富基金的经济和金融学界定，其次指出其构成要件应落实在资金来源、所有权或控制权及投资目的三方面，最后说明它与国有企业等相关概念的关系。

一、主权财富基金的各种界定及评述

1. 主权财富基金各种定义概览

“主权财富基金”最初用来描述“管理或经营超额外汇储备的机构”。[①] 通常认为的这一术语的最早使用者 Andrew Rozanov 后来指出，他完全未预料到会引发如此激烈的争论，以及随之而来的在术语使用上的混乱，导致了学者们在对基金规模、性质、增长预期等方面进行统计或研究时的不同

---

① Andrew Rozanov, “Who Holds the Wealth of Nations”, *Central Banking Journal*, Vol. 15, No. 4, May 2005, p. 3.

结果。[①]

尽管在边界上存在差异，但绝大多数定义都强调两点，即国家或政府所有以及作为一个资产池或投资工具或投资机构而存在。通俗地说，主权财富基金即“国家的财富”或“主权财富”，至于是否以基金形式出现倒在其次。比如有学者认为，最广义的主权财富基金是指政府所有或政府控制的资产集合，狭义定义将政府金融或非金融公司、纯粹国内资产、外汇储备、地方政府机构控制或所有的资产、某些或全部政府养老基金排除在外。也即，将主权财富基金界定为用来描述政府所有或政府控制的资产集合。[②] 或将其界定为“政府所有和管理的投资基金”。[③] 这种单一的国家所有或控制标准并不能很好地将主权财富基金与其他国有机构如一般国有企业等区分开来。

除这种将国家所有或控制视为主权财富基金概念的核心和唯一重要因素的定义方法外，更多学者采取“主权+投资机构+其他具体特征”的方式来界定。界定上的差异则蕴含在字面之外的因素中，这些因素包括：

其一，资产来源。如美国财政部部长助理 Clay Lowery 在界定时就要求主权财富基金须源于独立于央行外汇储备而管理的外汇资产。[④]

其二，投资目的。不同学者对投资目的的理解存在差异，有的强调短期目的，比如认为，基金设立的目的就是为了获得超出无风险回报率，[⑤] 有的则强调中长期目标，比如，有学者将其界定为用以实现包括积累和管理外汇储备资产、稳定宏观经济和跨代财富转移等一系列经济和金融目标

---

① Andrew Rozanov, “What is ‘Sovereign Wealth’ Anyway? On Definitional Challenges of Dealing with SWFs”, paper presented on the conference of “Sovereign Wealth Funds: Governance & Regulation” during Sept. 10 2009 by the National University of Singapore Law School and Asian Society of International Law, p. 3.

② Edwin M. Truman, “A Blueprint for Sovereign Wealth Fund Best Practices”, Peterson Institute for International Economics Policy Brief 8-3, 2008, p. 2.

③ Martin Weiss, “Sovereign Wealth Funds: Background and Policy Issues for Congress”, CRS Report, RL34336, p. 3.

④ Remarks by Treasury Assistant Secretary for International Affairs Clay Lowery at Barclays Capital's 12th Annual Global Inflation-Linked Conference on Feb. 25, 2008, available at http://www.treas.gov/press/releases/hp836.htm.

⑤ Christopher Balding, “A Portfolio Analysis of Sovereign Wealth Funds”, 06/05/2008. Available at SSRN: http://ssrn.com/abstract=1141531. 无风险回报率是指投资者只把资金投资于一个没有任何风险的投资对象所能得到的收益率。在实践中并不存在绝对无风险的投资品。通常，三月期的美国国债利息率被视为无风险回报率。

的国内外资产集合；[①] 或“直接或间接由政府所有和管理的用来实现国家目标的资产集合”。[②] (OECD) 则将其界定为“政府直接或间接所有和管理的用以实现国家目标的资产集合，它们来自外汇储备、稀有资源如石油销售收入、税收和其他收入。其目的包括资产多元化、让储备获得更好的收益、为将来提供养老金、为资源耗竭后的后代储蓄、稳定价格和经济、促进工业化、实现战略和政治目标”。[③]

值得注意的是，在资产来源与投资目的间存在关联性，前者对后者常有决定性影响，Andrew Rozanov 将此影响称为主权财富基金的负债特征。负债特征标准主要关注两点，即基金来源和基金使用意图与风险偏好。以前者为依据，可以细分为商品基金和非商品基金；以后者为依据，可分为四类，即或有债务基金、固定未来债务基金、混合债务基金、开放债务基金。[④]

其三，投资策略。有研究者将主权财富基金定义为“像对冲和私募基金一样，在股票、固定收益产品、房地产、银行储蓄和另类投资中进行多

---

① 比如，认为商品稳定基金是主要用来对冲因为商品价格下降或者产出水平下降等而导致的收入减少的国家投资基金。参见 Bernardo Bortolotti，Veljko Fotak，William L. Megginson，and William Miracky，“Sovereign Wealth Fund Investment Patterns and Performance”，Sept. 18，2008，EFA 2009 Bergen Meetings Paper，p. 18.

② Adrian Blundell-Wignall，Yu-Wei Hu and Juan Yermo，“Sovereign Wealth and Pension Fund Issues”，Financial Market Trends，2008，p. 34.

③ OECD，OECD Declaration on Sovereign Wealth Funds and Recipient Country Policies，Apr. 2008.

④ 主权财富基金依负债特征不同可细分为四类：其一，或有债务基金通常用于平滑财政收入和支出，对冲过多的流动性，防止经济过热、荷兰病或者周期波动。其二，固定未来债务基金是指那些为了应对可以预见的未来债务而设立的基金，最常见的是为了支付若干年后的养老金差额而提前设立的基金。这类基金面临的状况是，目前年轻劳动力显著多于退休工人，因而现在在资产配置上相当灵活，但是随着老龄化的到来，其资产配置所受的限制越来越多。其三，混合债务基金主要是指那些捐赠型的跨代基金，如挪威和俄罗斯。它们通常根据法定的财政规则或支出规则依约定或法定标准定期输入预算中，但是又像开放债务基金一样并没有最终明确的债务价值。与固定未来债务基金相比，这类基金的资产配置自由程度在成立初期程度接近，并一直保持在较高水平上。其四，开放债务基金并没有非常明显或约定的债务，它们既无正式的支出规则业务，也无差额填补目标，通常是各种形式的投资机关或者政府投资公司。理论上，这类基金的投资期限最长，风险承受能力最大，资产配置的自由程度最为宽泛。参见 Andrew Rozanov，“What is Sovereign Wealth Anyway? On Definitional Challenges of Dealing with SWFs”，paper presented on the conference of “Sovereign Wealth Funds：Governance and Regulation” by the National University of Singapore Law School and Asian Society of International Law，Sept. 10，2009，p. 6.

Edwin M. Truman，“A Blueprint for Sovereign Wealth Fund Best Practices”，Peterson Institute for International Economics，Policy Brief 8-3，2008，p. 2.

元化的组合投资”。[①] 相比之下，央行的投资特别注重安全性，而非收益最大化，故其持有外汇储备的主要形式是现金和长期债券，后者主要是美国国债。政府投资公司直接投资于国内外公司资产，而不进行主权财富基金式的组合投资，在运营商方面类似于私募基金，在购买和管理企业方面表现活跃。

其四，资产类别。IMF 的 2007 年《全球金融稳定报告》将主权财富基金界定为“政府创立或拥有的基于长期目的持有外汇资产的特殊投资基金”。[②] 在这个定义中，它去除了独立于央行外汇储备运营的限制，但对“外汇资产”的强调则排除了那些主要或只投资于本国市场的政府投资基金。因而，它实际做出了三方面的限定，即“国家所有或控制+投资目的+资产类别”。此概念涵盖五类不同的基金，即稳定基金、储蓄基金、储备投资公司、发展基金、养老储备基金。

其五，其他如投资期限、风险偏好等。Stephen Jen 并未给出概括性的定义，而是认为符合下列特征的资产即为主权财富基金：主权性；外币暴露程度高；无显性债务；风险承受能力强；投资期限长。[③] 这五个特征将那些运行保守、风险承受能力差、投资期限短或主要投资于本国市场的主权财富基金以及主权养老储备基金等都排除在外。

2.《圣地亚哥原则》的界定

《圣地亚哥原则》附件一将主权财富基金界定为“政府所有的用于特殊目的的投资基金或安排；由政府基于宏观经济目标而设立；为实现财务目标而持有或管理资产；按自己的投资策略，其中包括投资海外资产。通常而言，其资产来自财政盈余、外汇操作、私有化收益、国际收支盈余、商品出口收入等”。

它明确了该定义的三个要点，即所有权、投资及目标。其中，所有权要素是指主权财富基金为政府所有，包括中央和地方政府；投资要素是指其投资策略中包含投资外汇资产，这也就排除了那些仅投资国内市场的投资机构；目标要素是指主权财富基金的设立出于财务目标的考虑，在中长

① Diana Farrell and Susan Lund, “The New Role of Oil Wealth in the World Economy”, McKinsey Global Institute Report, Jan. 2008, p. 2.

② IMF, Global Financial Stability Report: Market Developments and Issues, Apr. 2007, p. Chapter Ⅱ.

③ Stephen Jen, “The Definition of a Sovereign Wealth Fund”, Morgan Stanley Research Global, Oct. 26, 2007.

期投资期限中可以适用较大幅度的投资策略，这就是说其目标应不同于或超越传统的国际收支平衡目标。主权财富基金可能包含外汇储备资产，但这类外汇储备资产不应算作主权财富基金。此外，《圣地亚哥原则》还特别排除以下几类投资机构：货币当局为了国际收支或货币政策目的而持有的外汇储备；传统意义上的国有企业；公务员养老基金；为了个人收益而管理的资产。

这一定义为主权财富基金议题的展开提供了具体框架，但有三类主权性投资在投资行为上与该界定的投资者并无显著区别，而被排除在外。这三类基金是：其一，专门或主要投资于国内市场的主权基金，这类基金在发展中国家广泛存在，如越南国家资本投资公司、阿曼投资基金、阿布扎比穆巴达拉发展公司等；事实上，它们的经营活动趋于活跃，并有向海外扩展的趋势。如淡马锡在过去 20 年间都主要投资国内市场，即使时至今日，东亚和海湾国家的主权财富基金还主要投资于国内。其二，拥有超额外汇储备的央行和货币当局。外汇储备的运行通常应坚持以流动性和安全性为首要原则，以应付收支问题或进行货币干预等。但当央行或货币当局拥有超额外汇储备时，它们也会为了收益目标而多元化其资产组合，如沙特阿拉伯、中国香港、瑞士等国家和地区的货币当局已开始将超额储备用于收益性投资。其三，统治者基金。这类基金主要出现在中东等国。在法律上，主权国家的基金与统治者的私人基金差别明显，但在中东特定的政治体制下，其界限并不那么清晰。典型的例子是迪拜国际投资公司（DIC），该公司负责管理迪拜酋长国统治者 Sheikh Mohammed bin Rashid Al Maktoum 的私人资产。由此可见，这一界定也不甚周全有效。

二、本研究的界定

基于建立有效的监管体系这一目的，笔者将主权财富基金界定为初始资本源于外汇资产的，为获得超出无风险回报率的，政府所有的投资工具或资本集合。与《圣地亚哥原则》给出的概念相比，这一界定强调资金来源要件，而去除了投资要件，从而判断一个投资工具是否是本研究意义上的主权财富基金，需要关注如下三个要件，即初始资金来源、所有权和投资目的。

1. 初始资金来源须为外汇资产

主权财富基金受到关注的关键原因在于：一方面，主权财富基金是全球贸易不平衡加剧的必然产物；另一方面，主权财富基金是全球货币体系固有缺陷的集中反映。因此，尽管主权财富基金或政府控制的投资工具在历史上并不鲜见，但它在2007年开始成为国际金融领域关注的焦点却是其来有自。也正是在此意义上，主权财富基金才成为新一类投资者，它们的投资也正是在这样的背景下因而具有更显著的研究价值。

这里的外汇资产主要包括两类：一是资源出口国家通过出口原材料等获得的外汇资产；二是外向型经济通过出口贸易品获得的外汇资产。在一般情况下，用于主权财富基金运作的外汇资产为超额外汇资产。强调初始资本的原因是，在设立特定形式的主权财富基金的过程中，为突破或实现特定的法律效果，可能通过某些法律建构而改变资本的法律属性；但在实质上或源头上，仍是外汇资产。

这一特征使得主权财富基金与其他政府或公共投资工具区分开来，如政府养老基金、政府运用私有化收入建立的基金、加州教师退休养老基金，等等。

初始资金来源须为外汇资产这一要件还意味着，无论这些财产的存在形式和法律性质如何变化，在终极意义上，它们属于全体国民，因而，如何管理运行就涉及信托责任的分配与传递问题。这就是说，它在终极意义上是公共储蓄或公共财富，是全体国民的基金。这暗示着民众享有对主权财富基金本金和利润的分享权，同时也享有对其运营过程的监管权。故母国在制度设计中就必须考虑建立有效的机制，一方面保障国民的知情权和监管权；另一方面使其投资收益最大限度地服务于全民利益，防止被少数人独享，避免出现“无节制的财富”，从而基于母国角度对主权财富基金运行的透明度与问责性提出更高的要求。

2. 政府所有或控制

这里的政府不仅包括中央或联邦政府，也包括地方政府。这一要件表明主权财富基金与政府间的特殊关系。此种特殊关系需要与两类关系有所区别：一是国有企业与政府的关系；二是央行与政府的关系。

就国有企业与政府的关系而言，在不同国家，国有企业承担的职能或目标存在差异。例如，欧美国家的国有企业多承担公共政策目的，基于满足公共利益和填补市场缺陷而设立；在我国，国有企业是国民经济的支柱。但它们的共同点是，政府在国有企业中作为股东而出现。国有企业需要以独立的法人出现，国家通过法定或约定方式与国有企业产生联系，而在市场国有企业与其他私人企业平等竞争。此外，国有企业通常要求国家控股50%以上即可。目前的主权财富基金大多由国家完全持有，往往也对投资决策有最终控制权。这也就体现了名称中的“主权”特性。

在超额外汇储备存在的情形下，央行可能被权力机关要求直接或经由专门设立的机构经营管理这些对货币政策独立性并不构成实质性影响的外汇资产。也即，主权财富基金与政府的关系并不同于传统上央行与政府的关系。但具体有何种不同则需视各国情况而异。

主权财富基金与政府的关系十分微妙。它摇摆在国有企业和央行之间，但无论如何，政府对它的控制无论是在法律形式上还是在实质上都要更为紧密和隐秘，这也正是东道国的担忧得以形成的诱因。这一要件深刻影响着主权财富基金的国内、国际规制。从母国角度看，政府所有或控制会带来所有者、监管者及市场主体三个角色的平衡与协调问题。从东道国角度看，这一特性使得它们不能完全像对待私人投资那样对待其投资，因为它们不仅要考虑国家安全问题，还需考虑是否对其适用主权豁免规定。

在我国，主权财富基金同其他国有企业一样，兼具一定的政治属性：它不仅是从事生产经营活动的营利组织，还是社会主义市场经济制度的根本保证，是我国《宪法》第七条明确规定的“国民经济中的主导力量”。这种双重性对建立有效的治理和监管框架都有深远影响。

3. 投资目的是获取超出无风险回报率的收益

建立主权财富基金的直接原因是超额外汇储备的零收益率甚至负收益率，故这些基金通常也都明确其目标是获得一定风险范围和一定期限的收益率，至于具体的风险范围和具体期限则无定式。这一限定实际上将其定位为财务投资者。主权财富基金的投资与央行的外汇管理的重要区别正是在于，前者将盈利性作为首要目标，而后者将安全性和流动性置于目标序列的前列，而将盈利性作为最次要的目标。

然而，此限定并不排除其在财务目标之外或之后具有其他的目的；以追求收益为唯一目标或最终目标的市场参与者并不多见，而正是在财务目标之后的不同动机与目的使得资本流动具有了多样性，使得金融业的存在具有了必要性。因为财务目标本身指向的乃是稀缺性的配置，故非财务目标的实现在绝大多数情形下需要通过对财务目标的追逐来实现，不同的非财务目标决定了财务目标在具体内容上的多元化，表现在市场上即不同资本具有不同的投资期限和不同的风险偏好。故非财务目标动机的存在并不足以构成主权财富基金应受到特殊对待的理由。当然，需要特别指出的，尽管市场竞争并不以非财务目标为基准来甄别投资者，但若参与者凭借手中的公权力而非遵循价格机制而参与资源配置，则当然会扭曲市场的正常运行，并会侵害其他市场参与者的利益。这就是说，我们只需要投资者在市场上的行为像一个理性投资者一样以收益率为目标即可，至于其背后或隐藏的动机则无深究的必要。

对投资目的的限定意味着两点推论：第一，主权财富基金应作为具有一定独立性的市场主体而非政府部门或其傀儡而出现，必须能够承担投资过程中的风险和责任，否则就无法为其投资或经营业绩进行评估。母国仅以投入到该基金的资产为限承担民事责任，运营主权财富基金的公司也只以其自身所有的资产为限对他人承担民事责任。从而，也就对保障目标实现的相关机制提出了要求。第二，主权财富基金的运作须遵循市场规律。这就要求它在市场上自担风险、稳健经营、商业化运作，追求效益最大化，从而区别于政府开发基金、国际援助基金等政治化基金。当然，对盈利目的的强调并非彻底地否定其可能承载的其他目的。既然主权财富基金由政府设立，归属于政府掌控，除政府对其有着宏观调控的目的之外，政府难免还可能出于政治目的对其施加影响，使其在一定时空背景下服务于政治目的。例如，发展对外关系、增强国际影响力等。但我们不能因此淡化或否认其市场属性，而且应致力将这种属性保持和强化。

此外，这里所谓的投资目的是仅就主权财富基金作为“基金”而做出的限制，并不涉及为欧美等国所频繁提及并做出类似阴谋论的质疑的所谓“动机问题”或“使命问题”。简言之，对投资目的的规定是限定主权财富基金作为一个商业机构而出现，是为了排除政治化的基金如对非援助基金等。至于这个商业机构进一步具有怎样的动机则在所不问。笔者以为，在一个发达的市场机制中，只要不存在垄断者或垄断者受到有效规制，理性的市场参与者均应在商言商，基于非商业目的进行交易只会导致巨额亏损，而不可能实现统治世界的目标。市场短期是投票机，长期是称重器。自由市场和竞争机制有能力矫正和淘汰“动机不纯”的参与者。自由的市场也不要求每一个主体追求利润最大化，只要有竞争机制存在，那些做出糟糕决策的主体自然会被其他参与者所取代。这意味着，首先，母国必须降低甚至消除利用主权财富基金实现过多非商业目的的期待，商业绩效之外的期待必须建立在本国主权财富基金在全球市场中具有自生能力为前提

的基础上，否则就相当于自我欺骗，沦为主权财富基金预算软约束的借口，导致资源配置上的效率损失；[①] 其次，东道国与其对虚幻出的政治威胁如履薄冰，还不如考虑如何建规立制以消除资本自由流动的障碍，促进信息披露和共享，强化竞争机制的有效性。

4. 投资行为本身不应作为判断标准

在《圣地亚哥原则》对主权财富基金的界定中，投资行为本身作为判断是否主权财富基金的三大要件之一，其具体内容是它的投资必须包含投资外汇资产，从而排除了仅投资国内市场的投资机构。

该要件不宜作为进行规制研究时主权财富基金的判断标准。主要原因如下：首先，是否投资外国金融资产并非其与其他政府投资机构的本质区别。主权财富基金所引发的隐忧固然与其走出国门进入全球金融市场投资直接相关，但在此担忧的背后却是对投资者身份及随之而来的政治动机的疑虑。通常东道国并不反对其他形式的政府资本流入，比如外国央行购买本国国债或外国国有企业在本国的绿地投资等，更不用说外国私人投资。也即，东道国忌惮或担忧的仅仅是“主权”而非“外国”，从而，这也应成为规制设计中的重点考虑因素。

其次，对如何解释外国金融资产存在争议，缺少明确性和现实可操作性。在何谓外国即“Foreign”上至少有属地和属人两个标准，即金融资产是否属于“外国金融资产”究竟应以被购资产的存在地还是以所有人国籍来判断殊非易事；若考虑到地区或某些国家之间极为紧密的经贸联系、金融资产的高流动性及复杂的权属关系，我们可以发现，即使主权财富基金仅将其投资限于本国范围，也难免涉及外国资产。

最后，《圣地亚哥原则》对主权财富基金的限定主要基于政治目的，即用以限定谈判参与者的范围，平抑当时的情绪性对抗，避免激起更严重的保护主义浪潮。这种背景也部分体现了相关谈判实际上是以东道国利益与需求为导向而展开的，对于母国在主权财富基金治理和监管中的角色与应发挥的作用，并无中立恰当的定位。

综上所述，在本研究中，主权财富基金被界定为初始资本源于外汇资

---

① 大量文献表明，国家所有权是解释财务表现较差和管理绩效低下的重要变量。参见 Dewenter, K. and P.H. Malatesta, “State-owned and Privately-owned Firms: An Empirical Analysis of Profitability, Leverage, and Labour Intensity”, *American Economic Review*, Vol. 91, 2000, p. 330.

产的为获得超出无风险回报率的政府所有的投资工具或资本集合。具体要件有三个，即初始资产性质标准、政府最终控制标准及盈利目的标准。这三个要件在一定程度上可以与主权财富基金这个名称对应起来：“主权”对应于政府控制标准，“财富”对应于初始资产性质标准，“基金”对应于盈利目的标准。

有必要说明的是，主权财富基金存在的法律形式（如是否必须以公司形式存在）在大部分界定中都未做严格而明确的限定，《圣地亚哥原则》也以“投资基金或法律安排”为其定性。这意味着无论学术界还是监管界都倾向于通过功能标准而非形式标准来辨识政府投资工具是否主权财富基金。这一方面表明该原则充分考虑了不同国家的国情，具有广泛的包容性；另一方面则意味着判断主权财富基金必须取决于其他要件的精确性和限定性。

三、主权财富基金与相关概念辨析

主权财富基金概念的边界与诸多机构都存在交叉，这里主要将其与国有企业及外汇储备之间的关系做较为详细的阐述。通过表 1–1，我们可以对它们的关系有初步了解。

表 1–1　主权财富基金与相关主体的关系

央行或货币当局		主权稳定基金	主权储蓄基金	政府投资公司	关联国有企业
必要外汇储备	超额外汇储备				
印度等	中国、日本、中国香港地区等	俄罗斯石油稳定基金	挪威政府全球养老基金	新加坡政府投资公司	俄罗斯天然气工业公司
	主权财富基金				

1. 主权财富基金与国有企业

学界对国有企业的概念存在不同的看法，主要界定因素有两点，即国有股权份额以及是否以公司形式设立，它们影响到主权财富基金与国有企业关系的判断。不同国家或机构对国有企业的界定，如表 1–2 所示。

对国有企业中国有股权的份额及形式要求并非概念界定的科学性问题，无所谓对错，而仅仅是价值或经验判断问题；是对是否独立法人的界定则是影响到责任能力的重要问题。不过就后者而言，各国并无分歧。根

表 1-2　国有企业概念

立法举例	国有份额标准	公司形式	独立法人
OECD《国有企业公司治理指引》	完全、多数或显著少数所有权而明显控制	否	是
欧共体《关于企业透明度条例》	可以直接或间接行使支配性的影响，即国家对一个企业能够直接或间接地①在企业注册资本中占有多数股份；或②拥有与企业份额相关的多数表决权；或③可以决定企业的管理机构、领导机构或监事会一半以上的成员	否	是
韩国《国有企业管理法》第二条	政府投资达到或超过 50%	是	是
中国台湾地区《国营事业管理法》第三条	除了政府独资经营外，政府与民间依照事业组织特别法的合资经营者，以及政府与民间合资经营、政府资本超过 50%者，都是国营企业	否	是
日本	中央或地方政府全部或部分出资	否	是
中国	完全由政府持股	是	是

据本国不同的历史文化传统以及具体的国情，以及不同的社会性质和国有资产状况，不同国家或地区在国有企业的认定上存在不同标准并无不妥，也未造成法律适用上的困扰。从上述例表看，我国在国有股权份额和公司形式上都有严格限制，使得国有企业范围较小。[①] 本研究在国有企业认定上持宽松标准，不以国家全额持有或以公司形式存在为关键，但须以独立法人形式存在。

主权财富基金初始资金源于外汇资产，决定了其完全由国家所有，故在份额标准上并无障碍，但其判定要件并不含有须为独立法人，而以其他法律安排概括适用，故那些具有独立法人资格——无论企业法人还是机关法人——的主权财富基金即属于国有企业，同时也存在一些不属于国有企业的法人，比如当由财政部或央行等下设或附属行政部门管理或经营超额外汇储备时，就构成了非国有企业的主权财富基金。在目前的形势下，大部分主权财富基金都是按照独立法人运作。主要优点：一是有利于国家规

① 最直接原因：一是中国是以公有制为主的社会主义国家，国有资产在社会总资产中占比较高，有国有资本存在的公司数量较多，随着社会主义市场经济体制的不断完善，需要界定为国有公司的数量应不断减少。采用国有全资说，有利于减少国有公司的数量，完善社会主义市场经济体制，也有利于国有资产监管部门有效监管。二是我国将国有财产等公共财产和私人财产严格区别开来，传统的国有企业制度使人们形成了一种观念：企业的全部财产都来源于国家的企业是国有企业。

避无限连带责任，国家仅以出资为限承担有限责任，而非以国库为限承担无限责任；二是有利于主权财富基金建立科学有效的公司治理结构，按照商业化运作，保障财务目标得以实现，避免公权力扭曲市场。这两点在主权财富基金进行境外投资，尤其是在发生争议时，就会显得更为重要，故也是下文强调的“去政治化”的基本举措之一。

简而言之，主权财富基金与国有企业之间存在很大的重叠交叉，即具有独立法人地位的主权财富基金即国有企业（见图 1-1）。由于独立法人形式在一般意义上意味着更优越的治理质量，故从长期看，更好的规制主权财富基金就要求那些非国有企业的主权财富基金逐步获得独立法人地位。

这种区分可以有效地限制、缩小研究范围，提高研究针对性。比如，在媒体话语中迪拜世界公司[①]、“中投二号”[②]、俄罗斯天然气工业股份公司（Gazprom）[③] 等多被冠以“主权财富基金”或“主权基金”之名的机构因为其初始资产来源并非外汇储备，故并不属于本研究所指的主权财富基金。

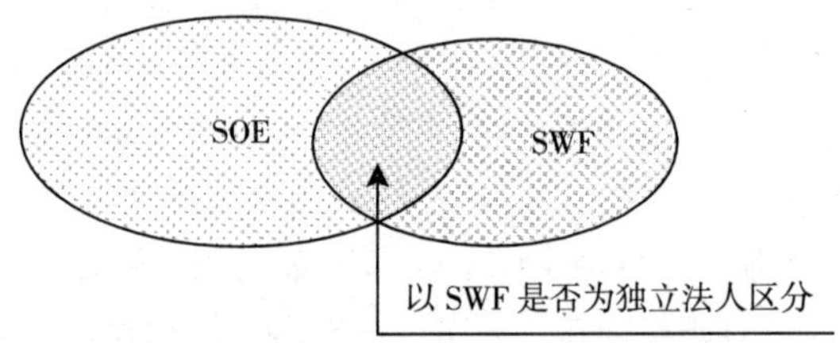

图 1-1　主权财富基金与国有企业间的关系

2. 主权财富基金与外汇储备

外汇储备是一个国家货币当局持有并可以随时兑换外国货币的资产。

---

① 2009 年 11 月 25 日，迪拜酋长国宣布，负债额达 590 亿美元的国有集团“迪拜世界公司”请求债务偿还暂停 6 个月，引发了“迪拜世界债务危机”，媒体称“迪拜世界公司”为主权财富基金。同年 11 月 30 日，迪拜政府就危机表态称，迪拜政府不为这家主权投资机构的债务提供担保，因为“迪拜世界公司虽为政府所有，但长期作为独立实体运营，企业债务从未获政府担保，不应将迪拜政府与债务缠身的迪拜世界混为一谈”。迪拜世界主要投资国内而非国外，主要资金来源为发放债券而非超额外汇储备，因而属普通国有企业，相当于我国改革开放初期的“窗口企业”，迪拜世界债务危机与 1999 年的“广国投破产案”类似。

② “中投二号”即以我国国资委为唯一股东的“国新资产管理公司”，其注册和启动资金源于国资收益，主要功能是国有资产运营，以及不良资产处置和股权运营。国新资产管理公司是我国国资委继中国诚通集团和国家开发投资公司后成立的第三家国有资产管理公司。

③ 俄罗斯天然气工业股份公司成立于 1989 年，是俄罗斯最大的公司和全世界最大的天然气开采企业，1996 年 10 月在美国和欧洲证券市场成功上市，其中，俄罗斯政府占股 38.37%。

并非所有国家的货币都能充当国际储备资产，只有那些在国际货币体系中占有重要地位，且能自由兑换其他储备资产的货币才能充当国际储备资产。

（1）主权财富基金与外汇储备的联系。主权财富基金和国家外汇储备之间存在紧密联系（见图 1-2），表现在以下几点：

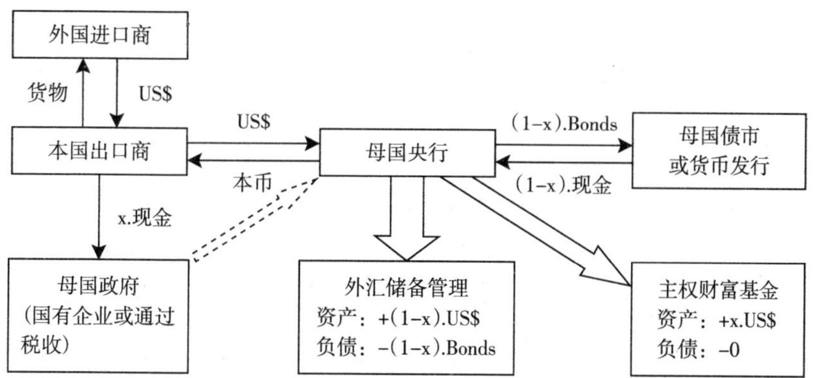

图 1-2　主权财富基金与外汇储备或央行的关系

第一，外汇储备是主权财富基金的设立动因和资产来源。外汇储备的增加不仅可以增强宏观调控的能力，而且有利于维护国家和企业在国际上的信誉，有助于拓展国际贸易、吸引外国投资、降低国内企业融资成本、防范和化解国际金融风险。但这并非意味着外汇储备越多越好。适度外汇储备水平取决于多种因素，如进出口状况、外债规模、实际利用外资等。应根据持有外汇储备的收益、成本比较和这些方面的状况把外汇储备保持在适度的水平上。

为降低持有成本，很多国家改变了传统上外汇储备的管理模式，设立外汇投资基金或公司。依 IMF 对外汇储备的定义，国家外汇投资公司运作的外汇资产不属于外汇储备，① 因此，国家为缓解因巨额外汇储备导致的不利后果，从外汇储备中分离一部分设立主权财富基金，这不仅能缓解因流动性过剩带来的社会问题，消除本币升值的国际压力，同时减少因

① 根据 IMF 对外汇储备的定义，外汇储备特指由一国官方持有、可以自由支配和自由兑换的、用以实现一组政策目标的外汇资产。除此之外的其他任何外汇资产（即使是官方外汇资产），都不能计入外汇储备统计中。比如，外汇投资公司所运作的国家外汇资产，就不属于外汇储备。

储备资产缩水带来的利益损失。故超额外汇储备是主权财富基金的资产来源，又是其得以设立的动因。

第二，主权财富基金的设立是外汇储备管理模式的新发展。其一，成立外汇资产投资公司可以冲销超额储备，保持国际收支账户平衡，消除国际政治经济压力，而主权财富基金也成为外汇储备新的“蓄水池”。其二，持有美国国债是传统外汇储备管理的主要方式，远不能弥补美元贬值所带来的损失，当中国的外汇储备发展到一定规模时，就需要进行更有效率、更有效益的经营管理模式尝试，而主权财富基金的设立正是经营模式创新的最新形式。

（2）主权财富基金与外汇储备的区别。各国政府管理和经营外汇储备，一般都遵循安全性、流动性和盈利性三个原则。[①] 但是，安全性、流动性和盈利性三者不可能全部实现。盈利性强的资产往往安全性差，安全性、流动性强的资产大多盈利性弱。各国在经营外汇储备时往往各有侧重。如富国多重视流动性，以随时干预外汇市场或用于对外支付，穷国多看重价值增值和财富积累。一般来说，应尽可能兼顾这三项原则，采用投资组合的策略，实行外汇储备的多元化经营，降低风险，实现增值。

超额外汇储备管理与必要外汇储备管理之间的重要区别是，前者对安全性的需求大大削弱，而对盈利性的追求十分明显。也即，当央行或其他机构以超额外汇储备进行以高收益率为目标进行投资时，主权财富基金就得以形成。具体来说，它们的区别包括：其一，管理部门大多不同。外汇储备账户一般设在央行的资产负债表上，由央行下属的外汇管理部门管理。主权财富基金则由专门运营机构运营管理，账户设在专门的运营机构的资产账户上，国家职能部门如财政部只作为股东行使股东权利。其二，对国家金融经济形势的影响不同。外汇储备资产的运作及其变化与一国国

---

① 其中，安全性是指外汇储备应存放在政治稳定、经济实力强的国家和信誉高的银行，并时刻注意这些国家和银行的政治和经营动向；要选择风险小、币值相对稳定的币种，并密切注视这些货币发行国的国际收支和经济状况，预测汇率的走势，及时调整币种结构，减少汇率和利率风险；还要投资于比较安全的信用工具，如信誉高的国家债券，或由国家担保的机构债券等。流动性是指保证外汇储备能随时兑现和用于支付，并做到以最低成本实现兑付。各国在安排外汇资产时，应根据本国对一定时间内外汇收支状况的预测，并考虑应付突发事件，合理安排投资的期限组合。现金和国库券流动性较强，其次是中期国库券、长期公债。盈利性是指在保证安全和流动的前提下，通过对市场走势的分析预测，确定科学的投资组合，抓住市场机会，进行资产投资和交易，使储备资产增值。

际收支和汇率政策密切相关，而主权财富基金一般与后者无直接联系。外汇储备资产的变化产生货币政策效应，即其他条件不变，央行外汇储备资产的增加或减少将通过货币基础变化引起一国货币供应量增加或减少；主权财富基金的变化通常不具有货币效应。[①] 其三，职责不同。外汇储备是央行的负债，主要担负调节国际收支、稳定本币汇率、抵抗金融风险的任务；主权财富基金的主要职责依其设立的目的而有所不同。其四，运营方式不同。外汇储备应秉承“安全第一、稳健至上、比重分散、结构多元”的原则进行，常规经营管理方式为购买美国国债，这在外汇储备量较低时不失为一种保险的方法；主权财富基金采取的是与购买国债这样保守与被动经营管理方式完全不同的主动经营方式，运用外汇储备的超额部分在国际市场上进行灵活积极的投资，同时还可以将一部分用于本国国民经济的发展。

本研究对主权财富基金的判定采取实质标准，即只要资金初始性质是超额外汇储备，且以盈利性为首要目标，无论其法律性质还是法律形式，都得以构成主权财富基金。这意味着，货币当局自身可能被认定为主权财富基金，以及在不违反外汇储备一般原则的情形下，只有那些存在超额外汇储备的国家才可能成立主权财富基金。[②] 其中，可能存在的问题有两个：一是超额外汇储备与必要外汇储备之间的界限问题；二是当央行对所有外汇储备进行管理时，对特定部分的经营是以安全性为目标还是以盈利性为目标，较难辨识。后者涉及国家豁免问题，将在第四章专门予以讨论。

3. 主权财富基金与政府投资公司

无论发展中国家还是发达国家，都存在着政府控制的商业投资机构。尤其是在我国，按照“国家所有，分级管理”的国有资产管理体制，国家代表全体人民行使对国有资产的所有权，中央和地方政府则分别负有中央和地方国有资产的管理权限。因此，不仅在中央而且在地方也出现了诸多从事境内外投资的控股公司，它们大都是由地方政府投资的大型投资控股公司，在地方乃至全国的经济建设中扮演着重要角色。

---

① Roland Beck and Michael Fidora, The Impact of Sovereign Wealth Funds on Global Financial Markets, ECB Occasional paper series, No. 91, 2008, p. 23.

② 比如，不断被提起的印度是否应成立主权财富基金的问题在经验层面上很可能是个伪问题：印度的财政和经常账户均为赤字，且其外汇储备来源并不稳定，包含大量可以随时撤离的组合投资和商业借贷。参见 Financial Times, State Oil Groups Call on Delhi to Join Assets Race, Mar. 18, 2010.

尽管它们在国内的投资行为与中投相比，并无重大差异，尤其是在盈利目标及政府控制标准上均符合，但只有那些初始资本源于外汇储备的政府投资公司才属于主权财富基金。至于是中央政府控制还是地方政府控制，这对其界定没有影响。故前述的北京市国有资产经营有限责任公司不属于主权财富基金，而美国阿拉斯加永久基金则在主权财富基金之列。

此外，我国还存在"政府性基金"，即"各级人民政府及其所属部门根据法律、行政法规和中共中央、国务院文件规定，为支持特定公共基础设施建设和公共事业发展，向公民、法人和其他组织无偿征收的具有专项用途的财政资金，是国家财政收入的重要组成部分"，[①] 比如铁路建设基金、国家重大水利工程建设基金、教育费附加等。政府性基金具有行政性、专项性、财政性等特征，是行政机关或事业单位的一部分，与主权财富基金在资金来源、用途、法律性质等方面都存在显著差异。

4. 主权财富基金与跨国企业、私人机构投资者

尽管并非定义的要件之一，但无可否认为了实现其目标，主权财富基金进行投资活动在大部分情况下应在母国之外进行。与此同时，其巨大规模决定了其投资的企业的数目较多，分布较广。在此意义上，大部分主权财富基金与跨国企业无异（见图 1-3）。

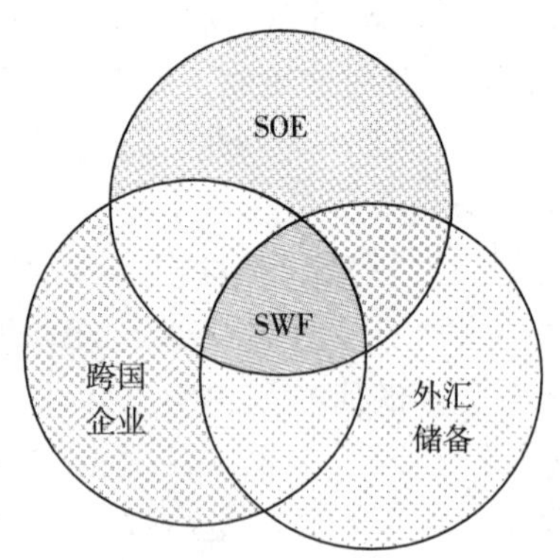

图 1-3 主权财富基金与相关概念的关系简图

在投资策略上，主权财富基金与私人投资者并无本质上的差别，[②] 最主要的差别在于它们的资产负债表结构有着重大不同：主权财富基金较少

① 财政部：《政府性基金管理暂行办法》（财综［2010］80 号），2010 年 9 月 10 日。
② 详见本章第三节的阐述。

有负债和适用杠杆，而私人机构投资者的高杠杆率是金融监管机构的重点监管对象。

第二节　主权财富基金的法律性质

分析主权投资基金的法律属性至少可以从资产性质和法律形式两个角度分别展开，原因在于：不同的资金来源在法律上对应着不同的权属关系，它们在应然和实然层面上对应着不同的治理结构；法律形式在一定程度上对应着不同的权利能力和责任能力。

一、主权财富基金的资产属性

通常认为，主权投资基金主要来源于超额外汇储备，包括财政盈余和央行储备。二者间的关键区别在于，对政府而言，财政盈余属于新增财富，对它的使用不会引发新的债务，从这个角度看，财政盈余是真正的“主权财富”。央行储备则并非免费的财政收入，它可以被视为本国私人部门的外汇收入，故该笔资产在央行资产负债表中总是对应着同等数额的债务负担，具有公共储蓄性质，故不能等同于国家财政收入。

据此可将主权投资基金分为两类，即财政盈余类和央行储备类。前者如新加坡淡马锡控股公司（以下简称“淡马锡”）、俄罗斯联邦基金及挪威资产管理部及中东国家的主权投资基金。后者如新加坡政府投资公司、韩国投资公司等。资金来源的不同对主权投资基金的投资动机、投资组合及与政府相关部门的关系等方面都有不同程度的影响。①

更重要的是它们属于不同的法律范畴。其中，政府对财政盈余的运用

---

① 在投资动机方面，财政盈余类主权投资基金比较灵活和多元，基本目的在于对冲操作、储蓄和代际公平；央行储备类的首要目标仍是实现对冲操作，冲销过剩的外汇流动性。动机的不同反映在投资风格上则是前者相对更加积极开放，无论在资产结构、期限结构还是地理和行业分布上都有较多的选择，而对后者，在运营上仍得依序坚持流动性、安全性和盈利性原则，即盈利是较为次要的目的，从而导致在投资组合以及回报率上的差异。在国内，财政盈余类通常由财政部发起或者直接管理，并对本国最高权力机关负责，而央行储备类在理论上则被置于央行掌控之下。

属于国有资产管理，以其建立的主权投资基金在性质上属于国有资产，应受到政府预算和国有资产管理相关法律法规的规制；尽管央行储备的所有者在名义上属于央行，但因它包含了相当一部分真实负债和或有负债，故不能视为国家的真实盈余和财政收入，对央行储备的经营隶属于外汇管理体制的一部分，利用央行储备建立主权投资基金则属于一国外汇管理方式之一，本质上来说是央行如何基于投资收益差别之上的投资组合选择问题。

二、主权财富基金的法律形式

大致看来，主权投资基金主要以两种法律形式出现，即行政机关法人和国有企业法人。

1. 行政机关法人

这种类型是指，主权投资基金由本国某一政府机关直接经营或基金本身自成一体，构成了政府内部的一个单独部门，即为行政机关法人的组成部分或独立的机关法人。这一类的主权投资基金主要包括中东、俄罗斯及挪威等国的基金。

比如，俄罗斯联邦基金由财政部管理，其交易须记录在联邦政府特定账户上，并定期向政府报告。在运营过程中，联邦政府拥有决策权，财政部扮演着执行者的角色。2007 年 4 月，俄罗斯政府决定将联邦稳定基金分割为储备基金和后代基金，但其基本规定并未发生变化。

科威特投资局是科威特政府内部专司对外投资的相当于部级单位的独立的行政机关法人，投资局对部长会议和国民会议负责。目前，该局除负责管理超过 2500 亿美元石油收入外，还掌管着在本国产业中占绝对主导地位的公共企业中的全部国有股权和政府在国际组织如 IMF 中的份额。与此同时，投资局也从事对第三世界国家的援助和发展项目以满足国家的战略需要。尽管与科威特相比，其他中东国家实行更为封闭的政教合一的君主政体，故在主权投资基金的治理结构与权属关系上模糊不清，但这些国家的主权投资基金通常扮演着类似的角色，它们在国外市场上追求稳定和较高收益的同时，往往也担负着推动本国经济多元化，促进金融业发展等行政职能。

负责经营挪威政府全球养老基金的挪威银行资产管理部是隶属于央行即挪威银行的独立的投资部门，并非公司法意义上的独立法人。尽管资产管理部可以以自己的名义进行对外投资，但在几乎所有的重要事务上都得依协议接受挪威政府和财政部的决定。

2. 国有企业法人

这种类型是指，有些国家将外汇资产交由专门的国有投资公司进行市场化运作。其中，又可以按照该公司是否对该笔资产享有法人财产权而作进一步细分。拥有法人财产权的国有投资公司在本质上与一般的国有企业并无二致；不享有法人财产权的国有投资公司实际上就是由国家发起成立的基金管理公司，它作为基金管理人，根据协议为国家这一特殊客户从事资产管理业务；为简便起见，本研究在非严格意义上将前者称为国有投资公司，将后者称为国有基金管理公司。它们的共同点是，在法律都是国家独资成立的企业法人，尽管政府仍对主权投资基金的投资策略保持较大的影响力，但它们在进行投资时对市场信号的理解和反应较行政机关法人相对可能更灵敏，同时也更易于在商业化原则基础上运作。

淡马锡是国有投资公司的典型形式。依照新加坡《宪法》第22A条和第22C条（合称“第五进度表”）的规定，政府投资公司和淡马锡均为国家独资有限公司（也称为第五进度表公司）。它们还依新加坡《公司法》的规定，成为豁免有限公司（Exempt Private Company）。在这一点上淡马锡与政府投资公司无差别，二者的法律性质、决策程序、法定信息披露等内容都基本相同。

但在严格意义上，政府投资公司却是典型国有基金管理公司类的投资基金。因为新加坡政府投资公司对所管理的资产并无所有权，而是基于政府和央行即金融管理局的委托，依照双方签订的资产管理协议，管理相应资产，资产收益归资金所有人，而后者则支付对价即约定的管理费用。从理论上来说，新加坡政府投资公司也可以接受其他机构的委托从事专业化的资产管理业务；同样地，政府和央行也可以委托别的专业化投资公司来经营其资产。与此形成鲜明对比的是，淡马锡对自己管理的财产拥有法人财产权，财政部是其唯一股东，并且可以像通常意义上的国有企业一样发行公司债券等，其职能类似于我国的国有资产管理委员会，但更为进取、积极。

类似地，韩国投资公司是韩国政府2005年7月参照新加坡政府投资公司成立的专门负责管理由韩国政府和央行等机构委托经营的资产的独立法人。韩国投资公司对来自政府和央行的财产均无所有权，而仅仅是接受委托，代为投资，投资收益归属于委托人，同时向委托人收取资产管理费用。依据规定，韩国投资公司不属于政府参股机构，不受《政府参股机构管理基本法》、《间接投资资产管理法》以及有关政府关联机构管理的基本法律法规的约束，可谓是特殊的国有基金管理公司。

如前所述，主权投资基金的公共属性决定了无论是行政机关法人还是国有企业法人都应受到一定程度的制约或监管。从法律形式的角度看，行政机关法人以及狭义的国有投资公司法人类主权投资基金主要是通过政府内部及政府和议会之间的制度安排来实现的，立法机关大多具有审计权和资金用途的决定权；属于国有基金管理公司法人类的主权投资基金，则可能被视为非银行金融机构，接受本国金融监管当局的监管。

三、中投公司的法律性质

中投的成立被视为中国外汇管理体制改革的标志性事件和深化金融体制改革的开放性举措。那么中投的法律性质如何呢？依照前述思路，可得以下几点结论：一方面，中投的资金源于财政收入，而非央行储备。依据第十届全国人大常委会第二十八次会议批准的方案，“由财政部发行特别国债 1.55 万亿元人民币，购买约 2000 亿美元外汇，作为组建国家外汇投资公司的资本金来源。发行的特别国债为 10 年期以上可流通记账式国债，票面利率根据市场情况灵活决定。依有关规定，特别国债纳入国债余额管理”。尽管这次发行特别国债是为了从央行购买外汇资产，负责发售特别国债的也是央行，甚至这笔交易只是体现在账面上。[①] 该项交易的直接效果几乎等同于央行直接把外汇储备划拨给政府成立中投来经营。但作为一项法律事实，其意义在于：首先，它有效地回避了《中国人民银行法》第二十九条的规定，即“中国人民银行不得对政府财政透支，不得直接认购、包销国债和其他政府债券”，这一事实在央行的资产负债表上的反映是售出以美元形式持有的外汇储备，获得以人民币计量的长期特别国债，

---

① 理论上，央行将从资产负债表上划出 2000 亿美元外汇资产的同时，记入一笔 1.55 万亿元人民币的特别国债资产，作一次性记账处理；之后，财政部将 2000 亿美元外汇资产注资国家外汇投资公司；央行将利用增加的 1.55 万亿元特别国债作为公开市场的工具，发售给金融机构等国债投资方。其中，首期特别国债发行的操作方式是，财政部向境内商业银行即中国农业银行发行 6000 亿元特别国债，筹集人民币资金后，向人民银行购买等值的外汇，同时，人民银行利用卖汇所得 6000 亿元人民币向境内商业银行购买等值特别国债。

这一买卖交易是央行依法“经营国家外汇储备”的方式之一；其次，它表明中投与央行之间不存在严格意义上的法律关系，中投持有的资产也不属于官方外汇储备的范畴。[①] 在此意义上，将中投称为专门负责外汇储备管理的投资公司是不确切的。

但又不能将中投等同于普通意义上的国有企业。原因有两点：一是中投既非财政部也非国有资产管理委员会或其他有权或授权投资的机构发起成立的企业法人，而是“经过国务院批准”成立的，由国务院直接领导的特殊的国有独资公司；二是将汇金并入中投则进一步使得为中投基于资金来源而加以定位越发艰难，因为前者无论是在法律地位还是在资金来源和资金运用上都备受争议。

另一方面，从法律形式上看，中投是属于国有投资公司，对管理的财产拥有所有权。中投是依《公司法》建立的国有独资公司，公司注册资本金为 2000 亿美元，首期缴付 450 亿美元，此后，汇金被划转为其全资子公司。就公司治理来说，中投的基本架构已形成，但有关其决策程序、监管机制、投资策略等重要问题尚无披露。中投新闻稿称，该公司将实行政企分开、自主经营、商业化运作，在可接受的风险范围内，实现投资收益的最大化。就投资方向看，主要有两部分：一是以境外的金融组合产品为主，开展多元投资，提高外汇资产的长期收益；二是向国内金融机构注资，依法履行出资人代表职责，实现国有金融资产的保值增值。[②]

这意味着我国并未建立央行储备经营权动态地向中投转移的机制。依《预算法》的规定，特别国债的发行必须经过全国人大或其常委会批准，那么在 1.55 万亿元国债发行完毕后，若试图继续将央行账户上迅速增长的外汇资产转移由中投经营，在现有条件下，似乎也只能继续沿用这种财政收入买央行储备的路径。相比新加坡政府投资公司和韩国投资公司与各该国央行间的协议安排模式，中投的这种资产转移通道无意间改变了资产的性质，很难有效解决我国急速膨胀的央行储备投资效率低下的问题。

① 官方外汇储备的判定标准有两点：一是货币发行机关是否“有效控制”该外汇资产；二是该外汇储备的可获得性。

② 新华社：《经国务院批准中国投资有限责任公司于 29 日成立》，2007 年 10 月 30 日。

第三节　主权财富基金规制的“去政治化”

本节通过对投资行为特征的进一步描述，探究主权财富基金投资与其他机构投资者之间的关系，进而指出，无论母国还是东道国以及国际社会对主权财富基金的规制都应该“去政治化”。

一、主权财富基金的投资行为特征

主权财富基金的投资行为具有双重特征：一方面，其投资决策较多地受到母国政府的政治干预；另一方面，其投资组合又与对冲和组合基金等机构投资者呈现出高度相似的结构。

1. 主权财富基金投资行为受政治影响较大

几乎所有的主权财富基金都不以单纯的盈利为目的。有学者通过对29只主权财富基金在1984年到2007年间共计2662起交易的研究发现，政治干预程度较高的基金更倾向于投资本国市场，也倾向于投资那些市盈率较高的行业，交易一年后的市盈率会降低，无论在国内还是在国外市场上的投资都有助涨杀跌的特征；那些依赖于外部投资者的基金投向境外市场的比率较高，倾向于投向那些市盈率相对较低的行业，交易发生一年以后的市盈率往往会上升。这个结果为主权财富基金在2008年的亏损所证实。[①] 根据2009年《世界投资报告》，几乎所有的主权财富基金的境外投资都遭受重创，亏损高达数千亿美元。

主权财富基金在投资中倾向于成为大股东。对于主权财富基金在多起并购中只获得少数股份，一些学者认为其主要原因是它缺乏有经验的专业人才在董事会代表它们。对此，学者们认为更好的解释因素是东道国政治压力所迫。根据Monitor主权财富基金交易数据库，他们发现，一半以上的交易涉及控制性股份。但跨境并购中这类交易一般都局限在非敏感或战

① Shai Bernstein, Josh Lerner and Antoinette Schoar, “The Investment Strategies of Sovereign Wealth Funds”, *Harvard Business School Working Paper* 09-112, 2008, p. 8.

略性行业。[①] 比如，在 OECD 国家里，在信息技术、远程通信、能源、交通、航空等敏感行业中，只有数量上仅 2%的交易牵涉到控股权转移。在国内市场和新兴国家市场，这种交易要更为普遍。比如，淡马锡就在东南亚的并购行动中成为多家公司（包括电信、航运等行业）的控股股东。

学界就大股东对公司治理的影响通常有两种看法：一是大股东的存在可以促进对管理层的监督，减少“搭便车”行为，从而提升治理质量，并降低筹资成本；二是股份过度集中增加新的代理成本，大股东会侵占中小股东和贷款人的利益，无助于企业长期绩效的提升。

就主权财富基金的并购而言，有研究发现，市场对此有正面反映，但过去三年的投资表明它的进入并未对企业的成长、盈利或治理有显著影响。[②] 通过对主权财富基金投资上市公司的研究也发现，市场对并购有正反馈，对撤资有负反馈，但对长期绩效的影响难以预测。[③] 也有学者指出，2002~2007 年，那些主权财富基金在公司所有权比重较高的企业通常也有较高的市值和企业绩效，并指出其有稳定金融市场的效应。[④] 通过对主权财富基金 620 次股权投资交易的分析，学者们得出结论，即这些基金大多直接购买大公司的少数股权，其中大约一半未上市。尽管在并购消息发布日，目标公司的股价平均上涨 0.9%，但一年以后的主权财富基金的异常收益率为-15.49%，从而意味着主权财富基金并购发生后，企业绩效恶化了。在截面数据分析中，他们进一步指出只有很弱的证据表明公司从主权财富基金的监督作用中获益，与此同时，也有证据支持因其与少数股东的利益冲突而致使代理成本上升。[⑤]

对于这些不尽一致的研究结果而言，我们认为问题的根源是这些研究使用的数据有较大的差别，这由两方面原因造成：一是数据不完全，很多

---

① Miracky, William, Davis Dyer, Victoria Barbary, Veljko Fotak and William Megginson, “Sovereign Wealth Fund Investment Behavior”, *Monitor Group*, Jul. 2008, p. 13.

② Jason Kotter and Ugur Lel, “Friends or Foes? Target Selection Decisions and Performance Effects of Sovereign Wealth Funds”, *FRB International Finance Discussion Paper*, No. 940, 2009, p. 7.

③ Dewenter, Kathryn, Xi Han, & Paul Malatesta, “Firm Values and Sovereign Wealth Fund Investments, Working Paper”, University of Washington and Tsinghua Working Paper Series, 2008, p. 12.

④ Nuno G. Fernandes, “Sovereign Wealth Funds: Investment Choices and Implications Around the World”, *EFA* 2009 *Bergen Meetings Paper*, 2009, p. 3.

⑤ B. Bortolotti, V. Fotak, W. Megginson & W. Miracky, “Sovereign Wealth Fund Investment Patterns and Performance”, Fondazione Eni Enrico Mattei Working Papers, 2009, p. 6.

交易是私下交易，难以取得数据，且大部分投资发生在金融危机之中，到目前为止，它们尚未产生超过平均水平的短期收益。从长期来看，目标企业的绩效尚难判定，故需继续对目标企业的治理质量及相关成本等进行考察。二是定义不一致，即对主权财富基金的界定有不同的理解，导致数据选取失去基准，削弱了可比性。

此外，人们发现，主权财富基金的投资行为存在这种文化偏见，而且较其他机构投资者更为显著。进而，他们通过对国家和企业两个层面的研究指出，基于此偏见而进行的投资很难与基于期望效用的资产组合理论保持一致，会对主权财富基金的投资收益产生负面影响。①

2. 主权财富基金的投资策略与普通机构投资者相似度高

（1）主权财富基金的收益目标以市场通行指数为基础，但差异明显。投资组合的收益率目标是衡量与评估其投资风格和具体策略的重要参考（见表 1-3）。尽管到目前为止，主权财富基金的透明度仍较为有效，但那些主要的基金已先后公布了设立目的、投资组合及收益率目标。比如，科威特投资局公布了其收益率目标，其总体目标是收益须优于 MSCI 全球指数，并分别为私募基金、对冲基金及房地产等不同投向设定了具体目标。进而我们发现：其一，几乎所有的主权财富基金均以财务收益为主要目标，但在具体投资组合基准设定以及收益率指标上存在显著区别；其二，针对不同的资产分布类型设定了不同的收益率目标或基准；其三，大多数基准或目标是依最常见的市场指标而设定的。

表 1-3　部分主权财富基金的收益率目标

	权益性投资	固定收益投资
中投	超过 MSCI 全球指数 300 个基点；超过 MSCI-EAFE 指数 200 个基点；超出 MSCI 综合亚太指数 300 个基点	超过 JPM 新兴市场债券指数 150 个基点
科威特投资局	优于 MSCI 全球指数	
挪威养老基金	目的地国的 FTSE 大中型权益指数	
沙特阿拉伯货币署	S&P500、MSCI 欧洲和全球指数、日经指数	JPM 全球债权指数、三月期 Libor 指数

① Vidhi Chhaochharia & Luc Laeven，“The Investment Allocation of Sovereign Wealth Funds”，available at：http：//papers.ssrn.com/sol3/papers.cfm？abstract_id=1262383.

续表

	权益性投资	固定收益投资
韩国投资公司	MSCI 世界股票指数	巴克利全球债券指数
新加坡政府投资公司	MSCI 世界股票指数	巴克利全球债券指数
阿拉斯加永久基金（美国）	S&P500、Russell1000 指数、MSCI-EAFE 指数以及新兴市场指数	

资料来源：相应主权财富基金网站。

（2）主权财富基金的投资组合特征与共同基金较相似。利用 FactSet/Lionshares 和汤姆森财务数据库，有学者比较分析了 17 只主权财富基金和 25 只最大的共同基金的投资组合，发现这两组基金在主要指标上的差别并不明显，具体体现在：其一，相关财务指标均值如市盈率（P/E）与市净率（P/B）都比较接近。甚至在 β 值上，主权财富基金（均值为 0.83）还要小于共同基金（均值为 1.0）。这在一定程度上印证了前者是“有耐心的资本”。[①] 其二，在行业分布上，这两类基金投入最多的均为金融业，分别占到其投资总额的 32%和 38%；此外，主权财富基金投资的主要行业包括通信、运输和能源产业等，而共同基金投资的产业则明显集中于产业服务、医疗科技和能源等产业。[②] 相对而言，其投资组合的行业分布要更为多元化。其三，在地理分布上，主权财富基金更倾向于投向发达国家，但二者投资最集中的地区均为亚洲、欧洲和北美。若考虑到母国因素，则主权财富基金将一半以上的资产投入到国内经济和新兴市场国家。

二、“去政治化”：本研究的初步构想

上述特征表明，主权财富基金在财务指标和投资取向上与其他私人投资者的差异并不明显，一般而言，也具有控股倾向以及本国偏见和文化偏见，然而，这类投资对目标企业公司治理的影响还不能一概而论；同时，其投资决策确有面临政治干预的迹象，但并无证据表明这种干预危及东道

① Avendano, R. and J. Santiso, “A Regulatory Benchmark for Institutional Investments? Assessing Sovereign Wealth Funds’ Financial Rationale”, paper presented on the conference of “Sovereign Wealth Funds: Governance & Regulation” by the National University of Singapore Law School and Asian Society of International Law, Sept. 10-11, 2009, p. 27.

② Miracky, William, Davis Dyer, Victoria Barbary, Veljko Fotak and William Megginson, “Sovereign Wealth Fund Investment Behavior”, *Monitor Group*, Jun. 2008, p. 35.

国的国家安全和战略利益，反而影响了主权财富基金自身财务目标的实现，是造成这些基金巨额亏损的重要因素之一。

从有关投资行为特征的描述中我们发现，主权财富基金在财务目标及财务风险的管理上与一般的私人机构投资者并无显著区别。与此同时，现有的监管规定（主要是东道国的规定）主要关注主权财富基金的国家所有或最终控制这一特征，从而使主权财富基金面临着较严重的政治风险。在保护主义情绪尚未减退和全球贸易不平衡短时间难以消除的情形下，对政治风险的管理难度不应低估。此政治风险从两个方面加剧其财务风险：其一，在国际市场上的主权财富基金的投资受到东道国的限制；其二，主权财富基金的投资决策受到过度政治干预而影响财务目标的实现。除非政治风险得到有效管理，否则财务风险就会受到负面影响。从而，对母国来说，对主权财富基金的治理就面临两个路径的选择。在市场机制正常运作从而财务风险难以为单方面改变的前提下，母国及国际规制就应致力于减小主权财富基金的政治风险，将财务目标作为其首要或基本目标，实现主权财富基金的“去政治化”，即治理重点从政治风险向财务风险转变。一方面保障主权财富基金避免来自外部和内部的政治干预，获得正常的投资回报；另一方面减少东道国和母国之间的紧张关系，促进跨境资本的自由流动（见图 1-4）。

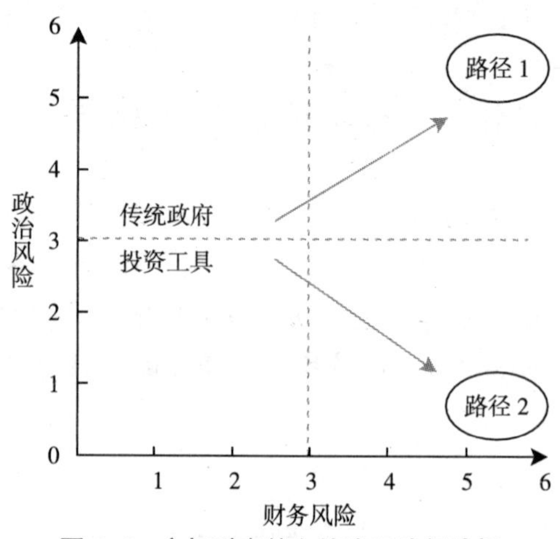

图 1-4　主权财富基金的治理路径选择

“去政治化”还要求对主权财富基金监管实现两个转变：在监管主导者上实现从东道国向母国的转变；在监管重心上实现从投资者身份向投资行为的转变。

具体来说，监管主导者的转变是指母国应以透明有效的方式将政府的股东或控制者角色与监管者功能区分开来，用法律和市场问责代替政治问责机制，减少政治干预，划清公私权力的界限。比如，设立单行法律法规对主权财富基金的地位、职能和目标做出明确规定，要求主权财富基金向最高国家权力机关报告经营状况以及重大投资行为，在财务上接受国家审计机关的审计；减少政治意志在其投资决策中的影响，确保主权财富基金的商业化运作和盈利性目标的实现；建立有效的问责机制和保持适当的透明度，避免陷入预算软约束的传统弊病和动辄得咎的舆论陷阱。与此同时，东道国应逐步取消投资壁垒。

监管重心的转变要求东道国和国际社会在投资者身份问题上坚持监管中性，即不因投资者的所有权或决策者而改变监管措施，减少对主权性投资的歧视，防止仅因投资者的政府背景而对其实施特别或额外限制措施，而仅基于投资行为本身制定监管规定。进一步地，应重新对国际投资法中的“投资”加以定义，扩大多边或双边投资法律的适用范围，从而将主权财富基金纳入到现有的法律体系中来，这也意味着在全球层面上没有必要设立专门的监管者或制定专门性监管规则。

第二章　主权财富基金的公司治理

主权财富基金透明度和问责性的缺乏，导致母国、东道国及国际金融市场对其经营目标、经营策略和经营业绩充满疑虑。这在金融保护主义情绪充斥以及主权财富基金巨大且急剧膨胀的规模下，被加倍放大。[①] 因而，对主权财富基金的担忧首先就是对其公司治理的担忧。对母国而言，缺乏有效的公司治理结构就意味着主权财富基金将置身于预算软约束的框架下，主权"财富"基金就可能变成主权"贫困"基金甚或主权"贪腐"基金，成为国家财产流失之源。[②] 因而，主权财富基金公司治理架构的完善是"去政治化"的基础和前提。实现"去政治化"的核心步骤即实现母国政府股东角色与监管者角色的有效隔离。作为股东，母国政府应当规范自身行为，促进主权财富基金自生能力的实现；主权财富基金也应根据自身的期望风险和收益选择恰当的股东权行使模式。

第一节　主权财富基金公司治理的缺陷

不同环境下，政治经济、法律政策和历史文化等因素的影响不同，最

---

① 比如，澳大利亚财政部在 2008 年 2 月 17 日发布《外国政府投资申请指引》，其中，特别说明使用对象是外国政府及其机构如主权财富基金和国有企业等。参见 FIRB，"Guidelines for Foreign Government Investment Proposals"，available at http：//www.firb.gov.au/content/direct.asp；美国也多次就主权财富基金投资对美国的影响举行听证会，并强化了美国外资委员会的审查；其他采取法律行动的国家还包括俄罗斯和德国，详见第四章相关阐述。

② 比如，主权财富基金对上市公司的投资亏损额高达 670 亿美元。参见 Veljko Fotak，Bill Megginson，Hui Li，"Sovereign Wealth Fund Losses in Listed Firm Stock Investments，in Weathering the Storm Sovereign Wealth Funds in the Global Economic Crisis of 2008"，in William Miracky and Bernardo Bortolotti eds. Monitor Group，2009.

优的公司治理机制并不存在，[①] 但全球金融自由化浪潮的兴起，使得若干基本理念成为不同治理模式变迁的统一基础。比如，三大国际性组织制定的公司治理原则即《OECD 公司治理准则》、《英联邦公司治理协会指导方针》和《欧洲股东公司治理准则》，它们都强调信息披露及时、准确、有效和董事会责任与权力实现的重要性。主权财富基金公司治理缺陷主要表现在两方面：一是透明度缺失；二是对商业决策的政治干预。这两点无论在何种公司治理准则中都是重大缺陷。本节对它们产生的动因与现状分别加以剖析。

一、主权财富基金透明度的缺失

透明度是市场机制有效运作的基本前提，也是建立互信和有效问责机制的重要条件。投资过程中的透明度缺乏是主权财富基金面临责难的关键原因之一，大规模的隐秘投资无论是对东道国国家安全和竞争秩序，还是对母国公共资产的安全都构成了重大隐患，同时也为那些莫须有的威胁或阴谋论的形成和传播制造了空间。从信息经济学的角度看，主权财富基金所引发的一系列担忧从本质上都可以理解为信息不对称所致。[②] 正是因此，IMF 指出，"遗憾的是我们对主权财富基金知之甚少，它们当中的极少数会披露其资产、债务或投资策略。尽管它们的存在有着较长的历史，而且据说它们是作为一个长期投资者而存在，故对世界金融系统有稳定效应，但目前为止也不乏相反的证据表明主权财富基金具有与那些使用杠杆的基金类似的作用"，从而也就难以排除它们成为"捣蛋的交易者"（Rogue Trader）的可能性。[③] 对此，恰如休谟所言，"再正常不过，一个国家以疑虑的眼光打量着取得了经济长足发展的邻国，并把后者视为其对手，而将自身视为'受害者'"。[④] 通过对内部人即主权财富基金的资产管理经理人

---

① Sridhar Arcot and Valentina Giulia Bruno, "One Size Does Not Fit All, After All: Evidence from Corporate Governance", 1st Annual Conference on Empirical Legal Studies, 2013.

② Anthony Wong, "Sovereign Wealth Funds and the Problem of Asymmetric Information: The Santiago Principles and International Regulations", 34 Brook. J. Int'l L. 1081, 2009, p. 1089.

③ IMF, "The Rise of Sovereign Wealth Funds", 44 Finance and Development Quarterly 3, 2007, p. 5.

④ David Hume, "Of the Jealousy of Trade", in Eugene F. Miller ed., Essays, Moral, Political, and Literary, 327-2, 1752, quoted from Paul Rose, Sovereigns as Shareholders, footnote 2.

的问卷调查也表明，多数人也认为其要成为全球性的资产管理者，还需大幅改善内部运作状况，尤其是需要提高透明度，避免对商业决策的政治干预。①

从母国角度理解信息披露的重要性同样必要，信息披露是确保公司管理层为股东谋取最大利益，并达到制衡管理层、防止不法行为或内部交易，健全公司运作的有效手段。

1. 主权财富基金的透明度现状

目前，学界对主权财富基金信息披露现状有两个基本判断：一是在整体上透明度水平较低；二是不同主权财富基金的透明度差异很大。就该问题的专门研究主要由“主权财富基金研究所”（SWF Institute）的 Carl Linaburg 和 Michael Maduell 进行，他们编制了 LM 透明度指数（Linaburg-Maduell Transparency Index，LMTI）。② 该指数以挪威政府全球养老基金为基础，共涵盖 10 条“核心标准”，被评估者每满足一个标准得 1 分，共计 10 分（见表 2-1）。据此，分数较高的主权财富基金包括挪威、新加坡等国的基金，透明度最低的主要来自阿尔及利亚、文莱、伊朗、尼日利亚、博茨瓦纳、委内瑞拉等国。

此外，在 Edwin Trueman 对主权财富基金的评估中，“透明度和问责性”涵盖 12 个问题，占评估总值（共 25 分）近一半，由此凸显其重要性。他从例行报告、投资、审计三方面考察主权财富基金的透明度：主要事项包括是否定期就其运营活动和结果提供年报和季报；是否披露总规模及其投资规模、收益，投资组合的地理分布、币种构成等；是否需经审计并公开审计报告等。③ 以世界上规模最大的七只主权财富基金为例，如表2-2 所示。

此外，在 RiskMetrics Group 进行主权财富基金对《圣地亚哥原则》合规状况的调查与评估中，发现：

---

① Gordon Clark and Ashby Monk，“The Oxford Survey of Sovereign Wealth Funds' Asset Managers”，available at http://papers.ssrn.com/sol3/papers.cfm? abstract_id=1432078，p. 22.

② LMTI 从 10 个方面对主权财富基金进行评估，总计 10 分。

③ Truman 是美国彼得森国际经济研究所高级研究员，对 IMF 和主权财富基金等有深入研究。他对主权财富基金的评估包含四个方面，即结构、治理、透明度和问责性、行为，并就每个方面都设计问题，共 25 个，实际上就是给出了 25 项标准，完全满足为 1 分，不满足为 0 分，允许出现 0.25、0.50 和 0.75 分。他对 28 个国家的 32 只主权财富基金进行了评估。Edwin M. Truman，“A Scoreboard for Sovereign Wealth Funds”，Presented at the Conference on China's Exchange Rate Policy，Oct. 19，2007.

表 2-1　LMTI 评估细则

分数	Linaburg-Maduell 透明度指数的基本要求
+1	基金提供其历史资料，包括设立原因、资金来源和政府所有权的结构
+1	基金提供最新的经过独立审计的年报
+1	基金提供目标公司的所有权份额和地理分布
+1	基金提供组合的总市值、收益和管理层的薪酬
+1	基金提供有关伦理标准的指引和投资政策
+1	基金提供清晰的战略和目标
+1	若可能，基金应明确关联机构及它们的联系信息
+1	若可能，基金应明确外部管理人
+1	基金拥有自己的网站
+1	基金提供公司本部的地址和联系信息，比如电话和传真

Data Source：SWF Institute，Linaburg-Maduell Transparency Index，available at http：//www.swfinstitute.org/research/transparencyindex.php.

表 2-2　七大主权财富基金透明度状况

基金名称	成立时间	资金来源	LMTI	Trueman
阿联酋阿布扎比投资局（ADIA）	1976 年	石油	3	0.00
挪威政府全球养老基金	1990 年	石油	10	10.50
新加坡政府投资公司	1981 年	非商品	6	0.75
中投（CIC）	2007 年	非商品	6	0.50
科威特投资局（KIA）	1953 年	石油	6	3.00
俄罗斯国家福利基金（NWF）	2008 年	石油	5	3.50
新加坡淡马锡控股公司（Temasek）	1974 年	非商品	10	8.00

第一，大部分主权财富基金都对其投资策略加以披露，但只有极少数披露其具体运行和绩效状况。其中，中东国家的主权财富基金的定期披露水平最低，它们仅在网站上发布有关其使命、策略和组织框架等信息，而对总资产或组合投资分布只字不提。与其形成鲜明对比，挪威政府全球养老基金则对其有关投资组合及股权行使等详加披露。当然，几乎所有的基金都设有内部披露程序，但具体披露时限则不尽一致，有月报（如俄罗斯）、季报（如新加坡政府投资公司）、年报（如利比亚投资局）等。

第二，所有的主权财富基金都设有审计程序，但在公开披露方面差异很大，这同基金与政府的关联性有关，比如那些与政府关系较密切的，主要通过内部审计，审计报告便很少公开，而少数基金如淡马锡和挪威政府

全球养老基金则由外部审计作为内审的补充。[①] 也有学者用坐标轴来衡量主权财富基金的透明程度和投资策略（见图 2-1）。[②] 由此可见，主权财富基金在透明度上的表现参差不齐。

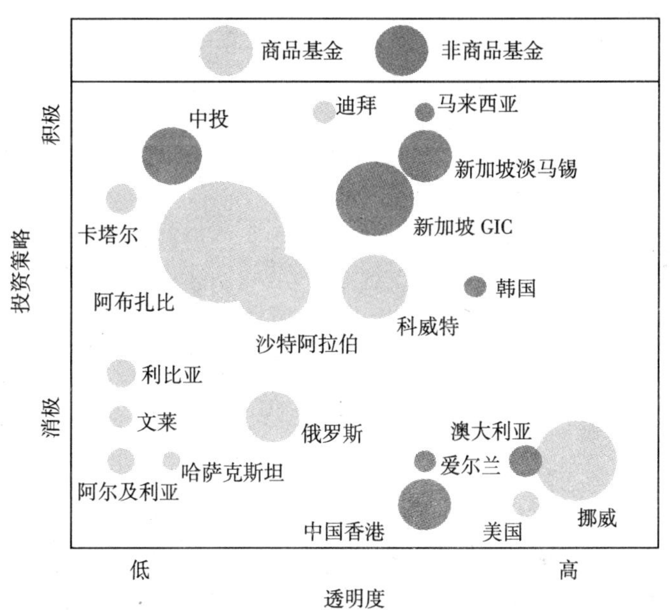

图 2-1 主权财富基金的投资策略与透明度

2. 主权财富基金透明度的适度提高

（1）提高主权财富基金透明度的必要性。尽管加强透明度也并不能解决所有问题，但作为一个起点和焦点，强化信息披露仍是解决其监管困境的突破口。母国与东道国政府及投资者之间的信息不对称使人们可能担心两点：主权财富基金的兴趣可能不在于经济或商业利益；主权财富基金把国家资本主义引入市场，并由此衍生出经济保护主义、市场扭曲、利益冲突、战略性持股、国家安全等担忧。它们皆以恐惧或误解为起点，在很大程度上根源于信息不对称。类似地，扭曲市场的担忧是因为市场参与者缺

① Afshin Mehrpouya, Chaoni Huang and Timothy Barnett, "An Analysis of Proxy Voting and Engagement Policies and Practices of the Sovereign Wealth Funds", IRRCi SWF Report, Oct. 2009, p. 37.

② Sovereign Wealth Institute, "Sovereign Wealth Transparency and Investment Strategy", available at http://www.swfinstitute.org/news/mareight.php.

乏足够的信息，未能充分理解其市场行为特征和目标等。化解这些问题的重要途径是，使决策者及时获得更多准确全面的信息，以便他们根据这些信息而非臆测做出判断，这就要求主权财富基金提高信息披露的有效性、及时性和准确性。

有母国可能持有类似于“身正不怕影子歪”的看法，认为主权财富基金在漫长历史中并未实施那些被怀疑的行为，并以此为理由为低透明度辩护。[①] 然而，在国际金融市场中，过去是否作恶与今后的行为关联度不大，原因在于，在当前环境下，国与国之间的合作在本质上是自愿性质的，在极端情形下，没有国家可以在不动用武力的前提下迫使另一主权者遵守彼此达成的协议，也即在国与国之间缺乏有约束力和强制力的执行机制。[②] 故在决策和博弈中，客观真实并不比对客观真实的认识更重要，各方更容易采取“宁可信其有，不可信其无”的态度：若它被认为具有非商业动机，则东道国就很可能会为防范此臆想的威胁采取行动，这是理性决策在信息不对称环境下的要求或体现。

透明度缺乏还会对金融市场产生不利影响。因为市场参与者缺乏主权财富基金或其类似机构投资行为的经验或知识，因而会难以理解其投资政策，这会导致较大的市场波动性。且信息匮乏也会使得市场参与者难以区分所获得的消息的真假，从而增加主权财富基金参与市场的不确定性和风险。

故任何对主权财富基金的有效规制均须首先解决其透明度问题；同时，仅仅是披露可能无法全面解决透明度问题。[③] 披露只是增加信息披露方信誉的一种手段或方式。若一方已被怀疑其从事了不好的行为时，而拒绝做出解释或披露，那么其信誉将近乎为零。类似地，若东道国政府缺少信誉，任何声明或披露都不会完全起作用。故信息不对称问题的化解不仅需要及时全面的披露，而且需要以真实可信、有说服力的方式做出。

（2）对主权财富基金透明度要求应适度。“透明度”概念本身并不像

① Clay Lowery, “Remarks on Sovereign Wealth Funds and the International Financial System”, Jun. 21, 2007, http://www.treas.gov/press/release/hp471.htm.

② Thomas Franck, Legitimacy in the International System, 82 Am. J. Int'l L. 705, 1988, p. 705.

③ Ronald J. Gilson and Curtis J. Milhaupt, “Sovereign Wealth Funds and Corporate Governance: A Minimalist Response to the New Mercantilism”, 60 *Stan. L. Rev.* 1345, 2008, p. 1356.

表面上看起来那样透明，其在内涵上充满了含混之处，[①] 主要体现为被要求披露的具体内容、披露频率与时间、披露对象等均不清楚。进而，这种追问还涉及我们怎样界定主权财富基金的透明度问题，它们与其他投资者面临的透明度问题是否有本质不同，以及透明度的界限问题即是否透明度越高越好。

在主权财富基金之前，对冲与私募基金等机构投资者的透明度问题也曾在金融监管领域得到热烈讨论。比如，在 1994 年，索罗斯在美国国会对对冲基金的透明度问题提出了如下辩护理由，即“我认为应在监督（Supervision）和规制（Regulation）间做明确界分，我赞成监督最大化和规制最小化。同样，在信息搜集与披露之间也应做出区分。在我看来，监管当局比一般公众需要更多的信息。事实上，那些被法定要求加以披露的信息有时候正是价格异动的源头”。[②] 索罗斯所主张的这两个区分同样适用于主权财富基金，对后者过高的透明度要求并非全然合理与正当。

笔者看来，主权财富基金怠于执行高透明度的主要原因在于：其一，东道国对它的透明度要求可能超出了母国认定的最优标准，且对这种要求的正当性存在质疑。一个显而易见的原因是，与主权财富基金类似的来自发达国家（主要是主权财富基金的东道国）的机构投资者一直以来基本上不受监管。[③] 尽管 IMF 将二者并列为全球金融业发展的两大重要趋势，[④] 但后者因高杠杆性而具有更严重的负外部性，故仅对其实施特别监管而同时对高杠杆机构投资者网开一面，不加或少加约束的做法很难令母国信服。其二，过高的透明度可能会给它带来不利的经济成本。在这一点上，主权财富基金与对冲基金并无二致，过高的透明度要求和公众披露必然使得它们不同程度地失去合法的经济利益。

进而，若考虑到以下两个因素，坚持对主权财富基金的高透明度要求

---

① 一个有趣的例子是，在 2008 年 4 月 6 日哥伦比亚广播公司（CBS）Lesley Stahl 专访中投总经理高西庆，指责中投毫无透明度时，后者指着中投写字楼的玻璃幕墙说，这就是透明度。参见 CBS，China Investment：An Open Book？Apr. 6，2008.

② George Soros，“Hedge Funds and Dynamic Hedging”，Testimony to U.S. House of Representatives Committee on Banking，Finance，and Urban Affairs，Apr. 13，1994，p. 2.

③ Barbara Crutchfield George，Lynn V. Dymally and Maria K. Boss，“The Opaque and Under-Regulated Hedge Fund Industry：Victim or Culprit in the Subprime Mortgage Crisis？” *New York University Journal of Law and Business*，Vol. 3，No. 2，2009，p. 361.

④ IMF，Global Financial Stability Report：Market Developments and Issues，April 2007，p. 12.

的理由可能就不是很充分：其一，获得更好的投资收益、更多元化的国家资产以及更有效的公共资产管理是其得以成立的通常目标，若一方面要求其完全商业化运作，遵守市场投资规律，做一个财务投资者；另一方面又对其提出高于私人投资者的透明度要求，这实际上是不恰当的双重标准。其二，一味地强调透明度即使对公众而言也可能是有弊无利的，并不总是透明度越高越好；这正如在银行援助中，过多或过早的信息披露反而易于引发挤兑，导致危机的自我实现。[①] 换言之，无论对主权财富基金本身，还是对东道国或国际金融市场而言，信息披露究竟应以何种方式达到什么程度并非一个显而易见的问题。在制度层面上，除非存在特别要求，它不应被要求更高的透明度，只需要在信息披露问题上合法合规即可。

透明度问题反映了东道国对主权财富基金投资动机的担忧，而这在根本上源自后者的公共属性或主权属性。事实上，市场参与者对国家所有权属性本身并不陌生，即使在今天，在很多西方国家仍有不少国有企业。各种担忧只是在其他国家政府投资工具跨越国境在本国投资时才产生，故问题并不在于国家所有权，尽管对国家所有权的效率存在不同看法，但可以断定东道国及国际金融市场对国家所有权本身并不存在敌意或排斥，关键在于他国政治意志对商业决策的干预可能影响到本国利益。对主权财富基金透明度的关注只是对其模糊或潜在的政治动机的关注的中间阶段；也即，解决透明度问题本身只是最终剥离商业决策中的政治因素的工具性目标。换言之，透明度并非主权财富基金的问题所在，关键在于主权财富基金的政府因素，[②] 即基金的资产所有权与资产经营管理权的关系问题，而这属于典型的公司治理问题。

---

① 最新的例子是北岩银行事件。英格兰银行指出，在拯救北岩银行过程中，英格兰银行认为只需对其私下实施救助即可，而《欧盟市场滥用防制指令》禁止这样做，规定应对这类援助加以披露，从而在很大程度上激起了公众对北岩银行破产的担忧，增加了援助成本。Mervyn King Attacked over Northern Rock Rescue，Times Online，Sept. 20，2007. 相关规定，可参见 Section 7，Market Abuse Directive（2003/6/EC）.

② Gerard Lyons，Speech at the Institute for International Bankers Annual Washington Conference：Two Hot Topics：Sovereign Wealth Funds and China，available at http：//wholesalebanking.standa rdchartered.com/en/capabilities/financialmarkets/research/Documents/thoughtleadershpspeeches.pdf，p. 8.

二、主权财富基金投资中的政治干预

政治干预是东道国关注的主要问题，它们认为，主权财富基金在本国的投资可能被不恰当地服务于母国的非商业目的，从而危及东道国的国家利益甚或国家安全。笔者认为，母国应比东道国更加关注此问题，因为政治干预无论是在理论上还是在实践上都与低绩效如影随形。倘若说透明度要求体现了东道国市场参与者对其可能存在的政治动机的疑虑和不安，而这种担忧并未构成对东道国或国际金融市场的实际损害，而通过研究发现，它在投资中确实存在政治意志不正当干预经济决策的迹象，而这种干预给其投资带来了实际亏损。

1. 政治干预与低绩效：理论阐释

经验证据表明，国有产权常常导致企业低绩效，导致这种结果的重要原因是国有产权的内生激励不足。主权财富基金当然也面临这样的激励结构与市场结构不匹配的问题。

一般认为，私有产权可为利益相关者提供追求经济目标的强激励，而国有产权则难以提供同等强度的激励。[①] 原因包括：其一，政府股东难以为国有企业提供与私有企业相比拟的经济激励；其二，国有企业需要去关注非经济目标。从而，国有企业在消除了企业的市场合约基础的同时，也把市场矫正企业和企业家过错的机制一并消除，导致国有企业初始委托人的监督积极性和最终代理人的工作努力水平，随国有程度的提高与国有经济规模的扩大而递减。[②]

当然，人们对此也有不同看法。一些学者强调，国有企业的客观存在，即证明了其存在的合理性与有效性。虽然在竞争性行业，私有企业要比国有企业绩效好，但在非竞争性行业即私有资本不愿或不能介入的资本密集型行业或是带有自然垄断性的行业，私有企业比国有企业的绩效更好这个命题很难站得住脚。[③] 对此，学者们指出，虽有诸多案例表明，确实

① Saul Estrin, State Ownership, *Corporate Governance and Privatisation*, *In Corporate Governance, State-Owned Enterprises and Privatisation*, OECD, 1998, p. 14.

② 周其仁：《公有制企业的性质》，《经济研究》2000 年第 11 期。

③ Narjess Boubakri and Jean-Claude Cosset, "The Financial and Operating Performance of Newly Privatized Firms: Evidence from Developing Countries", *Journal of Finance*, Vol. 58, 1998, p. 1081.

有一些国有企业在一段时期内保持了高效运作，但很少有国有企业能够在相对较长的时间内维持较好的业绩水平。在创造持续性较好的业绩水平方面，私有产权较国有产权更有效。[①]

另一类观点认为，国有企业绩优现象的出现有着严苛的环境要求。比如，“法与金融”理论曾对适用于国有企业的狭窄生存环境做了如下描述：第一，对产品或服务品质的要求难以充分地通过市场合约来实现；第二，对创新要求不高；第三，竞争不充分或消费者自由选择权受限；第四，企业信誉机制难以有效发挥作用。[②] 或应满足：第一，企业所处的行业进入壁垒较高；第二，技术变革比较缓慢且具可预测性；第三，企业自身有较好产品与市场基础；第四，企业管理层能够胜任经营活动。[③] 也即，国有企业通常只能在缺乏竞争的领域展开经营活动，然而满足这些条件的环境在当前经济背景下几乎不存在，故实际上变相地否定国有企业长期绩效优异的说法。

我国国有企业改革的首要经验是“使国有企业成为与市场经济相适应的市场主体，实现微观经济主体基础再造”，[④] 换言之，实现了从经营国有企业到管理国有资产的转变。这种转变反证了在现实中，国有企业的效率较之于私营企业为低，而将现代企业制度确立为国有企业改革的方向也表明：其一，我国原有的国有企业的公司治理无力应对现代市场经济及经济全球化的挑战；其二，公司治理失败而非所有权归属是国有企业低效的关键所在。

应提及的是，我国国有金融企业改革相对滞后，其缺陷也体现在中投的制度安排中，主要问题包括：第一，国有金融资产管理体制尚未理顺，表现在以下五个方面：其一，缺乏金融行业的发展战略，系统性不足；其二，所有者缺位与多头管理共存；其三，政资不分，监管部门集监管与投资人于一身；其四，现有的政资不分体制导致国有金融机构内部治理机制

---

① Sunita Kikeri, John Nellis and Mary Shirley, *Privatization: The Lessons of Experience*, World Bank, 1992, p. 3.

② Andrei Shleifer, “State versus Private Ownership”, *The Journal of Economic Perspective*, Vol. 12, No. 4, 1998, p. 11.

③ Roman Frydman, Cheryl Gray and Marek Hessel, “Private Ownership and Corporate Performance: Some Lessons from Transition Economics”, World Bank Policy Research Working Paper, No. 1830, 1997, p. 10.

④ 张卓元、郑航海主编：《中国国有企业改革30年回顾与展望》，人民出版社2008年版，第6页。

扭曲，内部人控制、“官本位”现象严重；其五，“党管干部”与现代公司治理及薪酬体系的冲突。第二，金融机构尚未完全转化为现代企业。大部分国有金融机构只是完成了金融机构外部环境改变或物理变化。这些产权、内部治理机制、组织体系的改革，要真正发挥作用，还有很长的路要走。第三，国有金融机构改革本身尚未完成。[①]

2. 主权财富基金投资中的政治干预与低绩效：实践证据

有学者通过对俄罗斯主权财富基金设立以来的争论及其在国内批评下的目标和功能频繁转变的考察，指出母国内部的力量对主权财富基金的治理结构和投资绩效有重要影响。2004 年，俄罗斯参照挪威全球政府养老基金为样本设立了俄罗斯稳定基金，目的是吸收过剩的流动性和减少通胀压力。2005 年，俄罗斯财政部利用外汇储备设立了国内发展基金，用于国内基础设施建设和经济增长。2008 年，俄罗斯稳定基金又被拆分为储备基金和国家福利基金。国内政治压力致使俄罗斯主权财富基金的公司治理和投资行为缺乏稳定性，最终导致其成为全球投资收益率最低的主权财富基金之一。[②] 这种情形不独发生在新兴市场。有学者指出，澳大利亚未来基金在确定投资目的和治理结构时同样面临着来自国内不同利益群体的政治压力与诱惑。[③] 此外，研究表明，主权财富基金的海外投资受政治影响较大这一特征，也与主权财富基金在 2008 年以来的金融危机中的投资存在密切关联。[④]

这在一定程度上证明了，改善主权财富基金的公司治理结构对促进母国公共资产的保值增值意义重大。缺乏有效的治理结构会使其绩效与其设立初衷背道而驰，而此情形在本质上与国家所有权所导致的企业低绩效的历史教训并无本质区别。

---

① 国务院发展研究中心企业研究所课题组：《国有金融企业改革》，《经济要参》2009 年第 30 期。

② Arina Popova, “We don't Want to Conquer You; We Have Enough to Worry about: The Russian Sovereign Wealth Fund”, 118 *Yale L. J. Pocket Part* 109, 2008, p. 115.

③ Gordon Clark, Temptation and the Virtues of Long-Term Commitment: The Governance of Sovereign Wealth Fund Investment, Available at SSRN: http://ssrn.com/abstract=1349123, visited on Sept. 10, 2009.

④ 参见本书第一章第三节的阐述。

第二节　主权财富基金的运营目标

可以说，公司治理问题一般情形下即企业所有权安排的实现机制问题，最终即利益实现或绩效问题。绩效的实现与优劣决定于目标设定与绩效评估。进而，研究主权财富基金的治理与绩效问题，就应追根溯源，将分析起点上溯至目标设定：[①] 母国为其设定的目标在公司治理框架下应体现为相应的绩效水平。故有必要将目标、绩效及治理三者结合起来考虑。

一、主权财富基金运营目标的一元化

主权财富基金往往具有多重目标。很少有母国政府愿意或能够为其制定清晰明确的运营目标，在正式表述中多充斥着“公众利益”、“经济发展”、“国家利益”等含糊其辞的描述。尤其在政治因素被引入主权财富基金的目标形成过程中后，这种不确定性就愈加明显。[②]

主权财富基金实际目标的多元化与人们对其应然目标上的分歧，归结起来即是，将其视为“（主权）财富基金”还是“主权（财富基金）”的认识差异上。强调“财富基金”者往往潜藏着“理想私人投资者”假定，即认为主权财富基金应像理性投资者[③] 一样行动并受到相应约束。强调“主

① 余菁：《走出国有企业理论纷争的丛林》，《中国工业经济》2008 年第 1 期。

② Yair Aharoni, “Performance Evaluation of State-Owned Enterprises: A Process Perspective”, *Management Science*, Vol. 27, No. 11, 1981, p. 1346; Jehiel Zif, “Managerial Strategic Behavior in State-Owned Enterprises-Business and Political Orientations”, *Management Science*, Vol. 27, No. 11, 1981, p. 1326.其中，Yair Aharoni 论述了国有企业多重目标以及区别不同企业目标的重要性，Jehiel Zif 也发现，政治导向性越强、外向型特征越显著的国有企业，其企业目标越不稳定和越不明确，其企业绩效评价也缺乏有效基础。Gordon L. Clark, “Temptation and the Virtues of Long-term Commitment: The Governance of Sovereign Wealth Fund Investment”, paper for Sovereign Wealth Funds: Governance and Regulation at Singapore on 9-11 September 2009, p. 3. 在我国，国有企业不仅是从事生产经营活动的营利组织，而且是社会主义市场经济制度的根本保证。可以说，作为抽象意义上的国有企业并非单纯经济组织，同时具有一定的政治性。

③ 理性投资者通常应满足下述条件：在给定期望风险水平下最大化期望收益，或在给定期望收益水平下最小化期望风险。

权”者多认为主权财富基金在本质上是主权者即国家或政府的经济工具或隐蔽的政治工具。

在本研究中，笔者将其限定为这两个极端之间的“中值”，其含义是：第一，主权财富基金兼具“主权”和“基金”的双重属性。它的组织特性决定，只有将其视为具有多重目标的组织，方能代表人们对它的普遍期望。第二，主权财富基金的多重目标集合包含了经济目标，且其在整个目标体系中占据重要地位。这又使其呈现出与普通私有企业相近的组织属性。第三，经济目标与非经济目标的构成因主权财富基金的不同而异，致使后者的组织形式和行为特性迥然有别。本章对目标问题所做的分析，都建立在这种“中值”理解的基础上。

1. 主权财富基金应以经济目标为单一目标

经营目标的确定性要求经营目标本身的内涵是明确的，可衡量的，而非空洞含糊的。倘若只是将其目标界定为“经济发展”或“国家利益”，那么这个目标对提高基金的绩效并不会有大的帮助，政府过度干预及预算软约束及“政治动机”质疑也将难以避免。为此，主权财富基金的目标应界定为单一经济目标，即追求风险回报；若存在非经济目标，建议将该非经济目标商业化来解决。主要原因在于：

第一，多重目标及由此派生出的目标冲突问题削弱了经营目标对企业行为的指引功能。母国在目标设定问题上的含混不清可能将其置于下述危险之中：其一，预算软约束。目标的渐变和冲突成为常态，就为主权财富基金内部人推卸责任获得了充分的理由。其二，公共过道效应，[①]或道德风险问题。内部人的信息优势使得私权力借由主权财富基金谋取私利的可能性大增。其三，强化政府干预。在前述两个过程中，政府和其他外部监管者对其内部人自利行为的警惕性迅速提高，从而刺激前者情绪化、不规律但又不失频繁地干预后者的日常运营，进一步为经理层的卸责行为倾向提供口实，并加剧东道国对基金的政治动机的担忧。其四，损失加剧。如前所述，在国际金融市场中，主权财富基金无法像传统国有企业在国内获得“权力补贴”，使其在运作上的不足完全暴露于市场风险之中，从而更

---

① 周其仁曾借助巴泽尔的“福利攫取”概念，分析私人住户在公共过道上堆放私人杂物以完成私权力对公权力的攫取过程，并指出公有制企业的全部性质已包含在公共过道问题之中。参见周其仁：《公有制企业的性质》，《经济研究》2000 年第 11 期。

难获得正常的市场收益。[①]

第二，在国际市场上母国对主权财富基金的政府扶持和补贴无效。在跨国市场上，脱离了领土陷阱和随之而来的政府扶持或补贴的主权财富基金，将面临更为纯粹和激烈的市场竞争，它们必须遵循一般经济组织的相应规则。它与一般仅投资于母国国内的国有企业相比存在明显差异，主要体现在：其一，它的投资组合在地域分布上主要在境外，而传统意义上的国有企业主要投资于国内。其二，主权财富基金在境外像私人投资者一样运转，而传统意义上的国有企业承担着不同程度的公共目标。其三，它与传统国有企业对母国的禀赋结构的依赖程度不同，若其企图获得正常的收益回报，就必须在全球层面上雇用投资专家或进行投资外包以有效配置投资组合，也即当它进入国际金融市场后，就不存在所谓的一国的比较优势，反倒是以己之短搏人之长，后发劣势无从隐藏，而传统国有企业则可以在本国范围内依托本国市场和比较优势展开竞争，以充分体现其后发优势。

第三，主权财富基金设立和存续的最大动因是以积极方式实现超额外汇储备的增值，即来自于经济目标。作为竞争性非公共企业，其收益回报底线是央行或财政部对外汇资产的运作绩效，即其绩效至少要比货币或财政当局管理外汇资产的收益要高，在通常状态下应将投资收益最大化作为最重要的经济目标，至少应能够获得正常的市场收益回报。

故主权财富基金在公司治理上的“去政治化”就是要实现运营目标的一元化，以私人投资者为参照系设定经营目标，使其“基金”属性超越“主权”属性；并以此为基础，为其营造适用于私人投资者的市场制度和政策环境，引导和规范主权财富基金像私人投资者那样运行。一旦政府提出与经济目标不相符的要求时，它就应为其履行有悖于其商业利益的职责提供相应的补偿，以保证后者相对于政府的自主性与独立性。

2. 主权财富基金经济目标的实现基础是自生能力的提高

主权财富基金目标的一元化和“去政治化”，应以同类型私人投资者为参照而展开，而后者正常运行的关键在于自生能力的不断提升，也即主

① 一个不太恰切但仍有一定说服力的例证是，中投第一年度（2007~2008 年）海外投资收益率为-2.1%，国内投资收益率为 11.7%，若不考虑汇金在国内的收益，中投的亏损是显而易见的。参见中投：《2008 年年度报告》，第 3 页。

权财富基金目标的核心就是在全球市场环境中，持续提高自生能力。

自生能力是指“在一个开放、竞争的市场中，只要具有正常的管理，就可以在无政府或其他外力扶持或保护的情况下，获得市场上可以接受的正常利润率”。[①] 这是一个被新古典经济学理论的潜在假设及其理论推演与应用中所忽视的概念，即假定所有企业都具备自生能力。但许多发展中国家的企业却因政府的赶超愿望，进入了不具有比较优势的产业而欠缺自生能力，由此承担沉重的战略性政策负担和社会性政策负担，若政府不愿让这些企业破产，就会产生一系列经典的难题如预算软约束问题等。故由此出现的种种公司治理缺陷和自生能力欠缺在很大程度上内生于政府的发展战略，忽视自生能力问题而单单通过改善公司治理或改变产权安排等是治标不治本的行为，其结果不仅不能达到政策当初的预期，而且经常使问题更为恶化。[②] 简而言之，在考虑国有企业及主权财富基金的公司治理时就必须要考虑到它们本身的自生能力。[③]

主权财富基金在全球市场展开竞争的现实蕴含着两个重要问题：一方面，它依赖的禀赋结构必须超越国内配置，在全球范围内取得最佳的资本劳动力组合比，否则在竞争中就难以获得正常利润；另一方面，它应具备自生能力，否则母国补贴和保护最终将会成为对其竞争者的补贴和保护，这些补贴和保护最终将不能给母国带来好处，若考虑到大部分母国并不具备发展组合投资行业的禀赋结构，这种自生能力的实现就必须利用全球市场的人力和技术资源来促使基金摆脱政府庇护或补贴，克服内生性的制度扭曲。

从表面上看，母国政府的力量通过主权财富基金进入全球市场，这只手既非看得见的手，也非看不见的手——因为我们讨论这两者时的潜在假定是以本国领土为界，这不难理解，在传统上或前全球化时代，市场沿各国边界而分割开来，遵循不同的物质环境和制度设施，在此意义上，它至少在形式上代表了第三只手。那么，这第三只手将会在日趋全球化的市场

---

① 林毅夫：《发展战略、自生能力、经济收敛》，《经济学（季刊）》，2002 年第 1 卷第 2 期。

② 林毅夫：《自生能力、经济转型与新古典经济学的反思》，《经济研究》2002 年第 12 期；林毅夫、刘培林：《自生能力和国企改革》，《经济研究》2001 年第 9 期。

③ 通常而言，私有企业一般不会获得企业补贴和保护，否则根本就不会有人投资建立这样的企业，或被迅速淘汰，故一般的私有企业被认为是具有自生能力的。

上起到什么样的作用，或者说一个国家的政府在全球市场上会处于什么样的境地，这其实是主权财富基金议题的重心所在。显然，对此问题的看法因母国和东道国的立场不同而存在差异。对大部分母国来说，这第三只手是逐利之手，原因在于：其一，在国际市场，一个国家即使动用全部的经济力量也不足以对全球金融市场产生实质性的影响；其二，如前所述，母国多出并伸出这只手有着充分的经济动机和深刻的经济根源，多数母国的初始和基本动机就是多元化外汇资产储备，以实现保值增值，这也是主权财富基金主要投资于资本市场发达、制度基础设施完善的欧美国家的重要缘由。对多数东道国来说，这第三只手常被视为“掠夺之手”，其政府背景被视为他国对本国市场体系的粗暴干预，在这样的背景下，东道国的直接反应常常是要求其首要是要做到透明度，强化信息披露，而未意识到透明度本身并不“透明”，“法无明文规定不透明”才是市场主体的常态。两相对峙之下仍不乏转圜余地：母国要擦干净“第三只手”，东道国希望有安全的资金流入，就需要它以透明和可观测的方式宣示运营目标及实现策略。

二、主权财富基金经济目标的确定

主权财富基金的有效治理与明确而稳定的经营目标互为因果。低效的主权财富基金治理，往往表现为经营目标的模糊和多变，而明确和稳定的经营目标常常是基金有效治理和良好绩效的前提与基础。确立稳定明确的经营目标主要涉及两个问题，即非经济目标的商业化和经济目标的法定化。

1. 非经济目标商业化

在现实中，主权财富基金可能有经济目标和非经济目标两类，要将其运营目标归结为单一的经济目标即追求风险回报，就要商业化非经济目标。非经济目标的商业化在本质上是利益补偿问题，即从其执行非经济目标过程中获益的经济主体对前者如何进行补偿的问题。在很多情形下，政府作为社会公众利益的总代表及向主权财富基金提出非经济目标要求的相关利益方，会为基金从事与商业原则不一致的行为埋单。为减少因为信息不对称而导致的预算软约束及内部人行为，政府应引入市场机制以实现非经济目标的商业化。

传统国有企业的非经济目标商业化主要有两种方式，它们都可适用于主权财富基金:[①] 其一，协议交易方式。这种交易方式最早在法国国企改革中适用，即要求国有企业像普通商业企业一样追求经济目标，政府需要为加诸国有企业的非经济目标按市场定价付费；为避免交叉补贴，明确区分非竞争性与竞争性业务。[②] 在新西兰，若议会希望本国国有企业履行非商业化职能，需协商并支付对价。在主权财富基金中，到目前为止，尚无母国为非经济目标付费的先例。但是，新加坡投资公司、韩国投资公司及挪威央行投资管理部则与本国外汇当局签订合约来管理外汇资产，后者则支付管理费用；这相当于签订了“一揽子”协议或打包交易，尽管在经济目标和非经济目标的区分上并不明显，但仍可视之为典范。其二，命令交易方式。这种方式的主要代表是澳大利亚政府在国有企业改革中所建立的特殊制度安排，即社区服务义务。这种义务是政府出于社会目标的需要，而加之于国有企业的非商业性的产品与服务的供给义务，根据成本核算，政府向依法承担社区服务义务的国有企业提供资金支持。[③] 这里，执行社区服务义务的国有企业，就相当于与政府之间达成了一项强制性交易，而这可以看作法律赋予政府股东的保留权利。在欧洲，类似的制度安排是通过拍卖方式提供补贴，适用于无法提供正常市场利润的产品与服务提供上。[④]

当然，针对非经济目标的其他常用方式是外包。比如，欧盟“公共服务义务”制度就相当于服务外包，对承接方并无所有制要求。采取这种方

---

① Michael J. Whincop, *Corporate Governance in Government Corporations*, Ashgate Publishing, 2004, p. 23.

② OECD, *Corporate Governance of State-Owned Enterprises: A Survey of OECD Countries*, 2005, p.55. 报告指出，很长时间，法国政府都将股东、管理者的职能混淆，对企业发展方向引导不明确，对企业的日常经营活动干预过多，因此需要对现有机构设置和管理方式进行深入的改革。该报告的起因是法国电信公司的经营一败涂地而引发的震撼。财经部长梅尔表示要“帮助我们的公司更好地工作”，他立即采纳了报告的一项建议，即 2004 年初之前，成立“国家股份监督机构”(APE)，负责监督检查作为股东的国家的各项任务。

③ National Rural Health Alliance, “Community Service Obligations: Meaning, Impact and Application”, *Rural Health Information Paper*, No. 3, 1998, p. 46.

④ 这是欧洲在国有企业私有化过程中的常用手段，但现在这种方式的适用对象已不限于国有企业，欧盟要求为这一类补贴拍卖而制定的招标广告须在《欧盟公报》公开发布。Council Regulation (EEC) No. 2408/92.

式最为普遍的是美国，相当数量的国有企业与私有企业一样追求经济目标。[①]

非经济目标商业化实际上是利用“成本—收益”，即“投资—回报”的方法来度量相关目标的实现程度。对传统国有企业而言，可能存在的挑战是非经济目标中可能存在难以商业化或经济化的内容，或国有企业提供的某些公共产品本身不具有可直接测量性。但这种障碍对主权财富基金相对较小，原因是后者主要在国际市场上进行投资，并不直接服务于或面对国内民众，故绝大部分目标在本质上都是“钱”的问题。

2. 经济目标法定化

单一目标设定后需要有效表达和明确宣布。在主权财富基金的实践中，主要有法律法规、公司章程或口头宣示等。利用法律法规将经济目标法定化是最被推崇的方式，主要原因在于：其一，有利于减少主权国家间和母国或东道国内部的政治纠纷或争议；其二，有利于强化主权财富基金的独立性和问责性；其三，有利于增强主权财富基金运作的透明度和促进资本的自由流动。

在实践中，其经济目标的表达方式可大致分成两类，即间接表达和直接表达。所谓间接表达，即没有正式的法律加以确定，而是通过其他途径比如公司网站、年报等申明其目标。采取这种做法的主权财富基金相对较多。比如，新加坡政府投资公司就指出，“既无自然资源以敷危机之需，外汇储备就是新加坡小而开放的经济体的防护垫，应当为人民及后代的福利而投资。公司的目标就是保持和增强这些储备的购买力”。[②] 淡马锡则在公司网站指出，其目标是“作为积极投资者和股东，创造和最大化股东的长期价值”。[③] 中投也在其网站披露的公司章程摘要中指出，“公司的经营宗旨是积极稳健经营，在可接受的风险范围内，努力实现股东权益最大化，同时不断完善其控股的国有重点金融机构公司治理”。韩国投资公司在其章程中申明其目标是“有限管理受托自政府和韩国银行的资产，进而

① 在美国，政府提出一项非经济目标，需要通过市场交易方式向所有达到基本资质的企业购买，这些非经济任务包括保安押送、监狱管理以及高科技研发等。比如，美国联邦监狱管理局就从美国联邦监管管理公司购买从监狱管理职能中分离出来的经营性职能，而美国国防部甚至直接从私人武装承包商美国黑水保安公司（现更名为 Xe 服务公司）购买准军事服务，以解决兵员短缺问题。Michael Welch, “Fragmented Power and State-Corporate Killings: A Critique of Blackwater in Iraq”, *Crime, Law and Social Change*, Vol. 51, No. 3-4, 2008, p. 352.

② GIC, Report on the Management of the Government's Portfolio for the Year 2008/09, p. 26.

③ Temasek, “Our Mission”, available at http://www.temasekholdings.com.sg/about_us.htm.

促进金融业的发展”，该章程需要经过韩国财政和经济部的批准。[①] 这种间接表达的不足是作为经济目标承诺或要求的要求较低，可能难以有效实现该目标的一元化和主权财富基金的独立性与问责性。

直接表达是笔者所强调的经济目标法定化的有效途径。比如，科威特就在《科威特投资局法》中规定后者的目标是“实现本国外汇储备的长期投资回报”；[②] 挪威《政府全球养老基金》中规定，“政府养老基金的目的是增加政府储蓄以应对近年来不断上升的公共养老金支出，强化石油收入的长期管理”；[③] 俄罗斯也在《预算法》中指出，基金“旨在吸收过多的流动性，减少通胀压力，阻止原材料出口收入波动给国内经济带来的外部冲击”。[④]

尽管经济目标法定化目前看似无短期收益，但是长远观之，法律文件将彰显权力机关的庄严意志，代表着至高无上的权威，具有高于法规、政策等其他文件的效力；同时，也表明该目标高于个人、政党或集团的利益，这将使经济目标本身更具确定性，并得到有效、可靠和持续的维护与尊重。

三、主权财富基金经济目标的实现

对目标达成程度的审查，通常可称为绩效评价。绩效评价的有效性既取决于基础信息的完备性，也有赖于评价方法的有效性。母国应建立有效的绩效评价体系。主要原因是：其一，主权财富基金的经营目标依照同类型私人投资者为基准设定，这就意味着其目标是单一的，故对其绩效评价也就应依单一标准处理。其二，多重绩效评价标准的可操作性不足。有学者一针见血地指出，不唯经济目标是举的多重绩效评价标准，虽然在理论上行得通，但在实践中却难以贯彻，实质上的单一绩效评价标准大行其道。[⑤] 其根由在于，尽管非经济目标确实体现了有益的社会理念，但在实际层面，对这些标准的实现程度难以判定，增加了考核的主观性和模糊性，而唯有收益率等硬指标最为便捷、客观和具可操作性。对委托—代理

---

① Article 1，Articles of Incorporation of Korea Investment Corporation（Amended on February 7，2007）.

② Article 2，Kuwait Investment Authority Law（Law No.47/1982）.

③ Section1，Government Pension Fund Act of Norway（No. 123 of 21 December 2005）.

④ Article 96.1，96.2，Budget Code of the Russian Federation，Chapter 13.1.

⑤ Ravi Ramamurti，“Performance Evaluation of State -Owned Enterprises in Theory and Practice”，*Management Science*，Vol. 33，1987，p. 878.

问题的分析也发现，在缺乏财务标准之外的其他目标的必要信息情况下，政府官员们只能依赖于自己能获得的相对充分信息的那类标准，即使这种依赖可能是不适当的，对诸如社会公众、媒体等外部监管者而言，财务标准及其绩效也是最显著的判断依据，而可能视其他标准为辅助性标准甚或空话。[①] 比如中投因短期亏损而遭受国内舆论的强烈批评，[②] 甚至可能被迫考虑实施短期回报策略；新加坡淡马锡甚至不惜大量抛售境外房地产，以确保 2008 年收益率不至于太差。[③] 进一步地，考虑到它的成立初衷以及基本的运作模式，就应采取与私人投资者类似的绩效评价方法来对其加以考核。

故母国政府有必要坚持类型化和一致性的绩效评价机制，做到目标与绩效评价相一致。虽然主权财富基金在多数情形下是基于经济目标而投资，但如前所述，国情决定了经济目标本身并非全然相同的，这表现为它在风险偏好、投资期限、负债状况、资产组合结构等方面的差异，从而就意味着，在目标设定与绩效评价信息和方法的选择上依然有较大的空间。比如，外汇储备相对较为有限的母国就必须要考虑到在中短期经济形势恶化时，可能就需要动用其资金来支持政府的重大决策（如俄罗斯），这就要求本国主权财富基金的流动性相对较高；对那些外汇储备相对厚实或外汇来源相对稳定的国家来说，至少在理论上，其投资期限更长、资产组合可选集更大。故不同的主权财富基金在选择绩效评价基准点时，就要充分考虑上述因素。

第三节　政府出资人行为的规范

作为主权财富基金的唯一股东和最后控制者，国家对其治理包含两类

---

① Bengt Holmstrom and Paul Milgrom, "Multitask Principal-Agent Analysis: Incentive Contracts, Asset Ownership, and Job Design", *Journal of Law, Economics and Organization*, 7 (Special Issue), 1991, p. 33.

② 比如，南方报网：《中投 68 亿美元投资大摩两年亏损超 60 亿元人民币》2010 年 9 月 2 日。

③ Temasek Holdings, Temasek Report 2009, p. 18. 淡马锡成立 36 年来，平均股东回报复合年增长率为 17%。

不同性质的职能：其一，作为出资人或股东对主权财富基金的监督职能；其二，作为监管者对微观经济主体和国有资产的监管职能。若双重角色未能有效区隔，一方面会导致经营目标在实践中趋于模糊化；另一方面也会导致主权财富基金的内部控制和风险管理的运行效率大打折扣，故政府股东行为的规范在公司治理中处于承上启下的枢纽位置。为减少政府对主权财富基金的不正当干预，减少东道国对主权财富基金投资的政治动机的忧虑，在制度设计中，应坚持“去政治化”，将股东职能与监管者职能界分清楚。这里主要阐述股东行为规范，第三章将讨论母国的监管者职能。

一、完善“委托人—出资人—经营者”结构

为减少商业决策中的政治干预，减少内部人交易和信息不对称，促进其经济目标的实现，就需要恰当处理主权财富基金股东权与经营权的分配，建立权力配置均衡、相互制约的“委托人—出资人—经营者”结构。该结构的基本框架是：国家权力机关代表国民行使主权财富基金的资产所有权，政府作为出资人行使出资人权利，经营者即主权财富基金的管理层，这个结构的主旨是实现主权财富基金本身的政企、政资分离及其与其他国有企业之间的预算软约束，以此“三人结构”为核心和基础建立连贯有效的治理结构。

建立该结构的必要性在于：其一，对其政治动机的猜疑主要来自于政府的股东角色与监管者角色难以分离、公法角色与私法角色难以分离，如前所述，界限模糊不仅会引起东道国的忧虑，更重要的是会导致母国对其补贴和扶持，导致后者缺乏自生能力，从而滋生预算软约束、内部人交易等弊病。故应把主权财富基金的委托人、基金本身的出资人及其经营者的功能区分开来，以法律形式明确它们彼此间的制衡关系，以保证主权财富的保值增值。简言之，这种结构应兼具区隔和制衡功能：就前者而言，主要表现为将政治意志主要局限在委托人和出资人之间，而把市场机制限制在出资人和经营者环节，防止政治意志与市场机制相互纠结，彼此扭曲；就后者而言，以法律形式明确表达的目标与绩效评价体系实际上使得权责清晰。从而，在保证各自独立性的同时又促进它们的问责性。

该结构对我国具有特殊重要性，原因在于我国国有企业长久以来面临

着权力配置失当问题。依《宪法》和《物权法》,[①] 国有企业的最终委托人应理解为全国和地方各级人民代表大会，但由国务院代行所有权。同时，国务院和地方人民政府又是出资人即出资股东。[②] 进而，依《企业国有资产法》，本级政府的出资人职责又由国资委代行。[③] 故经过两次代理，国资委成为行使实质性权力的出资人或出资人代表，拥有企业经理层任免权、薪酬决定权、重大经营事项决定权、资产处置权和收益分配权等一系列“老板”的权力；另外，作为国有资产监督管理机构，其又拥有诸如国资规章的制定、国有资产的基础管理、安置下岗职工、派出监事会等庞大的“婆婆权”，成了企业名正言顺的“老板加婆婆”。[④] 从而，在我国，委托人、出资人和监管者的权力（利）三位一体于国资委，国有企业的治理机构实际上是“国资委—经营者”的双人结构。从法律角度说，出资人权利、义务、责任关系一直是不明晰的。

其二，在现实中，透明度较高的主权财富基金如新加坡、韩国及挪威等往往具有科学有效的三人结构。以挪威政府全球养老基金为例，根据法律规定，该基金管理的资产归挪威全体国民所有，由财政部履行出资人责任，由挪威央行投资银行部负责具体的市场经营（见图 2-2）。

二、设计市场化激励结构和监督机制

2008 年以来的金融危机在根本上可以被认为是金融机构公司治理失败引发的系统危机：激励结构、风险管理及内部控制三者之间存在的摩擦或错配导致金融机构短期主义严重，它们倾向于过度承担风险，风控措施则

---

① 《宪法》第二条规定，中华人民共和国的一切权力属于人民。人民行使国家权力的机关是全国人民代表大会和地方各级人民代表大会。《物权法》第四十五条规定，法律规定属于国家所有的财产，属于国家所有即全民所有。国有财产由国务院代表国家行使所有权；法律另有规定的，依照其规定。《企业国有资产法》第三条也规定，国有资产属于国家所有即全民所有。国务院代表国家行使国有资产所有权。

② 《企业国有资产法》第四条规定，国务院和地方人民政府依照法律、行政法规的规定，分别代表国家对国家出资企业履行出资人职责，享有出资人权益。

③ 《企业国有资产法》第十一条规定，国务院国有资产监督管理机构和地方人民政府按照国务院的规定设立的国有资产监督管理机构，根据本级人民政府的授权，代表本级人民政府对国家出资企业履行出资人职责。国务院和地方人民政府根据需要，可以授权其他部门、机构代表本级人民政府对国家出资企业履行出资人职责。代表本级人民政府履行出资人职责的机构、部门，以下统称履行出资人职责的机构。

④ 李曙光：《论〈企业国有资产法〉中的“五人”定位》，《政治与法律》2009 年第 4 期。

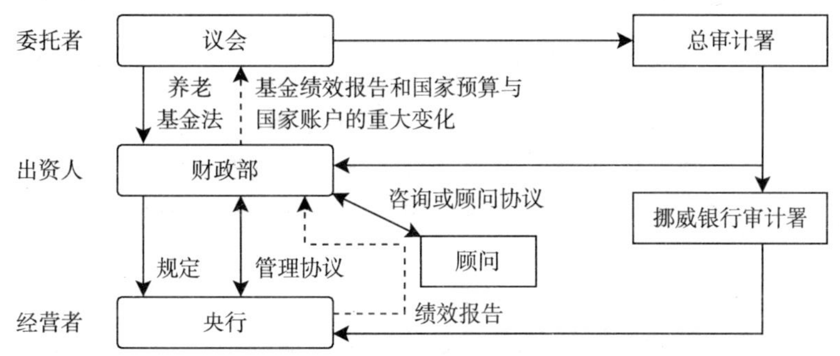

图 2-2 挪威政府全球养老基金的三人治理结构

缺乏对宏观因素的把握等。[①]“他山之石，可以攻‘错’”。公司治理的改善常以失败为契机，比如20世纪90年代后期网络泡沫的破灭凸显了经纪人与分析师之间的利益冲突，而安然事件则突出了审计委员会独立性的重要性等，规模与复杂性不断增加的主权财富基金应从中得到诸多启发。

1. 建立合理的薪酬制度：基于金融危机的反思

薪酬的决定并非新问题，但这次危机使其重要性得以凸显，特别是高管层对薪酬制度实施效果的影响力太大，导致薪酬与绩效间的关联度羸弱，从而带来诸多负面效果。比如，在薪酬决定中对绩效的界定主要依赖机构的市值，则高管层就倾向于冒险操作，甚至不惜“金融赌博”以拉升股价，进而危及企业乃至系统的安全运行；股东仅关注股价也使其忽视了对金融机构长期发展的关注。因而，出现了“无绩效的薪酬”（Pay without Performance）现象。为此，金融稳定理事会（FSB）制定了《稳健薪酬实践的基本原则》及实施标准，旨在减少金融机构薪酬制度对过度承担风险的激励，将风险管理与薪酬制度更为紧密有效地联系起来，鼓励实行基于风险调整的薪酬制度。[②]英美等国及相关国际组织也都对此提出了若干新规

① Grant Kirkpatrick, “The Corporate Governance Lessons from the Financial Crisis”, Financial Market Trends, OECD, 2009, p. 4. OECD认为在金融危机中暴露了金融机构的公司治理四个方面的弊病，即薪酬与激励结构、风险管理实践、董事会的作用、股东权的行使。

② 这九项原则包括：第一，公司董事会应负责薪酬制度的设计与实施，而非仅仅决定高管层的薪酬；第二，公司的组织层级越低，薪酬制度越应受到监测和评估以保证其实行；第三，从事融资和风控职责人员的薪酬应与其业务部门相独立，并与其在公司中的作用相称；第四，薪酬制度应与风险激励相一致；第五，薪酬结果应与风险结果相匹配；第六，风险支付安排必须对资产风险时间区间敏感；第七，现金、股权与其他形式薪酬应与风险构成匹配；第八，利益相关者必须严格而持续地保持对薪酬实践的监督，发现问题须迅速解决；第九，公司必须披露清晰、全面和及时的薪酬实践信息，以与全体利益相关者保持积极互动。Financial Stability Forum, FSF Principles for Sound Compensation Practices, 2009, p. 3.

定或建议。①

上述情形提醒母国，必须充分考虑到薪酬制度对主权财富基金的激励结构和风险管理的影响，既要防止其在国际金融市场上的过度冒险行为，又要主要通过合理的薪酬制度吸引和留住人才，而兼及这两方面的关键在于薪酬能够在多大程度上反映绩效中管理层的能力或人力要素。

其中，淡马锡的薪酬实践值得母国在建立主权财富基金薪酬制度时借鉴：淡马锡为员工制订合理的薪酬计划，其由两部分组成，即现金奖励和延期奖励。该计划的特色在于将奖金与“财富增加值”关联起来。财富增加值衡量公司在特定年份、计入经风险调整后的资本成本的投资回报，借此可以看出公司资产所产生的价值是否超出以其风险水平所产生价值的最低预期。淡马锡的职员都有一个基于财富增加值的奖金库：当财富增加值上升，就会有更多资金流入奖金库；当遭受损失时，就会有“负财富增加值”，资金便从奖金库流出；延期奖金需要至少3年、最多12年才能逐步兑现。若某一年业绩不佳，就会影响员工实际获得的奖金数额，此即所谓的索回机制（Clawback Provision）。这不仅符合金融稳定理事会的建议，也被二十国集团和一些发展中国家所采纳。②

2. 建立独立第三方咨询评估制度

根据OECD的经验，由国家设立或引入市场上规模较小但拥有高素质专家的专业咨询公司，为以出资人或所有权实体出现的政府机构提供专业方面的协助，特别是专注于股东价值或绩效监控、董事会考核和任命程序的合法性与合理性。由于这些公司拥有专业知识，在人员雇用和制定薪酬政策方面有更大的灵活性和独立性，故很难轻易为国有企业或行业主管部门所控制。③ 这种做法完全可以作为主权财富基金经营运作的重要方式。

在对国有企业的第三方咨询评估制度方面，成功的例子包括：意大利的国有独资有限责任咨询公司（SICOT），其任务是给负责行使所有权职能

---

① Institute of International Finance, Final Report of the IIF Committee on Market Best Practices: Principles of Conduct and Best Practice Recommendations, Dec. 2008, p. 5.

② Peter Stein, “Lessons From Singapore on Bank Bonuses”, *The Wall Street Journal*, Jan. 23, 2010. 索回机制正在成为金融机构乃至一般企业薪酬实践的标准和惯常性做法。Alexis Leondis and Margaret Collins, “Spending Bonus Cash Becomes Risky as Clawback Rules Increase”, *Bloomberg*, Jan. 8, 2010.

③ 经济合作与发展组织：《国有企业公司治理：对OECD成员国的调查》，李兆熙、谢晖译，中国财政经济出版社2008年版，第64页。

的财政部提供专业支持；澳大利亚则设有政府商业和私人财务咨询机构（GBPFAU），该机构通过分析政府商业企业的运营和环境，并咨询利益相关方，而对商业运作提供有关监督、管理和战略方面的建议；新西兰则设有皇冠公司监控咨询机构（CCMAU），它与国库部一起对国有企业事务扮演咨询、监管和报告的角色。

三、构建主权财富基金经营预算制度

经营预算制度是出资人以资本所有者身份取得的收入和用于资本性支出的预算，是对经营性国有资产收支活动进行价值管理和分配的工具，反映在国有资本所有者与国有资本经营者之间的收益分配和投资关系中，而独立于政府公共预算之外且与其有密切联系。[①] 制定或强化主权财富基金经营预算制度是出资人强化对公司经理层监督的重要手段。

作为国有资本经营的一种形式，主权财富基金的投资收益及其与政府的关系应受到国有资本经营预算制度的约束。如前所述，目前它在很大程度上具有双重属性：既具公共性，又具营利性。这种双重性也被学者表述为“既按照市场经济规律和市场竞争原则运转，追求商业利益最大化，同时它们的行为也必然体现国家的意志和利益取向”。[②]

权且不论兼容性问题，其双重性往往是该国财政体系双重性的重要体现。财政为政府的职能和各个时期的政治经济任务及方针政策服务，这决定了财政随着经济发展阶段、社会资源配置方式和国家经济社会发展目标的转变而转型。比如，在我国，财政与国家经济发展和改革相适应，经历了新中国成立初期经济恢复时期的过渡型财政、大规模经济建设时期的生产建设型财政、有计划商品经济时期的分灶吃饭型财政、社会主义市场经济体制下的公共财政四次重大转型。当然，这也是理解中东国家主权财富基金负有多元化国民经济使命的重要切入点。但总趋势是，随着经济发展水平的提高和市场经济的完善，经济活动的市场效率逐步取代政府效率，财政逐渐从传统资源配置领域退出，财政及国有资本的公共性与营利性相

---

① 欧阳淞：《国有资本经营预算制度的几个基本问题》，《法学家》2007 年第 4 期。

② 宋玉华、李锋：《主权财富基金的新型“国家资本主义”性质探析》，《世界经济研究》2009 年第 4 期。

分离，逐渐实现单一的公共性财政目标。[①] 在另一个层面上，与西方国家相比，多数主权财富基金的母国政府并非无产政府，而是有产政府，这些国家的财政可以大约地归结为家财型财政和租金型财政，它们不同于西方国家理论中的无产政府假定，从而不仅对国家构架和制度建设具有重要影响，[②] 而且也直接地反映在其治理结构上。

普通的国有资本经营预算制度的法理基础是国家股东权理论，分红权是其核心。[③] 对主权财富基金而言，又有所不同。比如，对那些在通过协议方式由财政部或央行将外汇资产委托给主权财富基金管理的，即“国家所有，企业经营”，其基础就是债权，如韩国投资公司；对那些将资产划拨给主权财富基金并以独立法人形式出现的，即“国家享有股东权，企业享有法人财产权”，其基础就是股东权，如中投和淡马锡；对那些由政府机构之间管理投资的，即“国家所有，国家经营”，则其基础就是物权，如挪威银行资产管理部和科威特投资局。相比之下，股东权模式能够更好地将其公共性与营利性区分开来，[④] 是减少不正当政治干预即“去政治化”的前提，故本研究以依循股东权模式建立起来的主权财富基金讨论其经营预算制度建立的要点，总的思路或原则是促使其成为一个市场经营主体。

应在普通的国有资本经营预算制度基础上构建主权财富基金经营预算制度，将后者作为前者的一个特殊部分单独列出。主权财富基金经营预算涉及的主要问题包括：

第一，编制主体问题。这在大部分国家中涉及财政部、央行或国有资

---

① 刘剑文、郭维真：《论我国财政转型与国有资本经营预算制度的建立》，《财贸研究》2007 年第 2 期。

② 比如，与征税获得财政收入相比，一个国家若主要依靠租金（自然资源租金或战略租金）而存活，那么国家机器与社会集团之间就缺乏互动、谈判和交易的机会，就不能形成有效的政府治理结构，难以创造人群之间的共同体（民族）意识，也不能建立起对政府权力进行强有力约束的制度。换言之，依靠租金作为主要的财政收入来源，对现代国家构建不利。新中国（现代）家财型财政对国家政权机构建设与权力延伸的作用，这对中国的现代国家机器的建设是有利的。但是，这一家财型体制所支持的高度集权的政治经济体制消灭了社会空间，没有以独立个人、独立资本和平等公民为基础的现代社会，现代国家是无法建成的，这也是 1978 年后中国从（现代）家财型财政向税收型财政转型的根本原因所在。参见刘守刚：《财政类型与现代国家构建：一项基于文献的研究》，《公共行政评论》2008 年第 1 期。

③ 徐孟洲、贾剑飞：《论国有资本经营预算制度的法理基础与法价值》，《政治与法律》2009 年第 4 期。

④ 有关国家所有制的三种法律实现形式及其特征的论述，参见刘俊海：《现代公司法》，法律出版社 2008 年版，第 701 页。

产管理机构的关系问题。在实践中，各国的做法不尽一致，存在着“财政部+央行——主权财富基金”（如韩国投资公司、挪威政府全球养老基金）、“中央政府——主权财富基金”（如中投、淡马锡）两种模式。通常而言，财政部是一个国家财政预算的编制主体，而它往往在一个国家的政治序列中具有较高的位阶。故笔者建议将由其自行编制经营预算，并列入财政部编制的总预算。

第二，审计主体问题。这涉及政府与议会的分权问题。因主权财富基金的资金来源大多不是直接的税收，但仍属于公共资产，如果仍由中央政府予以审计，不仅存在自我监督的可能，而且可能出现季卫东教授所担心的现象，即“一旦出现‘有产政府’，就难免引发与民争利的非议。若政府的权力不受限制，事态还会恶化，从争利发展到侵权，甚至于完全垄断资金、劳动、利润及产品交易。政府一旦觉得是凭自己的力量解决了国用之需，还会产生由公民购买行政服务之类的想法吗？还会考虑公共物品是否保质保量、财政再分配是否公正之类的问题吗？恐怕是不会的。相反，倒很容易产生一个误会：以为是政府出钱养活了百姓，人民应该对各种制度化的救济活动感恩戴德”。[①] 只有这样，才能使得“政府和财产是分离的……而当公共财富受某种公共控制（尽管有限）时，对政府的经济强制力会阻碍无限权力的统治者……穷政府平静地归入人民手中，大众最终在穷政府中获得权力”。[②] 事实上，在发达国家一般性的政府预算监管体系中，议会也都扮演着重要角色，这也是世界各国审计机构发展的共同特点和趋势。[③] 对我国而言，应尽快建立人大审计制度，使国家审计机关协助人大而非主权财富基金的出资人即政府对其经营预算的合法性、真实性和效益性进行监管，并保持预算监管的独立性。

---

① 季卫东：《杂谈“有产政府”思路对税制的影响》，法律思想网，2006 年 12 月 22 日。

② Rudolf Goldscheid, “A Sociological Approach to Problems of Public Finance”, in R.A. Musgrave and A.T. Peacock eds., *Classics in the Theory of Public Finance*, 6th *Edition*, Martin's Press, 1996.

③ 李晓丹：《国有资本经营预算管理与监管体系探讨》，《中南财经政法大学学报》2006 年第 5 期。

第四节　主权财富基金的股东权行使

主权财富基金的公司治理还需要关注其与受托资产管理人、目标公司及关联公司之间的关系问题，就内容而言，主要涉及不正当内部交易防范、股东权行使等问题。在这一组法律关系中，主权财富基金作为普通的民商事主体而出现。这里主要阐述其在进行直接的股权投资时如何行使股东权的问题，并简要论及其将资产委托给外部资产管理人如对冲基金或普通的资产管理公司进行投资即“间接投资”时与外部资产管理人的关系问题。

要确立有效运转的治理机制，就要求主权财富基金的“委托人—出资人—经营者”之间存在较好的区隔与制衡结构，要求经营目标得到明确有效的表达。它们不仅在宏观方面有助于提升主权财富基金的自生能力，保障其独立性和问责性，从而保证外汇资产的保值增值，同时也有利于提高其在东道国和国际市场上的透明度及声誉，减少后者对其投资对国家安全或公共利益的威胁；在微观层面上，有助于减少因为主权财富基金的投资而对目标公司的公司治理负面影响的忧虑，减少国际金融市场对它的防备或戒心，提升投资价值。

一、作为股东的主权财富基金

股东权行使问题是东道国和国际金融市场在微观层面最为关注的问题，因为主权财富基金未能确定与清晰表达其经营目标和三人结构之间的关系，所以许多学者担心母国借助它在目标公司中的股东权行使而实现前者的非经济目标，如政治、科技或其他战略利益。

RiskMetrics Group 对十大主权财富基金在对目标公司参与程度及投票权实践进行问卷调查后得出如下结论：其一，至少在表面上看，主权财富基金一般并无寻求获得董事席位的强烈动机或明确战略。在实践中，有三个基金被发现在目标公司获得董事席位，即新加坡政府投资公司、淡马锡和科威特投资局。其二，大多数主权财富基金在公司股东会上全权参与投票。其三，尽管不乏参与投票的实践，但大多数主权财富基金很少披露它们的委托投票指引和政策，只有挪威政府全球养老基金有较详细的政策指引。其四，极少有主权财富基金披露委托投票记录，也很少有以其他方式参与目标公司治理或管理的信息，但有证据显示存在这样的实践。①

这一结论中有两点值得特别关注：

第一，鉴于董事会在公司决策中举足轻重的地位，获得董事席位可被视为对目标公司的深度参与，是行使股东权最为直接有效的方式。这种做法的好处是避免增加股东尤其是大股东对高管层的监督成本，扭曲公司治理结构，同时可能给目标公司带来财务或商业知识；当然也存在风险，即主权财富基金可能影响公司的决策，借机实现其经济或政治目标。然而，这种做法在其投资中并不多见，甚至有基金为表明自身的消极投资者身份而声明不会在目标公司中寻求董事席位。出现这种局面的重要原因并非主权财富基金甘于作为消极投资者或缺少参与董事会的动机，而是出于两方面原因放弃这样做：其一，为了规避更严厉的监管，比如在美国对外资的国家安全审查中，参与董事会被视为取得对目标公司"控制"的重要指标；其二，一般而言，主权财富基金的投资大多是少数股权交易，不足以获得董事席位，而当主权财富基金成为大股东时，则往往在董事会有其代表。如挪威政府全球养老基金的数额最大的十项股权投资在各自目标公司的持股份额区间为1.08%~1.64%，在其投资组合中的最大持股份额是8.7%，而其投资的公司总数超过了7900家。②在这样分散投资的情形下，挪威政府全球养老基金没有董事席位当然不难理解。与之形成鲜明对比的是，淡马锡对很多国外企业的持股比例达20%以上，故在董事会有一个或多个代表。对此，尚无证据表明主权财富基金在目标公司中受到不公平待遇，也无证据表明它是"坏"或恶意的股东，在很大程度上反倒是与其他类型投资者一样行权。

第二，委托投票指引和政策的透明度问题。此问题的提出是将主权财富基金作为机构投资者，③它回答的是在其进行组合投资即作为持股份额

---

① Afshin Mehrpouya, Chaoni Huang, Timothy Barnett, "An Analysis of Proxy Voting and Engagement Policies and Practices of the Sovereign Wealth Funds", IRRCi SWF Report, 2009, pp. 21-25.

② Afshin Mehrpouya, Chaoni Huang, Timothy Barnett, "An Analysis of Proxy Voting and Engagement Policies and Practices of the Sovereign Wealth Funds", IRRCi SWF Report, 2009, p. 73.

③ 学界对机构投资者有不同界定，本研究采用Brancato在1991年的界定，即"所谓机构投资者，是对应或有别于个体投资者，总体上基于这样的事实而存在，即资金由职业化人员或机构管理，广泛投资于不同领域"，强调其相比个体投资者的投资专业化与机构化特征。有关机构投资者内涵的评述，参见李鹏：《机构投资者与金融市场稳定》，博士学位论文，厦门大学，2008年，第21-22页。

不足以获得董事席位但远比普通个人投资者的份额要多时，股东权如何行使的问题。该问题在规范或应然层面上并不存在争议，主权财富基金应按照其他机构投资者一样披露投票政策，关注公司绩效，提高目标公司治理的质量，但在具体实践上做法差异很大。

一般认为，机构投资者较普通投资者具有专业特质，且前者持股比例通常不低，不易受到董事或专业经理人影响，若经营者发生滥权情形，更能够发挥监控功能。机构投资者注重公司经营绩效，由其参与公司治理，将可降低代理成本，并提高对目标公司的监控效率。在传统上，机构投资者在公司治理角色较为被动，只关心能否获得财务报酬，倘若目标公司出现管理不善情形，多数采取“华尔街准则”，即“用脚投票”作为其管理资产的方式。但是，由于：其一，机构投资者的持股较高，造成出售所持股份存在困难或成本较大；其二，对基本面良好的公司因董事会监控失效而造成营运下降时，通过适当介入公司决策比单纯抛售股权（即“用脚投票”）能够获得更好的收益；其三，频繁短线交易绩效未必较长期投资绩效为佳；其四，公司治理健全与否与经营绩效间呈正相关；其五，科技发展大幅降低股东权的行使成本，在此背景下，机构投资者开始“用手投票”，即积极运作股东权，参与公司治理。典型例子是美国加州公务人员退休基金（CalPERS）。它向股东说明自身对公司治理的看法及其对各项公司治理机制的参与情形，并制定《公司治理核心原则与指引》与《委托书投票指引》（包括《全球委托书投票指引》和《特定项目之委托书投票指引》），若部分公司未用心改善其公司治理，CalPERS 会采取更积极的做法，包括：发布绩效不佳公司关注名单，行使股东提案权甚至提起诉讼督促其所投资的企业改善公司治理。西方学者也将这种现象称为机构股东积极主义的兴起。①

二、主权财富基金股东权行使的主要模式与建议

作为股东，主权财富基金的行权模式按照其参与被投资企业公司治理的积极性，主要可以分为两种，即消极行权模式和积极行权模式。在不断的“去政治化”过程中，无论是母国还是东道国都没有必要限制其股东权

① 陈仲民：《机构投资者与公司治理结构》，博士学位论文，吉林大学，2005 年，第 109-112 页。

的行使，后者应像普通股东为实现自身的股权权益而积极行动。

1. 消极股东权模式

消极股东权模式包括两种，即停权模式和审慎行权模式。

所谓停权模式，是西方学者针对主权财富基金行使股东权潜在风险而提出的方案，即建议其放弃在目标公司所占份额对应的投票权，只获得相应的财务收益，而当这些份额被转让给非主权财富基金投资者时，则可以重新获得投票权，从而将其对目标公司的公司治理与商业决策的负面影响降到最小限度。借此，停权模式将控制权和投资价值分开，使得该外国投资者获得的收益等同于其他投资者，同时丧失了通过投票权对公司经营的直接影响。他们认为，这样并未提高投资成本，在纯粹商业利益驱使下的主权财富基金仍将照常进行投资；反之，那些怀有战略目的的主权财富基金将不再对美国市场产生兴趣。这样既可减少潜在的利益冲突，又不会影响其对资本市场的正面效应。[①]

提出这种模式的基本思路是：剥夺控制权可以作为对主权财富基金是否具有非经济目标的一个检验，如果是财务投资者，就不会在意在其控制权，否则就不是单纯的财务投资者。这种自我筛选机制尽管在表面上看起来简便易行，但其也存在明显问题：其一，这种模式意味着这一部分投票权无法在公司治理系统中得到有效反映，从而削弱了股东对管理层的监督功能，增加了管理层短期主义等自利激励，对改革目标公司自身的治理和经营没有好处，影响目标公司因良好公司治理带来的长期收益；其二，这种模式鼓励那些仅关注财务收益的主权财富基金，无助于其本身的治理改革；其三，主权财富基金完全有可能通过其他方式对目标公司的治理和决策产生影响，仅希望借停权来消除可能的负面影响是不切实际的；[②] 其四，许多来自西方国家的基金如挪威政府全球养老基金，直接或间接地通过行使投票权而表达在环境、社会及治理方面的看法，“一刀切”的停权模式无助于推动“负责任的投资”的形成。此外，在股东积极主义浪潮不断壮大的背景下，这种停权模式存在金融或经济保护主义之嫌。

当主权财富基金通过外部资产管理人管理资产时，韩国投资公司的实践

① Ronald Gilson and Curtis Milhaupt, “Sovereign Wealth Funds and Corporate Governance: A Minimalist Response to the New Mercantilism”, 60 *Stan. L. Rev.* 1353, 2008, p. 1367.

② 美国的外资委员会拥有的广泛自由裁量权将这类有重大影响的行为界定为“控制”。

是消极行使股东权的一个可资借鉴的例子，笔者将其称为“审慎行权模式”。

韩国投资公司的投资政策是“通过执行分散化的全球组合投资（主要包括固定收益产品及股权类产品）来实现在一定风险水平范围内的连贯和可持续性的长期收益”。[①] 在具体投资实践中，韩国投资公司主要通过将资产管理外包和自行直接投资两种方式管理其受托管理的 278 亿美元资产。在股东权行使问题上，其投资政策试图在行使投票权时成为一个“审慎的管理人”。在间接投资中，韩国投资公司将投票权委托给外部资产管理人来行使，条件是外部资产管理人不得违反其承担的信托责任义务，股东权行使结果应向韩国投资公司的董事会和管理委员会报告。

2. 积极股东权模式

积极股东权模式以挪威政府全球养老基金为代表，主权财富基金以积极的姿态参与被投资公司的公司治理和商业决策，不断试图利用股东权对目标公司的多个方面产生影响。

挪威政府全球养老基金积极行使股东权集中体现在挪威银行资产管理部对目标公司事务的积极参与上，为此挪威银行资产管理部发布投票指引，专门就参与目标公司投票和治理制定了规则，足以成为同类投资者的楷模。该指引以《OECD 跨国企业公司治理原则》和《联合国全球公约》为基础制定，其宗旨是促进挪威银行资产管理部积极行使投票权，以实现基金管理的资产保值增值。挪威银行资产管理部致力于促进在整个组合中实施类似的委托投票建议，但也会考虑具体情况；指引在全球范围内适用，但也会遵循当地的治理规则、行业要求和市场实践。该指引分成七个部分对下列事项分别做了规定：其一，股东投票权。坚持“一股一票”原则，即投票权应与其在该目标公司的经济利益相对应，一般不支持对投票权区分对待；股权应有权在股东大会上提出有约束力的决议，包括修改公司章程等。其二，董事会。支持那些为管理层所支持的候选人；若存在争议，则在个案基础上做出判断；支持具有问责性和致力于创造股东价值的董事会，认为董事会应能够在公司事务上独立客观地决策；赞同成立独立董事占简单多数的董事会，并认为董事会的关键组成部分如薪酬、提名和审计委员会应保持较高程度的独立性；鉴于在不同国家的董事会结构种类和所有权类型要求以不同的方式保持独立性和客观性，尊重地方标准和地方上

① Korea Investment Corporation, Annual Report, Investment Policy Statement, 2008.

市规则；总经理应与董事长分任。其三，反收购措施。一般来说，反对反收购建议，除非那些建议使得股东有权对任何要约做出最终决定。其四，并购和重组交易。在以个案为基础和促进股东长期回报立场上，综合经济、操作和治理因素加以考虑，基本目标是该项交易应具有经济价值，产生股东回报。其五，资本结构。目标公司的资本结构应能够充分应对不同的财务状况。股东有权批准普通股的发行额度。其六，管理层薪酬。管理层薪酬应保持适当水平，以吸引、留住并激励那些能够实现股东利益的管理人员，该标准应与当地市场环境、行业标准及公司规模与复杂性相适应；反对可能过分稀释其他股东份额的薪酬计划；支持绩效工资。其七，社会和环境问题。作为一个长期的多元化的投资者，挪威银行资产管理部认为企业应按照经济、社会和环境可持续发展的方式运作；长期的财务收益固然应优先考虑，但挪威银行资产管理部仍支持那些可能对其造成影响的与社会和环境问题有关的建议。①

由此可以看出，挪威银行资产管理部对目标公司的参与是全方位和多层面的（见表 2–3）。多年来的投资实践也表明这种模式基本上是成功的。②

表 2–3 挪威银行资产管理部对目标公司的参与程度

	投票	公司参与	政策与市场决策
公司战略行动	√	√	
公司治理			
紧急事项	√	√	
非紧急事项		√	√
环保和社会问题		√	√

这种模式的优点很明显：其一，可以有效地保护和增加股东价值；其二，促进投资系统的健康；其三，维护投资者的声誉；其四，有效实现股东的基本权利和义务；其五，体现投资者责任；其六，实现良好的组合管理等。

① NBIM，Voting Guidelines.

② Andrew Ang，William N. Goetzmann and Stephen M. Schaefer，Evaluation of Active Management of the Norwegian Government Pension Fund–Global，2009，p. 24.

当然也可能遇到一些问题：其一，参与成本及其他投资者“搭便车”问题；其二，持股规模受限问题；其三，投资者即主权财富基金自身的声誉问题；其四，主权财富基金是否具有明确而清晰的参与目标等。[①] 但相比之下，这种模式相对于消极的、被动地行使股东权要更为可取，但也对股东本身即主权财富基金自身的治理结构与质量、管理水平和战略定位提出了很高的要求。

《圣地亚哥原则》第 19 条和第 21 条涉及主权财富基金的股东权行使。其中，第 19 条规定，主权财富基金的投资决策应以财务收益最大化为目标，若其决策不是基于经济和财务原则，则应清晰明确地公开披露其决策依据和目标，与此同时，主权财富基金的资产管理应遵循通常的有效资产管理的原则。[②] 在第 21 条中规定，主权财富基金正常行使股东权是股权投资价值中的基本组成部分，行使权利的条件是保持其权利行使行为与其投资政策和财务目标相一致，并定期披露其权利行使状况。[③] 这两条表明，《圣地亚哥原则》在股东权行使问题上采取了折中态度，即一方面强调主权财富基金的主要目标应是消极的财务目标，其基本的股东权不应被否认；另一方面要求这种权利行使建立在定期和公开披露的基础上，并与其投资政策一致。

---

① Norwegian Ministry of Finance，Active Management and Active Ownership，2009，pp. 27-29.

② GAPP 19 Principle.

③ GAPP 21 Principle.

第三章 主权财富基金的母国监管

前面强调了激励结构与自生能力等微观要素的生成与提高，进一步地考虑到主权财富基金的特殊性，包括规模巨大、境外运营为主等，母国还应以维护金融体系的稳健性、促进竞争秩序的有效性和加强海外投资的安全性为目标完善母国监管体系。由此，将实现母国政府股东角色与监管者角色的有效隔离，有利于从母国一端首先实现对主权财富基金监管的“去政治化”。以上述三者作为监管目标的主要原因：一是主权财富基金的出现和投资都是典型的金融现象，对本国和东道国的金融体系稳健性的实现具有重要影响；二是主权财富基金的巨大规模和政府背景可能对母国市场竞争机制发挥举足轻重的作用；三是主权财富基金的海外运营成为常态，而外交保护仍是双边或多边机制之外保护国家海外利益的有效方式。需要说明的是，外汇储备的保值增值也是主权财富基金规制中的重要内容，但在本研究的界分中，它是母国作为股东的微观职能，而非母国作为监管者应考虑的宏观议题。

第一节 以母国央行为主导的金融稳健性监管

主权财富基金的产生根源于全球经济失衡和国际货币体系失范，其投资方式类似于金融市场上的机构投资者，其投资的主要领域包括银行、证券等金融机构，从而以多种渠道影响着金融体系的稳健性，这正是诸多母国或东道国将其视为金融机构加以规制的重要原因。本节主要阐述母国对主权财富基金实施金融稳健性监管的理由、内涵、主体及监管措施。

一、金融稳健性监管的必要性

笔者认为，应以母国央行为主导对主权财富基金实施金融稳健性监管。金融稳健性监管的必要性源于主权财富基金与宏观经济和金融业的密切关联，尤其是其投资行为可能给后者带来复杂而重要的政策效应。概言之，这种关联体现在两大方面：一是主权财富基金投资行为对母国宏观经济政策的影响；二是主权财富基金投资行为对金融监管的影响。有学者指出，金融关系在金融危机中的最大变化是所有权结构或资本结构的变化，体现为全球型大银行的所有权趋于集中，以及主权财富基金成为几乎所有国际大型活跃银行新的所有者。后者意味着主权者或政府或国家控制的企业成为全球金融体系明示的利益相关者。主权财富基金客观上成为维护金融体系稳定的重要力量。

1. 主权财富基金对宏观经济政策的影响

主权财富基金的投资行为对母国财政、货币政策、国际收支平衡，甚至公共部门财富分配及私人部门的投资都具有直接或间接的影响。安排合理的主权财富基金投资框架有助于母国宏观经济政策的实施，有效地避免“资源的诅咒”。

具体来说，主权财富基金投资行为对宏观经济有下述政策效应：

第一，对财政政策的影响。因其主要源于自然资源收入或外贸盈余，故对母国的主要挑战即如何在主权财富基金的准私人账户与本国财政公共账户建立有效的隔离和融通机制。恰当合理的主权财富基金监管架构有助于促进财政稳定，为长期需求如老龄化、代际财富分配等提供专业化程度更高的投资和风险管理框架。①

第二，对货币政策的影响。母国运用超额外汇储备设立主权财富基金并进行投资，会减少外汇储备总量，影响本币的供求。其对外投资的过程即货币交易的过程，由此产生的境内效应可分为两种：其一，当其用外币资产对内投资时，该投资可能严重影响货币当局的货币政策，甚或成为汇率操纵工具；其二，当其用本币资产对内投资时，该投资具有信用扩张功能，

① Eric Le Borgne and Paulo Medas, “Sovereign Wealth Funds in the Pacific Island. Countries: Macro-Fiscal Linkages”, IMF Working Paper, WP/07/297, 2007, p. 7.

会对国内需求造成正向的外生冲击，使本国资产价格上扬，导致流动性过剩。

第三，对公共部门资产负债表的影响。一国资本结构决定着经济收益的分配方式，以及内外部冲击对经济的潜在影响程度。设立主权财富基金可以平滑经济周期，促进其资产管理策略有利于国家资产负债表的稳健性，故其资产配置策略需充分考虑公共部门的资产与负债。在投资上，要通过持有与本国出口呈负相关关系的资产来抵消贸易条件的冲击，规避单个国家风险；在负债时，则应通过冲销国家负债头寸降低国家整体偿债风险，保持资产负债表稳健性。

第四，对国际收支平衡的影响。主权财富基金是维护母国外部稳定的重要工具。比如在2008年经济危机中，能源价格大幅下挫使资源出口型国家的收入锐减，国际收支严重失衡，这时，主权财富基金就在维持外部平衡发挥重要作用。在实践中，中东和俄罗斯等均在危机时要求各自主权财富基金采取措施强化本国的收支平衡。

2. 主权财富基金对金融监管的影响

第一，对证券监管的影响。学界对主权财富基金对股市和资产价格的影响一直比较关注，现有研究之间存在较大差异，大致可分成“有利说”、“有害说”和“中性说”三类；但通常认为，它对证券市场存在重要的政策效应。比如，有学者实证发现，被入股公司普遍集中在金融业和银行业，且大多数并购行为都是通过私下谈判交易完成的。在股票价格下跌严重的情况下，主权财富基金通常不会迅速出货砍仓。[①] 也有学者认为，它在总体上有助于实现宏观经济政策的协调和全球金融市场的稳定。[②] 有害说对此存异议，其认为主权财富基金的投资可能导致过多的资本流动和相关资产价格和利率的波动，影响区域和全球金融市场的稳定。[③] 当然，也

---

① William L. Megginson, “Bernardo Bortolotti, Veljko Fotak and William Miracky, Sovereign Wealth Fund Investment Patterns and Performance”, *FEEM Working Paper*, No. 22, 2009, p. 10.

② 谢平、陈超、柳子君：《主权财富基金、宏观竞争政策协调与金融稳定》，《金融研究》2009年第2期。

③ 理由包括：其一，主权财富基金的崛起会大幅降低国际风险规避指数，助长了全球金融不稳定。Stephen Jen and David K. Miles, “Sovereign Wealth Funds and Bond and Equity Prices”, *Morgan Stanley Research*, 2007, p. 2. 其二，主权财富基金提高了低风险资产的未来价格，压低了风险资产价格。Nicholas Brooks, “China’s New Sovereign Wealth Fund: Implications for Global Asset Markets”, *Henderson Insight*, Jul. 2007. 其三，主权财富基金的庞大规模以及毫无先兆地突然转移资金，将破坏金融市场的稳定性，加剧金融系统的不确定性和系统性风险。Simon Johnson, “The Rise of Sovereign Wealth Funds”, *Finance and Development*, Vol. 44, No. 3, 2007, p. 56; Andrew Lomax, “Sovereign Wealth Funds: The New Wealth of Nations”, *Fleet Street Letter*, Aug. 31, 2007.

有中性说认为，笼统地讨论其对资产价格的影响没有意义。[①] 除了作为市场参与者进入市场外，主权财富基金还通过参股投资银行或证券公司而对证券监管构成潜在的影响。

第二，对银行监管的影响。尽管主权财富基金在2008年金融危机时购入很多跨国银行的股权，但后者在主权财富基金的全部投资份额中占比仍较小，通常而言，其对单个银行的投资份额或因行业监管限制如准入限制等相对较小。此外，有些主权财富基金的确在母国或东道国金融机构的股权结构或治理机构中占据重要地位。比如，淡马锡多作为积极投资者而出现在金融领域，其参股或控股的所有机构都位列各国最大的金融机构。

第三，对保险监管的影响。主权财富基金较少涉足保险业，这可能与多数母国的保险市场发育不完善以及对保险在金融业中重要性受到低估有关，随着保险业发展和竞争加剧，在可预见的未来，加大对保险机构的投资可能成为其获得稳定与高额回报的捷径之一。[②]

二、金融稳健性监管的内涵与实现

第一，在监管目标上，应以金融系统的稳健性为依归。所谓金融稳健性可以理解为金融业对宏观经济提供稳定的金融服务供给；[③] 主权财富基金金融稳健性监管意谓通过监管，保证其在国内外的投资行为有利于实现金融稳健性。在实际操作中，该监管目标蕴含双重含义：一方面，作为金融机构或其关联机构，主权财富基金的行为符合稳健性要求；另一方面，主权财富基金作为母国经济和社会稳定的“最后保险人”，对维护本国甚至世界金融体系的安全稳健发挥重要作用。[④]

---

① 有学者通过对挪威政府全球养老基金的研究得出其非经济因素导致的投资行为并未对股票价格产生实质影响。Roland Beck and Michael Fidora, “The Impact of Sovereign Wealth Funds on Global Financial Markets”, European Central Bank Occasional Paper, No. 91, 2008, p. 14. 也有实证研究发现主权财富基金多为被动投资者，主要投资于价值被低估的股票，认为投资者对主权财富基金的反应取决于主权财富基金的透明度。Jason Kotter and Ugur Lel, “Friends or Foes? Target Selection Decisions of Sovereign Wealth Funds and Their Consequences”, FRB International Finance Discussion Paper, No. 940, 2010, p. 12.

② Deloitte Research, “Insurance Firms: The Missing Link in the Sovereign Wealth Fund Acquisition Spree”, 2008, p. 3.

③ Bank of England, “The Role of Macroprudential Policy”, Discussion Paper, 2009, p. 3.

④ Gordon Clark and Ashby Monk, “Government of Singapore Investment Corporation: Insurer of Last Resort and Bulwark of Nation-State Legitimacy”, *The Pacific Review*, Vol. 23, Issue 4, 2010, p. 429.

值得说明的是，这里使用了金融“稳健性”而非通常所谓的“稳定性”，用意在于，前者更强调对稳定的动态性理解，即金融稳定应是一个“动态稳定”的过程。后者是相对于静态稳定而言的，静态稳定把稳定界定为现状的静止不动或曰僵化，并通过抑制即“堵”的手段维持现存秩序。动态稳定即稳健性则强调把稳定理解为过程中的平衡，并通过持续不断的调整来维持新的平衡。这种动态调整显然更加符合当前金融创新竞相涌现，金融竞争日趋激烈，金融监管不断革新的局面，压抑其动态性只会导致金融业发展稳定但却不健康。

确立金融稳健性为监管目标的主要原因在于主权财富基金与金融业之间根深蒂固、荣枯与共的紧密关联。如前所述，其与金融业存在着先天的亲缘关系，前者的投资又深深地潜入金融市场之中，可谓“生于斯，成于斯”。不仅如此，它还反映了全球金融体系的“阿喀琉斯之踵”，即国际货币体系的内在缺陷：特里芬难题仍然存在，即储备货币发行国无法在为世界提供流动性的同时确保币值的稳定。主权财富基金即储备持有国为免受储备货币面值带来的亏损而多元化资产结构的产物。故这里所说的金融稳健性不仅指通常所谓的金融行业如银行、证券、保险等部门的稳健性，而且突出强调全球范围内的宏观视角和制度性根由——这似乎是宏观审慎监管的必然要求，也是硝烟尚未褪尽的金融危机带给我们的重要启示。

对母国而言，金融稳健性监管目标可分三个层次：其一，作为金融机构的主权财富基金的稳健性。即监督其遵守本国的金融监管规定，促进其合规合法经营。其二，母国宏观金融体系的稳健性。如前所述，主权财富基金的投资对宏观经济尤其是母国的宏观经济具有显著的政策效应，在很大程度上，狭义的金融系统危机只是宏观经济体系危机的反映和后果，而金融系统危机往往加剧经济危机，并引起更为严重的社会危机。后者一旦发生，主权财富基金而非央行将不得不扮演终极意义上的最后贷款人。故对其监管应以宏观经济系统的稳健性为出发点和归宿，结合本国国情而设定其期望风险的上限和期望收益的范围，并以此为根据建构资产投资组合、期限配置和地理分布。其三，全球金融体系的稳健性。尽管只是从根本上提高全球金融系统稳健性的中间目标，但因其具有一定程度的系统重要性，对其金融稳健性监管是协调或缓和处在全球经贸失衡两端的新兴国家如中国与贸易逆差国（如美国）之间金融关系的关键节点。主权财富基金监管既要考虑到其保值增值的需要，又要评估可能给国际金融体系带来的影响。

第二，在监管主体上，应由母国央行为主监管者，实施金融稳健性监管。这包含三层含义：其一，相对于东道国或广义上的国际组织（如主权财富基金国际论坛等），母国是主监管方；其二，母国的央行而非其他金融监管者是主要监管者；其三，母国其他机构（如财政部）和东道国相关部门的监管仍有其作用，作为辅助性监管者而存在，母国央行监管并非其单独监管，也需要其他国家或机构的合作。

以母国央行为主监管者的基本原因在于：其一，母国央行较东道国或其他机构更熟悉和理解主权财富基金的运行过程和投资目的。初始资金源自外汇储备是其应有之义，这就是说母国央行往往参与了后者的创建过程，比如资金的拨付及期望风险的设定等。其二，母国央行具有相应的监管技能。主权财富基金是在母国央行以安全性为第一优先的保守的储备管理基础上演化而来，母国央行对前者投资组合的建构和关键风险既有深刻的认识，又有相应的人力资源作保障。此外，很多母国央行具有监管大型金融机构的经验。其三，作为本国货币购买力的守护者和宏观经济的保护者，央行具有利用货币政策、金融监管及最后贷款人职能防范和化解系统性金融风险方面的传统。央行货币和监管职能的结合在一定程度上有助于金融机构的稳健运行和金融体系的稳定，是调节主权财富基金投资带来的宏观经济政策效应和金融风险的最佳候选人。其四，IMF 就是以《外汇储备管理指引》为基础，而召集主权财富基金国际工作组，从法律架构、治理结构和风险管理三个方面构建主权财富基金制度基础设施和良好实践的是《圣地亚哥原则》。

在实践中，母国对主权财富基金的监管较零碎，往往不存在明确的监管安排和清楚的监管主体。通常政府作为出资人的重大事项决策权和财务审查权等被突出强调，较少关注主权财富基金与金融业的联系和对金融稳健性的关系，这在一定程度上与东道国的关注焦点存在差异或错位。尽管对前者的强调无可厚非，但对监管的忽视则变相凸显了主权财富基金的特殊地位，强化了东道国对后者的政治化理解。这附带地说明，仅增强公司治理并不能完全化解东道国的担忧，有针对性地完善母国监管同样必要。比如，俄罗斯《联邦预算法》仅规定，俄罗斯联邦基金由财政部管理，联邦政府拥有决策权，财政部负责执行，并未提及监管问题。[①] 类似地，包括挪威政府全球养老基金，挪威制定了《政府养老基金法》、《政府全球养老基金规定》和《政府全球养老基金管理指引》及财政部和基金之间的协议等规则，建立了相对完善的公司治理结构，即财政部负责基金管理，挪威央行具体实施，投资指引的重大变动在实施前需要向议会报告；财政部还利用外部顾问进行独立的绩效评估和成本收益基准设定。

即使主权财富基金接受监管，通常也只是因其行为涉及金融监管相关规定，也即，它从属于一般性或行业性监管，其自身特性并未受到应有的重视。比如，新加坡金融管理局 2004 年 10 月依《证券期货法》对政府投资公司三名从事内幕交易的职员做出处罚。[②] 类似地，韩国投资公司也受到韩国金融监管委员会（FSC）的监管。[③] 据笔者了解，目前母国中仅有新加坡与韩国存在此类实践或规定。

第三，在监管措施上，应以并表监管为核心，以跨国监管合作为辅助。主要监管措施应限于并表监管，并以央行的国际合作为辅助手段。主要原因：其一，主权财富基金多以自有资本进行投资，较少运用资本杠杆，对金融行业的危害较对冲基金等资金杠杆率较高的机构投资者要小。它遵循全额而非部分准备金制度进行投资，故一旦发生损失，引发系统性危机的可能性较小。当然，如果主权财富基金与其他类型金融机构如投资银行或对冲基金等合作投资，当然也可能形成系统性风险，但这属于对后者而非主权财富基金的监管，况且一旦发生这种情形，主权财富基金很可能被迫扮演“深口袋”（Deep Pocket）的角色。其二，主权财富基金对国际收支和货币价值有重要影响。在宏观审慎意义上，如前所述，它的投资

---

① Chapter 13-1, Budget Code of the Russian Federation (Federal Law No. 184), i.e, Stabilization Fund of the Russian Federation.

② Alexander Loke, “Sending the Right Signals on Corporate Liability for Employee Insider Trading”, *Singapore Journal of Legal Studies*, 2005, p. 140. 依《宪法》与《公司法》的规定，新加坡政府投资公司（以及淡马锡）除享有信息披露豁免外，在其他方面仍属私法人，且无规定说明它们构成例外，故可认为它们应遵守金融监管规定。

③ 理由：其一，依《韩国投资公司法》，韩国投资公司被定位为资产管理公司。其二，《韩国投资公司法》有关“与其他法律的关系”的规定对韩国投资公司应遵守的法律做了消极性或排除性规定，其中包括《政府投资机构管理组织法》、《政府附属机构管理法》，并应视为以完成《外汇交易法》的相关登记、报告、批准等程序，豁免适用《期货交易法》与《间接投资资产管理法》的若干条款。其三，韩国投资公司管理资产的方式包括《证券交易法》、《外汇交易法》、《间接投资资产管理业务法》等规定的方式。Article 1, 2, 31, 38, Korea Investment Corporation Act (2005).

会改变本币的供求关系的变化，故其投资组合对母国和东道国之间的经贸不平衡即国际收支及货币比值有或直接或间接的作用。但作为不平衡的结果而非成因，主权财富基金的投资与庞大的经贸差异相比，其规模甚为有限。故不能寄希望于压制前者的投资取向而扭转经贸失衡的大局。同时，母国多元化超额外汇储备既有政治正当性，也有经济合理性，故不应予以特殊限制。其三，并表监管既有助于提高主权财富基金的问责性，也有助于缓和国际社会的担忧，有利于促进金融稳健性的实现。并表监管意谓在单一法人监管的基础上，对主权财富基金的资本、财务以及风险进行全面和持续的监管，识别、计量、监控和评估银行集团的总体风险状况。[①] 对母国而言，并表监管为其监控主权财富基金的投资活动，尤其是股权投资，提供了有效途径；对东道国而言，并表监管使其洞悉外国主权财富基金在本国的投资活动，可以大大化解揣测，建立互信；并表监管结论的适度披露则可将主权财富基金的风险暴露在其国际业务总体层面上进行检查和评价，从而为资本的跨国自由流动和金融稳健性的实现提供动力。其四，对其金融稳健性监管并不能取代金融监管者对其行为的行业性监管措施，也即二者是互补而非替代关系。

主权财富基金并表监管的主要内涵包括：其一，不仅包括跨境监管，而且包括跨部门监管。即母国央行对本国主权财富基金及其在海外的分支机构实施并表监管，而且对同属于主权财富基金的金融机构和非金融机构的整体风险实施并表监管。其二，确立多级法人监管原则。由于在现实中，主权财富基金通常采用多级法人经营模式从事投资活动，比如福布罗投资有限责任公司之于中投，故并表监管的范围应向下延伸至其关联机构。其三，具有基于宏观金融稳健性的监管属性。鉴于主权财富基金意义上的金融稳健性的三个层次，对它的并表监管也应具有宏观性，同时对金融风险发生的可能性进行客观、全面的评价。其四，坚持母国原则。类似于巴塞尔体系对并表监管母国原则的一贯性坚持，[②] 对主权财富基金的并

---

① 并表监管（Consolidated Supervision）制度源自银行监管。并表监管理论及其在国际银行监管中的运用，在很大程度上要归功于巴塞尔银行监管委员会卓有成效的工作。早在 1975 年，巴塞尔银行监管委员会就提议，银行监管机构应该在银行合并报表（Consolidated Report）基础上对银行整体风险进行监管。

② 巴塞尔银行监管委员会在 1979 年发布的《银行国际业务的并表监管》就指出，应该由母国银行监管当局在国际业务总体层面上对所有银行的资本充足率和风险暴露进行检查和评价。此后制定和修订的《有效银行监管核心原则》重申了母国并表监管原则。

表监管责任应由母国承担，主要原因是主权财富基金的重大业务活动均围绕其母国政府或位于母国的总部的指令和安排进行，母国央行最易获得整个体系的信息，由母国央行承担业务并表和地域并表的监管责任，可全盘掌控主权财富基金的经营动态，监管成本最低，监管效率最高。此外，主权财富基金源自母国，并具有政府背景，母国应承担由此产生的风险。

第二节 基于竞争有效性的市场结构监管

竞争有效性的破坏主体在传统上是市场因素形成的垄断，后者体现了竞争的悖论，即竞争的结果是竞争的匮乏。为此，母国有必要强化市场干预，完善监管体系，提供消除悖论的激励机制，借由矫正市场结构或制裁垄断行为而维系市场自我调节机制的有效性。然而，不同于市场垄断，主权财富基金的巨大规模和政府背景至少在母国足以形成一定程度的垄断(如中投)，即行政垄断，可能对现有的市场结构和市场秩序带来冲击，从而带来了新难题，即政府应采取何种措施使其股东或所有者身份与竞争秩序维护者的身份相协调。在此情形下，母国政府应主要通过竞争中性政策的制定和实施来实现竞争的有效性。此外，本节标题意指将主权财富基金作为以竞争有效性为内容的母国监管的被监管对象，而非仅为促进主权财富基金之间的竞争有效性的监管。

一、竞争有效性监管的内涵及其推论

竞争有效性监管概念源于有效竞争理论。一般认为，后者源于“马歇尔困境”，即增大规模经济效应和促进竞争活力之间存在矛盾，难以兼得。为克服该困境，约翰·克拉克提出了“有效竞争”概念，即将规模经济和竞争活力两者有效结合起来，以实现最优社会经济效率的竞争状态。实际上，此处所谓的规模经济即垄断，而有效竞争就是探究积极竞争与合理垄断之间的最佳协调。进而，何谓“最佳”？学者们指出，有效竞争的最终目的是实现社会福利最大化，市场趋近有效竞争就意味着社会福利水平的逐步提升，即生产效率和社会公平度的协调提高。[①] 以此为目标和出发点，史蒂芬·索斯尼克将评价竞争有效性的标准概括为三类，即结构标准、行为标准和绩效标准。[②]

在法治意义上，竞争有效性的实现主要是通过《反垄断法》来实现。各国在结构主义或行为主义的思路指引下，建立有效竞争的动态衡量标准，推行不同的规制方法。[③] 无论采取何种途径，它们都是针对垄断行为或限制竞争行为。在各国反垄断法中涉及的垄断行为主要有独占、兼并、股份保有、董事兼任、独家交易、限制转售价格、掠夺性定价、强制交易等。但是，更确切地说，这些立法和相应的监管措施主要针对少数厂商的合谋行为导致的“行为垄断”（而非行政垄断），即主要由市场因素形成的垄断。这时政府得以作为以社会福利最大化为宗旨的中立而客观的监管者的形象而出现。

然而，现实中并无理想的监管者，政府在某种程度上也已成为庞大的经济组织，主权财富基金即为典型的例证，从而因政府行为导致的垄断遂难以避免。于是，政府的职能或目标冲突便逐渐显露。

行政性质的垄断可以中投为例。中投通过汇金成为我国（乃至全球）规模最大银行机构的大股东或控股股东，[④] 从而牢牢掌握着国内银行业的控制权，此外在再保险与投资银行业务上也深具影响力。[⑤] 主权财富基金

---

① 李振军：《有效竞争概念的新界定》，《兰州学刊》2007 年第 6 期。

② 其中，结构标准包括：不存在进入和流动的资源限制；存在对上市产品质量差异的价格敏感性；交易者的数量符合规模经济的要求。行为标准包括：厂商间不相互勾结；厂商不使用排外的、掠夺性的或高压性的手段；在推销时不搞欺诈行为；不存在有害的价格歧视；竞争者对于其对手是否会追随其价格调整没有完全的信息。绩效标准包括：利润水平刚好足够酬报创新、效率和投资；产品质量和产量随消费者需求的变化而变化；厂商竭力引入技术上更先进的产品和技术流程；不存在“过度”的销售开支；每个厂商的生产过程是有效率的；最好地满足消费者需求的卖者得到最多的报酬；价格变化不会加剧经济周期的不稳定。Stephen Sosnick，“A Critique of Concepts of Workable Competition”，72 *Quarterly Journal of Economics*，380，1958，p. 396.

③ 刘宁元：《论保护有效竞争的基本方法》，《河北法学》2004 年第 12 期。

④ 据报道，中国工商银行、中国建设银行、中国银行占据 2009 年全球银行市值排行榜三甲。参见芦龙军：《全球十大银行排行榜上 大银行市值排名一年内巨变》，《中国证券报》2009 年 9 月 14 日。

⑤ 行政垄断在我国极为常见，以至于有评论者如此写道：“在当今中国的经济环境中，国有企业是那种‘看上去像企业的政府’，而地方政府则是那种‘看上去像政府的企业’，当它们从各自的利益诉求出发，成为微观经济领域中的逐利集团时，真正的产权清晰的中国民营企业集群则被夹在其中，进退失措，中国经济的宏观环境也必然变得非常之诡异。”参见吴晓波：《当政府成为“经济组织”》，英国《金融时报》中文网，2010 年 7 月 1 日。

对母国的最大威胁，除了国有资产的保值增值外，就是前者对市场竞争秩序的扭曲。其政府背景、庞大规模和显赫的公司高管构成使其不无可能获得特殊的市场优势地位，[①] 尤其是当竞争政策并非中性时。

因此，竞争有效性监管要解决的中心问题就是如何解决政府的目标冲突问题。前一章阐述了作为股东的政府应强化公司治理，尽量使具有政府背景的企业保有经济目标，不断提升其自生能力。在此基础上，作为监管者的政府就应坚持推行竞争中性政策，尤其需防范其利用市场优势地位扭曲市场竞争而强化监管，以维护市场秩序的公平和高效运作。

二、竞争中性政策的内容及其必要性

为促进公共资源配置效率和实现市场公平性，推动微观经济环境的改善，以及促进行政的问责性和透明度，澳大利亚和荷兰等国在私有化浪潮中制定了竞争中性政策，要求市场规则不应以参与者的所有权性质而不同，特别是国有企业不应该因其所有权背景而获得任何竞争优势。若存在这种优势，就必须采取中性化措施消除。

竞争中性政策产生的重要背景是公私竞争的存在，最直接的表现是国有企业与私有企业之间的竞争。主权财富基金作为政府投资工具，其政府背景对市场竞争的公平性有潜在影响，竞争中性政策的适用将大大强化其预算约束和市场激励，避免借助公权力谋取商业利益或实现交叉补贴，故具有重要意义。在更深层次上，这类问题涉及政府与市场的关系问题，故在荷兰，这类问题被称为“市场与政府”问题。[②]

在公私竞争中，主权财富基金可能获得其他企业无法获得的优势，由此带来的重要后果，包括：其一，不公平竞争风险。比如，它可能获得政府信誉担保、政府隐性或显性财务担保、[③] 交叉补贴、信息优势等优势。

---

① 比如，新加坡政府投资公司的董事会由李光耀、李显龙、陈庆炎担任正副主席，董事包括贸易和工业部、财政部、交通部等内阁部长，以及新加坡主要国有企业的高管等 12 人；中投的董事会由楼继伟、高西庆分别任正副董事长，董事由国家发展和改革委员会副主任、财政部副部长、商务部副部长、央行副行长等组成，等等。

② OECD，Regulating Market Activities by the Public Sector，DAF/COMP（2004）36，2004，p. 205.

③ 比如，在挪威《国有企业法》第 51 条第 2 款就规定，对纯国有企业（Statesforetak）的债务，政府承担无限责任。Section 51，Act relating to State-owned Enterprises of Norway（1991）.

最终，政府机构将这种不公平的竞争优势传导给由其管控的国有企业。若政府机构或国有企业不使用前述身份优势，而较私有企业更有效率地实现商业目标，则无疑会促进经济发展。否则，就势必扰乱市场正常运行，阻碍经济发展：有效率的私有企业可能因此失去市场份额，从而给市场的创新能力带来负面影响，此外，纳税人也将承担由此产生的成本。其二，行政垄断和透明度缺失风险。政府机构的企业行为会削弱机构的透明度和信誉，模糊其责任与目标。它们的商业行为对行政资源与能力的占用会损及这类机构的公共责任。①

竞争中性要求政府的企业行为不能仅因国家所有权而享有超越私有部门竞争者的净竞争优势。竞争中性政策的实施旨在消除资源配置中因为重大商业活动中政府所有权导致的扭曲，完善竞争过程，规范竞争秩序。没有竞争中性政策，其商业行为可能不会反映真实的资源成本，从而导致价格和资源配置扭曲，从而也就影响生产和消费决策，以及私有部门的投资决策。

除了抵消主权财富基金的竞争优势外，竞争中性政策还有利于：其一，促进公共资源高效利用；其二，改善国有企业整体绩效；其三，清楚揭示经营成本，提高国有企业的透明度和问责性等。②

对于竞争中性的含义，我们还应明确：第一，竞争中性政策只涉及抵消因政府所有权而带来的竞争优势，而不考虑因企业规模、人力资源、装备、管理能力等带来的效率上的差异；第二，竞争中性政策并不要求将市场机制适用于公共品供给，但只要政府或国有企业选择进入市场，就须维持竞争中性；第三，竞争中性政策并不意味着企业可以拒绝或豁免履行法定或约定的公共服务供给义务，如澳大利亚的社区服务义务；③ 第四，竞争中性政策并非说国有企业在与私有企业的竞争中不应成功，而是要求国有企业必须依赖作为企业的自身优势赢得竞争，而不能依凭国家所有权在竞争中取胜；第五，竞争中性政策无意促进公有或私有所有权的发展，它

---

① OECD，Regulating Market Activities by the Public Sector，DAF/COMP（2004）36，2004，p. 208.

② CBI and the Serco Institute，“A Fair Field and No favours：Competitive Neutrality in UK Public Service Markets”，*CBI Policy Brief*，2006，p. 8.

③ “Community Service Obligations - Some Definitional，Costing and Funding Issues”，prepared by the Industry Commission in conjunction with the Steering Committee on National Performance Monitoring of Government Trading Enterprises，Apr. 1994. 并详见第三章第二节的阐述。

在企业所有权性质优劣问题上持中立态度；第六，竞争中性政策与反垄断法或反不正当竞争法存在交集，如在限制国企垄断和限制利用行政手段限制竞争等，同时也存在某些不同，比如竞争中性政策所要求的在税收、监管、融资等方面的成本等价转换与核算等都超出了反不正当竞争法制的范围。它并非是对《反垄断法》或《反不正当竞争法》的替代，而是其中专就消除公私竞争中国家或公共所有权带来的不公平竞争优势所提出的细化措施，这个问题在国有经济比重较大尤其是转轨国家中较显著。

三、竞争中性政策对主权财富基金的适用

竞争中性政策是用来促进市场公平竞争，提高国有企业和政府部门的经营绩效的重要政策工具。其中，澳大利亚和荷兰是践行竞争中性政策的先行者和典范。这里首先阐述它们的适用要点，进而阐述对主权财富基金的借鉴。

1. 竞争中性政策的基本内容：以澳、荷两国为样本

澳大利亚竞争中性政策的主要依据是《竞争原则协议》和《联邦政府竞争中性政策声明》，主要实施机构是财政部、国库部和澳大利亚政府竞争中性政策投诉署。[①] 其竞争中性政策适用于“收益大于成本的重要的国有企业行为”，对此又可具体分解为商业行为、重大和收益大于成本三大要素。[②] 只有当联邦或地方政府的行为满足了这三个要件，方才适用竞争中性政策。适用程序如图 3-1 所示。[③] 澳大利亚竞争中性政策要求国有企

---

① 澳大利亚在联邦政府层面分设 Ministry of Finance and Deregulation 和 Ministry of Treasury，在本书中直译为“财政部”和“国库部”，但它们的含义与一般意义有异，其中，前者负责国有资产的管理、国家预算的制定以及放松监管等事宜，后者主管宏观经济环境的监测与评估、政府开支、养老金制度以及税收安排等。

② 需要说明的是，应当对非营利（Non-profit）和非盈利（Non-profitable）加以区分，前者是指不以利润为动机的经营，后者指未能获得利润。在澳大利亚，非营利机构必须符合法律要求或者政府命令。

③ 其中：第一，商业行为要件。不适用于这些机构的非商业性、非营利性活动。具体标准是：使用者付费；存在实际或潜在的竞争者；管理者在生产或供给及定价方面具有一定程度的独立性。第二，重要性要件。在实践中，下述类型机构通常被视为满足重大性要求：政府商业企业（Government Business Enterprise，GBE）及其分支机构或超过 1000 万澳元的公共事业招标，或政府内部的商业部门（Business Units）等。第三，成本收益要件。实施该政策的假定是竞争中性政策实施的收益大于成本，竞争中性政策的成本则大多是行政性或事务性开销，实践中很少因此而放弃适用竞争中性政策。Australian Government，Australian Government Competitive Neutrality Guidelines for Managers，Feb. 2004. Also New South Wales Government Policy Summary of the Competitive Neutrality Complaints Handling Mechanism，Jan. 2002.

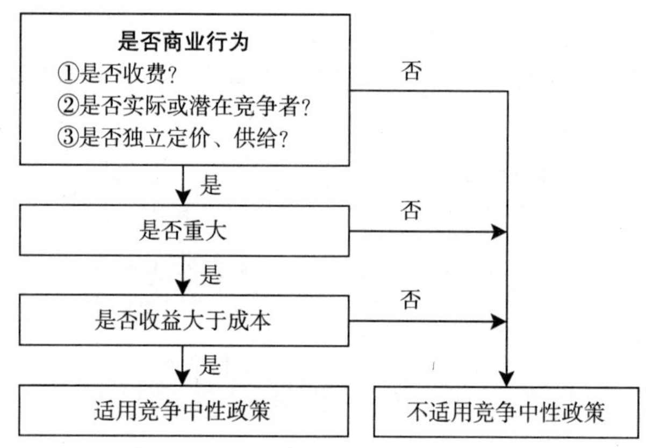

图 3-1　澳大利亚竞争中性政策的适用

业采取措施调整其成本结构，如将商业行为与非商业行为在组织架构上区分开来等。此外，更常见的调整措施是要求国有企业在税收、融资、监管、绩效评估及公共资源价格核算上实现可比化和中性化。

在荷兰，“市场与政府”问题仅是有关如何防止当政府作为开放市场中的参与者利用其公权力而获得特权地位或不公平优势地位的问题。1995年，荷兰政府组建了专门工作组研究市场与政府的边界问题；1999年，荷兰社会与经济理事会认为，应制定专门的法律，允许公共机构依法从事商业活动，而不应单纯加以禁止。此后，荷兰制定《市场与政府法》，最终并入《竞争法》。①

荷兰竞争中性审查主体是荷兰竞争局，监管对象主要包括：其一，参与经济活动或通过公共企业活跃于商业市场的公共机构；其二，享有特权市场地位的企业。其竞争中性政策对政府机构及相应国有企业的禁止性规定包括：①禁止交叉补贴；②禁止使用独有数据；③禁止将经济活动与行政活动混同实施；④禁止给予公共企业优惠待遇；⑤对那些享有特权市场地位的企业的规定主要包括禁止交叉补贴和禁止使用独有数据两项。

在其他的调查研究中，美、英等国政府（包括地方政府）指出，只要公私双方都认为程序是透明、公开和公正的，都愿意参与到竞争中来，但当其中一方或双方均认为公私竞争不透明或不公正时，它们就会退出程序

① OECD，*Netherlands – Report on Competition Law and Institutions*（2004），DAF/COMP（2005）10.

或寻求司法或立法救济。[①] 澳大利亚与荷兰的经验也表明，消除不公平竞争优势，建立公平竞争的市场平台是实现透明公正的公私竞争的最佳方式。

2. 对主权财富基金适用竞争中性政策的经验与启示

如前所述，竞争中性政策对维持竞争公平、促进资源有效配置和经济持续健康发展具有重要意义；在微观层面，它也有利于推动国有企业的发展，尤其是可以硬化预算限制，大大提高后者自生能力。在此意义上，竞争中性政策就相当于实现或检验国有企业自生能力的重要政策工具：通过剥离因为身份（即所有权）而带来的优势，使其与私有企业在完全平等的市场环境下展开公平竞争。

若在中性的竞争环境下，主权财富基金不能获得正常的市场利润率，则说明其不具有自生能力，从而就可能扭曲价格、竞争及资源的有效配置，给经济的长期稳健发展带来不良影响。由于其投资的地理范围涵盖境内和境外（尽管主要在境外），故母国推行竞争中性政策实际上是对其自生能力进入国际市场的先行测试，因为当后者跨越国境进行投资活动时，在母国境内享有的竞争优势基本上不复存在，若其不具有自生能力，那么它就可能成为母国财政补贴东道国竞争者或消费者的通道；对东道国而言，这种主要依赖在母国享有的不公平竞争优势而生存的主权财富基金的进入，会带来两方面的影响：一是目标公司可以将其用作进入母国的便捷渠道并分享现存的不公平竞争优势；二是主权财富基金在激励结构上的缺陷可能对目标公司的公司治理产生负面作用，如对经理层的监督功能下降、股东的短期主义增强等。故将竞争中性政策适用于主权财富基金对母国具有积极作用。

竞争中性政策的适用基础有两点：一是厘清和确保母国的股东职能与监管者职能间的清晰界限，建立防火墙制度，消除其在监管、税收、融资、绩效等方面因所有权性质而获得的竞争优势，设定经营目标，消除不必要的政治干预。二是实现主权财富基金管理人的多元化。单一而确定的管理人在现有的激励结构下可能趋于官僚化或行政机关化，不利于主权财富基金盈利性目标的实现，建立或设定多个主权财富基金管理人，并鼓励他们依预先设定的目标招投标，将大大提升其运行效率和收益率目标实现

① David Walker, "Counting the Cost: Full Cost Comparison between Public Service Providers", *CBI brief*, Jun. 2008, p. 29.

的概率，同时也有助于减少或避免所有权歧视。

从澳大利亚与荷兰的立法过程和实践经验看，竞争中性政策在适用对象和内容上的差别不大，但均需根据国情如经济结构、竞争传统及在国际市场上的地位做出调整。此外，在公私竞争中，私有企业考虑到与政府机构或国有企业的长期合作关系，常常怠于通过正式机制投诉，应考虑像澳大利亚竞争中性投诉委员会一样建立若干非正式的投诉渠道，并考虑制定投诉人信息保密制度，保护投诉人免遭报复。

对我国而言，竞争中性政策的引入面临更为严酷的经济现状和更为广泛的现实意义。推行该政策的基本背景是：第一，我国存在利用公权力谋取商业利益的传统。如历史上常见的“红顶商人”、现实中城市强制拆迁中公权力以“公共利益”为由的介入等。第二，我国存在制度性的所有权歧视。比如《物权法》仍将所有权按照所有制分为国家所有权、集体所有权和个人所有权，而不采取国际上“一体承认、平等保护”的普遍做法；[①]《宪法》中对公有制经济和非公有制经济在保护程度上的差异性规定；[②] 等等。第三，当前出现了“国进民退”的趋势或质疑。[③] 这种现象是指国有垄断企业进入一般竞争性行业，对私有或民营企业产生强烈的挤出效应。它强化了国有部门的行政性垄断，削弱了市场竞争的基础。[④]

竞争中性政策要求我国的主权财富基金如中投必须按照市场规则与私有企业展开公平竞争：第一，建立市场化的激励结构，促进自生能力的增进；第二，防止境外目标公司借道中投及其关联机构，以间接利用不公平竞争优势牟利；第三，对境外国有企业的交易严格遵循商业原则，避免关联交易或交叉补贴。尽管这个目标的实现与我国的宏远经济环境和制度基础设施有密切的关联，但因中投主要投资境外，且从现实的角度看，它在国有经济中的较高位阶和超然地位，使其有可能成为实施竞争中性政策、在透明开放公正的国内国际市场环境获胜的典范。

---

① 孙宪忠：《物权法应采纳“一体承认、平等保护”的原则》，《法律科学》2006 年第 4 期。

②《中华人民共和国宪法》第 7 条、第 11 条。

③ 比如，国有企业在经营中可不计成本、不算细账，亏损的国有企业甚至可以强行兼并盈利的民营企业，不以市场方法而用行政指令手段收购整合资源。这被认为是国有企业特别是央企的共同行动；几乎涉及所有重要行业；不是单纯的企业行为和市场活动，而是有政府的大力支持、主导和介入。

④ 张鸣：《“国进民退”是一条死胡同》，《炎黄春秋》2009 年第 9 期。

第三节　主权财富基金海外投资的外交保护

外交保护是指一国针对本国国民因受他国国际不法行为损害而提出的诉因，行使自身的权利所采取的外交行动或其他和平解决手段。[①] 该定义意谓：其一，外交保护是国家的权利，而非义务；其二，国民受到的损害是所在国的国际不法行为所致；其三，外交保护的行使体现国家间关系；其四，外交保护只能通过外交途径和国际司法机构如国际法院等，而不能通过国内司法机构和武力手段解决。外交保护是根据国家属人管辖权而确立的一项国际法的基本原则。[②] 现有国际投资保护制度不足以充分保证海外投资的安全，在国际投资活动中，它仍是保护国家海外利益的重要的、不可取代的有效方式和手段。[③]

在主权财富基金进行海外投资的背景下，外交保护的启动会遇到特殊问题，主要包括：其一，主权财富基金作为外交保护对象的适格性问题；其二，用尽当地救济的适用性问题；其三，主权财富基金的行为可否令母国承担国际责任。

实施外交保护受两个原则限制，即国籍持续和用尽当地救济。[④] 与国籍持续原则相关的基本规则包括：其一，外交保护的国家是国籍国，公司国籍国是指公司依其法律成立的国家。其二，在公司受到损害的情况下，

---

① 联合国国际法委员会报告第五十八届会议（2006 年 5 月 1 日至 6 月 9 日和 7 月 3 日至 8 月 11 日）大会正式记录第六十一届会议补编第 10 号（A/61/10），第 4 章第 13 页。

② 外交保护制度的理论依据来自瓦特尔有关“任何人虐待其国民，即是对该国的间接侵犯”的论述。作为最早的习惯起源，常设国际法院在 1924 年马佛罗马提斯案的判决中指出，当其国民因他国违反国际法行为而遭受损害且在他国无法通过正常渠道获得赔偿时，该国有权加以保护。为本国人采取行动，国家也就是在维护自己的权利，维护保证国际法规则得到尊重的权利。此后，出现了不少著名案例，解决这些争端所确立的原则使该制度进一步发展，主要包括：关于实际国籍原则的诺特鲍姆案、关于双重国籍者的国籍国间外交保护权行使的梅盖求偿案、关于用尽当地救济办法及外国人待遇的艾尔西公司案、关于用尽当地救济办法中各种程序的安巴蒂洛斯案、关于法人外交保护的巴塞罗那电车电灯和电力有限公司案等。参见余劲松：《公司的外交保护》，《政法论坛》2008 年第 1 期。

③ 董箫、吴向荣：《试论对我国海外投资的外交保护》，《河北法学》2007 年第 10 期。

④ 余劲松：《公司的外交保护》，《政法论坛》2008 年第 1 期。

公司股东的国籍国无权为这些股东行使外交保护，除非出现两种例外情形：由于与损害无关的原因，按照成立地国的法律该公司已不存在；或损害发生时，公司具有造成损害的被指称责任国的国籍，并且按照该国法律成立公司是该国规定在其境内经营的前提条件。其三，在一国的国际不法行为对股东权利，而非公司的权利造成直接损害的情况下，这些股东的国籍国有权为其国民行使外交保护。① 用尽当地救济原则要求：其一，一国对其国民或第八条草案所指的其他人所受的损害，在该受害人用尽一切当地救济之前，不得提出国际求偿；其二，若要求国因另一国的不法行为而直接受到损害则不适用此规则。② 也即，用尽当地救济规则仅适用于要求国因其国民而间接受到损害的情况。

一、对作为股东的主权财富基金的外交保护

对公司股东的外交保护需要根据保护客体分两种情况加以分析，即外交保护的客体是公司权利还是股东的直接权利。1970 年巴塞罗那公司案以普遍承认的国内公司法原理为基础，确认由公司国籍国行使外交保护权。一旦公司受到伤害而使股东利益受到损害，股东只得要求公司采取行动，因为同一不法行为可能伤害两个单独实体的利益，但只有一方的权利受到侵犯。为此，法院区分了财产（Property）、利益（Interest）和权利（Right）三个名词，认为只有权利受损才有诉诸行动权。③ 但仍有例外：其一，公司在成立地不再存在或丧失能力。对此，国际法院采取了严格的限制态度，即一个公司的存在与否需要依公司国籍法来确定，若依后者，该公司即使仅作为一个外壳而存在，也仍然是法律存在，而不得以此为由转由股东国籍国行使外交保护权。其二，若公司国籍国有损害之责时，股东国籍国可行使外交保护权。这一例外主要针对“卡尔沃条款”，即要求外国投资者依当地法律成立公司，以使其不受国际法外交保护规则的保护。这两点也得到联合国国际法委员会的认可。④

① 联合国国际法委员会：《外交保护条款草案》，第 9、11、12 条。

② 联合国国际法委员会：《外交保护条款草案》，第 14 条。

③ 姚梅镇主编：《国际投资法成案研究》，武汉大学出版社 1989 年版，第 42 页。

④ International Law Commission of UN, “Draft Articles on Diplomatic Protection with Commentaries”, *Yearbook of the International Law Commission*, Vol. Ⅱ, 2006, part two, p. 61.

对主权财富基金及其投资而言，股东的直接权利受到侵害是更为现实和严重的问题。巴塞罗那公司案和《外交保护条款草案》第 12 条均指出，在股东直接权利遭受损害时，可以由股东国籍国实施外交保护。其中最大的难点是如何区分“公司权利”与“股东直接权利”。在巴塞罗那公司案中，国际法院没有详尽地陈列股东最明显的权利，即获得已公布红利的权利、股东大会权、股东会投票权及分享公司清算后剩余财产的权利；第 12 条也未详尽界定股东的直接权利，甚至未规定鉴别二者的准据法。在对第 12 条的评论中，国际法委员会认为，这里的准据法应是成立地国法。对此，在《外交保护条款草案》中，国籍国法而非成立地国法是行使外交保护条款的国家，而实际上，因成立地国怠于保护缺乏“密切和永久的经济联系”的本国公司，此时就可能出现成立地国和国籍国不同的情形。为避免用于判断公司的存在与公司权利的准据法的不一致，统一采取国籍国法似乎更有利于抓住公司法律关系的重心所在。评论还提到，当国籍国就是损害责任国时，应援引一般法律原则为判断依据。①

那么，外交保护的法人是否仅限于公司这种组织形式呢？这个问题的重要性在于，如前所述，主权财富基金在组织形式和实际控制上并未与政府脱离关系，并可能因此无法与其他私人投资者一样获得外交保护，而如果这一类主权财富基金在东道国以作为或不作为的方式做出了国际不法行为，甚至可能导致母国国家责任的产生。后一种情形将在下一小节进行阐述。

对此，《外交保护条款草案》第 13 条规定，“本章所载的原则应酌情（as Appropriate）适用于公司以外的其他法人的外交保护。”在评论中，国际法委员会指出，关于法人的规定主要适用于公司，原因在于：其一，公司具有共同特征，即都是股份制的营利性企业，股份的存在将公司与股东分割开来，并使得后者承担有限责任；② 其二，公司是参与对外贸易和投资的主要法人，而对法人的外交保护主要是关于对外国投资的保护；其三，各国法律体系对公司之外的其他法人的规定差异太大。也即，以公司为主体或重心制定草案在很大程度上考虑到其他法人在目的和结构上的多样性带来的立法不便，并不意味着公司之外的其他法人不能获得外交保

---

① International Law Commission of UN, “Draft Articles on Diplomatic Protection with Commentaries”, *Yearbook of the International Law Commission*, 2006, Vol. Ⅱ, part two, p. 67.

② 有关讨论，参见 Barcelona Traction, 1970 I. C. J. Reports, 1970, p. 34, paras. 40–41.

护。故最为现实和明智的做法是根据各种法人的不同特征而将适用于公司法人的条款扩展适用，公司在这里只是一个典型法人，故第13条指出应“酌情”处理或根据情况做适度的变通，从而构建了一个开放型的制度安排。[①] 当然，这也就需要当局或机构能够对法人的性质和功能进行审查，比如最终由法院来判断是否将这些原则适用于其他法人，以保障适用外交保护的适当性。

国际常设法院曾指出，合作社或大学在特定情形下也可以成为外交保护制度意义上的法人和国民。只要它们不是外交保护权行使国的工具，就无理由认为这些法人在受到域外损害时不应受外交保护。当下许多基金会或非政府组织资助境外发展中国家的健康、卫生、妇女权益和环境等项目，当它们受到东道国国际不法行为的侵害时，也有可能依成立地国法获得外交保护。[②] 但外交保护并不适用于国家或其组成部分，故政府机构或由国家所有或控制的大学等不属于外交保护的对象。[③] 甚至合伙若构成国内法人则也应成为外交保护的对象。[④]

判断外交保护对象适格性依赖于两点：其一，形式要件，即依国籍法具有法人资格；其二，实质要件即非政府机关或其附属机构。概言之，即“私法人标准”。这种适格性检验在本质上决定于外交保护制度的目的和功能，即为在传统国际法上不具有主体资格的个人提供最后救济，故这是一种功能性标准，不具本体论意涵。

由于治理机制上的特征，主权财富基金在上述两个方面都会遇到障碍：其一，就形式要件而言，那些以政府机构或其附属机构的形式出现的主权财富基金如我国的外管局及香港金融管理局等，甚至不是国籍国法上的法人，故可能无法获得外交保护的覆盖。其二，在实质要件方面，非国家性要求就是要避免将外交保护直接适用于国家，故对由国家控制的实体不予适用，但在国际习惯法及《外交保护条款草案》中，对实质标准的准

---

① Rodriguez-Cedeño，“Diplomatic Protection：Statement of the Chairman of the Drafting Committee”，http：//untreaty.un.org/ilc/sessions/56/diplomatic_protection_statement_final.pdf，pp. 69-70.

② Yearbook of the International Law Commission，1997，Vol. Ⅱ，part two，p. 66.

③ 对此，我国代表认为，由国家出资并最终由国家控制的大学也是法人的一种形式，应予获得外交保护。参见“中国代表段洁龙在第61届联大六委关于‘国际法委员会第58届会议工作报告’议题中‘外交保护’和‘国际法不加禁止的行为所产生的损害性后果的国际责任’两项专题的发言”，http：//www.mfa.gov.cn/chn/pds/ziliao/zyjh/t283191.htm.

④ A. Dorresteijn，I. Kuiper and G. Morse，European Corporate Law，1994，p. 13.

据法并未做出说明。笔者认为，应对控制标准适用国籍国法加以判断，原因在于：一方面，转型国家和发展中国家中大量存在的国有企业，以及在经济全球化背景下，国家越来越多地参与市场竞争的现状，意味着它们可能经常性地遭到侵害，频繁地将此视为国家间争议可能激化矛盾，不利于维持资本自由流动和市场体系的开放性；进一步地说，这种争议的存在正是不同国家政府在不同国情背景或发展阶段中所发挥的作用的差异性的反映，动辄将这种经济争议上升到国家间的政治争议实际上就是“一刀切”，就是否认多样性的客观存在。另一方面，很多国有企业是公有私法人（或通俗地称为国有商业机构），或声明其为独立法人，包括政府在内的股东均承担有限责任，仅基于商业目的而运行，在此情形下，这类国有企业实际上已放弃或很难获得国家一部分的资格而享受国家豁免待遇等。故在判断一个机构是否属于外交保护对象时，该机构的目的及其与国家的关系应依国籍国法为准据法，基于国籍国的实质性标准将更切实际地促进外交保护功能的发挥。

比如，淡马锡是依照新加坡《宪法》和《公司法》成立的私法人，尽管它在某些方面如信息披露等享有豁免待遇，但在市场上却是一个普通参与者，新加坡政府投资公司及韩国投资公司则分别与各自国家的央行或财政部签署资产委托管理协议，并按市场标准收取管理费，从而在很大程度上区隔了主权财富基金与国家的关系。对这一类投资者而言，一定要排除适用外交保护权就缺乏必要性和灵活性。当然，对其母国来说，采取措施将行政权与国家所有权两者的运行体系有效隔离，仍是获得传统上适用于私人的国际法救济措施保护的有效途径。

二、用尽当地救济对主权财富基金的适用性

用尽当地救济原则仅适用于要求国因其国民而间接受到损害的情况，其适用主体主要包括自然人和法人。① 若要求国因另一国的国际不法行为而直接受到损害则不适用此规则。问题在于，若要求是“混合”的，即要求包括国家及其国民都遭受损害的要素就很难确定要求是“直接”还是“间接”的。在此情形下，法庭须审查要求的不同要素，决定主要要素是

① 邹立刚：《试论国际法上的用尽当地救济规则》，《法学研究》1994 年第 5 期。

直接的还是间接的，需要考虑的因素包括争端的主体、要求的性质和所要求的补救。[①]

如前所述，主权财富基金在国家控制这一点上毋庸置疑，但是否应将东道国对主权财富基金造成的损害理解成为直接损害，从而不能适用外交保护制度呢？在下列因素作用下，不应将东道国对其损害视为直接损害，当其他条件得以满足时，母国应当有权像对本国私人投资者一样对主权财富基金行使外交保护权：

其一，限制豁免主义成为原则而非例外。作为国家及其财产限制豁免的普遍性国际公约即《联合国国家及其财产管辖豁免公约》于 2004 年获得通过，这标志着限制或有限豁免主义成为国际社会在国家主权财产豁免中的基本原则。[②] 该公约明确，商事诉讼不享有豁免权，国有企业独立承担责任原则。此外，主权性投资的主要流向地即美国、英国、新加坡、日本诸国早以国内立法的方式建立了有限主权豁免规定。无论是基于"性质"还是"目的"判断，主权财富基金的交易都确凿无疑地属于商业活动，故构成国家主权豁免之例外。[③]

其二，主权财富基金及其母国大多申明其从事的活动不具有政治目的，是商业活动，在一定程度上可以视为对其投资行为获得主权豁免资格的明示放弃。

其三，在《外交保护条款草案》的逐条评论中，国际法委员会也认为应将从事管理权行为的主要或部分由国有资本资助的外国公司也包括在内。[④]

三、主权财富基金"国际不法行为"的避免

主权财富基金与政府的天然亲缘关系及其在管理机构上呈现出的明显的国家特征[⑤] 使得它的行为常有构成国际不法行为，并引发国家责任之

---

① Yearbook of the International Law Commission, 1997, Vol. Ⅱ, part two, p. 60; International Law Commission, Draft Articles on Diplomatic Protection with Commentaries, 2006, p. 76.

② 马新民：《〈联合国国家及其财产管辖豁免公约〉评介》，《法学家》2005 年第 6 期。以及同期论文：黄进、杜焕芳：《国家及其财产管辖豁免立法的新发展》；张乃根：《国家及其财产管辖豁免对我国经贸活动的影响》；江国青：《〈联合国国家及其财产豁免公约〉——一个并不完美的最好结果》。

③ 对主权财富基金与国家豁免的深入分析，详见第四章第二节的阐述。

④ International Law Commission, Draft Articles on Diplomatic Protection with Commentaries, 2006, p. 75.

⑤ 张明坤：《论主权财富基金的监管》，《政治与法律》2008 年第 7 期。

虞。国家对国际不法行为的责任是当代国际法的主要问题之一。国际社会自 1949 年起便一直给予充分的关注，联合国国际法委员会于 2001 年通过的《国家责任条款草案》是当代国家责任法逐渐发展的最重要成果。

国际不法行为的本质在于国家的实际行为不符合它为履行某一特定国际义务应从事的行为，至于该义务的起源、特征或主体为何，概由初级规则定，而与国家责任条款无关。国家责任即国家的国际不法行为引起的法律后果。[①] 确定该责任的基本规则是：其一，国际不法行为引发国家责任；其二，可归因于一国的违背其国际义务的行为即构成国际不法行为；其三，国际不法行为的确定须依照国际法。[②]

具体来说，国际不法行为的可归责主体主要是国家机构，但还包括并不限于：其一，行使政府权力要素的个人或实体；其二，事实上在国家指示或控制下实施国际不法行为的个人或团体，包括具有法人地位的公司或企业；其三，在政府当局不存在或缺席时，事实上履行政府权力要素的个人或团体；其四，在实施行为时不可归责国家，但后来得到该国家认可或采纳而成为国际不法行为的个人或团体。[③]

国际法委员会在解释“可归因于”时指出，国家机构的行为是否属于“商业的”，与归责问题无关。其境外经营可能引起国家责任问题，从而影响、制约或阻碍其商业运作，并造成不利于母国国家利益的政治、经济后果。国际法委员会强调，不管国家对国有企业的所有权如何，只要政府对该公司的授权方式、目的及结果有实质性影响，该企业的行为可视为政府行为范围内，其企业的商业行为就可能归责国家。[④] 这在实质上就设定了一个“政府控制或干预”标准，而与主权财富基金的具体行为无关。据此，就现有主权财富基金的治理结构来看，除非对“控制”或“干预”做狭窄界定，否则就很难将其排除在外。此外，由于国际不法行为的认定依据是国际法，故主权财富基金面临的东道国风险更加超出了基金及其母国的管

---

① 区分初级规则与次级规则的观念是国际法委员会前特别报告员阿戈引入国家责任法领域的。在他看来，国际法规则中的一类是在国家间关系的某一方面对国家设定特定义务、可称为“初级”规则的规则，另一类是确定未履行初级规则所设定义务的后果、因此可称为“次级”规则的规则，责任领域属于后者。Yearbook of the International Law Commission，1970，Vol. Ⅱ，p. 179.

② 联合国国际法委员会：《国家责任条款草案》，第 1、2、3 条。

③ 联合国国际法委员会：《国家责任条款草案》，第 5、7、8、9、10 条。

④ Draft Articles on Responsibility of States for Internationally Wrongful Acts with Commentaries，2001，p. 43.

理能力范围。具体到我国，无论主权财富基金还是国有企业都面临着行政权与国家所有权混合纠缠的局面，故此风险几无可避。

《国家责任条款草案》做出上述较宽泛界定的背景是，尽管它是作为次级规则即形式要件而出现，但是在初级规则不确定时，该次级规则就相当于兜底条款。在此特定情形下，次级规则就发挥着类似于程序法的功能，而初级规则是实体法。防范主权财富基金或国有企业的国家责任风险并不是非要改变次级规则不可，[①] 还可通过双边或多边规则来对母国与东道国的权利义务做出明确约定，从而达到解除相应行为不法性的效果。这样的做法就类似于，虽然交易方无法改变民事责任归责的原则和程序，但仍可通过约定固化交易各方的权利义务等实质性内容。比如，可以在双边投资协定中约定，双方均不就国有企业或主权财富基金的商业行为提起国家责任问题，而此做法符合《国家责任条款草案》第 20 条的规定。

综上所述，笔者得出如下结论：第一，主权财富基金作为外交保护对象的适格性的准据法应采纳国籍国法。第二，应顺应限制豁免主义的发展趋势，将主权国家的行为划分为管理行为和商业行为，不具有政治性的主权财富基金的海外投资行为应被视为主权者的商业行为。东道国对其造成的损害应视为间接损害，从而获得适用用尽当地救济原则的资格。第三，因主权财富基金与母国政府的天然亲缘关系，根据国际社会对国家责任的一般理解，特别是对“政府控制或干预”标准的强调，使得前者的国际不法行为几乎难以避免地引发母国政府的国际责任。为此，笔者建议，由母国和东道国采取签订双边或多边投资协定的方式在国际责任问题的豁免或其他处理办法上达成妥协，以减少其投资的不确定性。

---

① 有学者认为，《国家责任条款草案》对国有企业的解释没有考虑转型经济中的特殊体制问题，并建议我国在起草过程中提出对转型经济设定特殊体制的主张。参见张乃根：《试析〈国家责任条款〉的“国际不法行为”》，《法学家》2007 年第 3 期。

第四章　主权财富基金的东道国监管

主权财富基金在东道国面临的两个特殊法律问题：一是它是否构成主权豁免例外而超脱东道国的法律约束；二是如何确保东道国的国家安全和国家利益问题。其中，前一个问题涉及是否应对主权财富基金施加“特殊待遇”，即主权行为与非主权行为如何划分，以及非主权行为是否适用国家豁免。后一个问题更为现实，主权财富基金的投资在一定程度上导致以欧美发达经济体为主的东道国一时间草木皆兵。借由这种考察我们发现，在母国完成主权财富基金的中性化或“去政治化”之后，东道国有必要采取措施澄清和去除不必要的担忧，以及由此招致的对主权财富基金的限制性或歧视性待遇。

第一节　主权豁免例外的适用

主权财富基金在东道国引发激烈反应的根源在于其主权背景，并由此延伸出有关性质界定与法律选择问题。无论是对母国还是东道国，主权财富基金进行跨境投资是否享有国家及其财产豁免都是不可忽视的重要问题。对此，需要首先识别其投资行为的属性，并确定划分主权行为和非主权行为之间的标准。这里首先基于《联合国国家及其财产管辖豁免公约（草案）》及美英等国的外国豁免法来分析国际社会在国家及其财产豁免问题上的主要做法，尤其是区分主权行为和非主权行为的标准和程序问题，进而分析其投资行为是否构成豁免例外。

一、主权豁免例外的判定标准与适用程序

在国际社会中，国家与自然人、法人一样，可以成为国际民商事法律

关系主体或国际私法的主体，但其具有一定的特殊性，其中最大的差别之一是，理论上，在国际民商事法律关系中，国家应与对方当事人享有同等的民事权利和承担同等民事义务，但当国家参加的国际民商事法律关系涉及另一个国家行使国家权力时，根据国家主权平等原则，除非国家同意，国家免受外国的行政管辖、司法管辖和强制执行措施，即享受国家及其财产豁免权。[①]

围绕国家豁免权主要存在两种不同学说，即绝对豁免说和限制豁免说。国家豁免原则虽然通过 19 世纪一些欧美国家的国内法院判例逐渐形成，但关于这个原则的具体适用范围，不仅未在各国确立统一的观念，而且几乎从一开始各国立场就呈现出对立和分歧。绝对豁免说主张，除了不动产及外国自愿服从以外，国内法院对外国的任何行为都无管辖权；限制豁免理论把国家的活动分为主权行为和非主权行为，或统治权行为和事务权行为，或公法行为和私法行为。据此，在国际交往中，一国的主权行为在他国享有豁免待遇，而非主权行为在他国则不享有豁免，区分主权行为和非主权行为的标准有三种，即目的、行为性质和混合标准。

随着国家越来越多地参与经济事务，主权豁免中的“商业行为例外”为越来越多国家的立法中所明确规定，即当他国在本国从事商业活动则不得享有豁免权。具体规定仍存在很大差异（见表 4-1）。

表 4-1　主权豁免中商业例外条款立法例

阿根廷 Law 24488（1995）	第 2 条：在下列情形下，外国不享有管辖豁免：……c）当外国从事商业或工业（Commercial or Industrial）活动……
加拿大《国家豁免法》(1985)	第 2 条：……“商业活动”即任何具有商业性质的交易、行为或业务……第 5 条：在与其有关联的商业活动的诉讼中，外国不享有管辖豁免

① 这些特殊性表现在：其一，国家的主权者身份决定了国家参加民商事活动的场合和范围十分有限，国家仅是国际民商事法律关系的特殊主体。其二，国家一旦参与国际民商事活动，即以国际民商事法律关系的当事者和主权者的双重身份出现，但国家首先是民商事法律关系的当事者，应限制其主权者的地位。其三，国家参加国际民商事活动是以国家本身的名义并由其授权的机关或负责人进行的。以独立法人身份出现并以自己的名义参加国际民商事活动的国有公司和企业不能代表国家。其四，国家以国库财产为基础承担民商事法律责任，一般来讲，国家所负的责任是无限责任。其五，国家及其财产享有豁免。参见黄进主编：《国际私法》，法律出版社 2005 年第 2 版，第 144 页。

续表

意大利	无成文法，但存在判例或法理。其民事最高法院曾在裁决中指出，尽管阿根廷发行国债是商业活动，但阿根廷因应对严重经济危机而致使公共债务违约应获得管辖豁免，对后一种情形无管辖权
英国《国家豁免法》（1978）	第 3 条：①国家在下列诉讼中不享有司法豁免：(a) 国家参与的商业交易；(b) 国家的合同义务整体或部分地在英国履行，无论该合同是否属商业交易性质……在本条中，“商业交易”是指 (a) 商品或服务供给合同；(b) 借贷或提供金融服务交易，和这些交易或其他财务义务相关的担保或赦免；(c) 国家介入的其他商业、工业、金融、专业或类似交易或活动
美国《外国主权豁免法》（1976）	第 1605 条：外国司法豁免的一般例外。参见下文
《联合国国家及其财产管辖豁免公约(草案)》(2004)	2004 年经联合国大会通过，尚未生效。 第 10 条：商业交易。第 15 条：对公司或其他团体的参与。附件对第 17 条的评论指出，“所谓的商业交易包括投资事宜”。参见下文
《欧洲国家豁免公约》（1972）	第 6 条：若缔约国与法院国境内设有总部、办公室或主营业地的企业或协会或其他法律机构中的一人或多人开展交易或合作，双方因此发生诉讼的，该缔约国不得要求主权豁免……第 7 条：若缔约国在法院所在地国设有办公室、机构或其他设施，通过它们从事工业、商业或金融活动，并因此引发诉讼，该缔约国不得要求享有主权豁免

为就国家财产豁免权达成国际共识，第 59 届联合国大会于 2004 年 12 月通过《联合国国家及其财产管辖豁免公约（草案）》并开放签署。虽未生效，但其确定的原则反映了国际社会对国家豁免权的初步共识。[①] 此外，美国《外国主权豁免法》（*Foreign Sovereign Immunities Act*）具有广泛影响力，成为日本、加拿大、巴基斯坦等国的模仿或移植对象。以下对它们做具体阐述。

1.《联合国国家及其财产管辖豁免公约（草案）》的适用

《联合国国家及其财产管辖豁免公约（草案）》（以下简称《公约》）第二部分确立了一国本身及其财产遵照本公约的规定在另一国法院享有管辖豁免的一般原则。除非一国明确同意另一国行使管辖权、本身提起诉讼、反诉、介入该诉讼或采取与案件实体有关的任何其他步骤，该国可以在外国法院援引国家豁免。但上述国家豁免是有限制的，《公约》第三部分对不得援引国家豁免的诉讼做出了具体规定，包括商业交易（如投资）、雇

① 根据《联合国国家及其财产管辖豁免公约》第 30 条的规定，公约须有 30 个缔约国方能生效。截至 2014 年 8 月，已有 28 个缔约国。

用合同、人身伤害和财产损害、财产的所有、占有和使用、知识产权和工业产权、参加公司或其他集体机构、国家拥有或经营的船舶、或存在仲裁协议。由此可见，可以援引国家豁免的诉讼主要被限制在了对一国行使主权行为的诉讼，而大多数对国家实施私法上行为的诉讼则不在可以援引国家豁免之列。

《公约》第四部分规定在法院诉讼中免于强制措施的国家豁免，包括判决前和判决后。第 19 条规定，不得在另一国法院的诉讼中针对一国财产采取判决后的强制措施，如查封、扣押和执行措施，除非：第一，该国以规定的方式明示同意；第二，该国已拨出或专门指定该财产用于清偿该诉讼标的的请求；第三，已证明该财产被该国具体用于或意图用于政府非商业性用途以外的目的，并处于法院地国领土范围内。第 21 条特定种类的财产规定，一国央行或其他货币当局的财产不应被视为用于政府非商业性用途以外的财产。

《公约》对援引司法管辖豁免规定了主体要件（即国家标准）和行为要件（即商业交易标准）。对前者，《公约》第 2 条明确“国家”包括：国家及其政府的各种机关；有权行使主权权力并以该身份行事的联邦国家的组成单位或国家政治区分单位；国家机构、部门或其他实体，但需它们有权行使并且实际在行使国家的主权权力；以国家代表身份行事的国家代表。就行为要件即商业交易标准而言，《公约》第 10 条规定，一国如与外国一自然人或法人进行一项商业交易，而依国际私法适用的规则，有关该商业交易的争议应由另一国法院管辖，该国不得在该商业交易引起的诉讼中援引管辖豁免。第 2 条对商业交易亦做了界定，商业交易是指：其一，为销售货物或为提供服务而订立的任何商业合同或交易；其二，贷款或其他金融性质之交易的合同，包括涉及任何此类贷款或交易的任何担保义务或补偿义务；其三，商业、工业、贸易或专业性质的任何其他合同或交易，但不包括雇用人员的合同。

《公约》对国家财产执行的豁免也做出特别规定。《公约》第 18 条规定，不得在另一国法院的诉讼中针对一国财产采取判决前强制措施，如查封和扣押措施，除非该国以规定的方式明示同意，或该国已拨出或专门指定该财产用于清偿该诉讼标的的请求。第 19 条对判决后强制措施的豁免做出了规定，在第 18 条规定的基础上增加规定，除非已证明该财产用于政府非商业性用途以外的目的，且处于法院本国领土范围内，但条件是只可对与被诉实体有联系的财产采取判决后强制措施。附件对第19条进行注释，指出“与被诉实体有联系的财产”，对此应理解为具有比“所有”或“占有”更广泛的含义。

2. 美国《外国主权豁免法》的适用

美国的主权豁免制度涵盖两个法律体系：美国联邦内各州的主权豁免适用《宪法》第十一修正案。该修正案通过保护州不受联邦法院管辖，这在Seminole Tribe of Florida v. Florida案得到了有力支持；[①]《外国主权豁免法》则是专门针对外国国家豁免问题的法律安排。

以泰特公函[②]为标志，美国的立场从绝对豁免主义转变为限制豁免主义。然而，依泰特公函，基于国家利益考虑，通常由国务院做出豁免建议，法院几乎会完全遵从该建议，从而令行政机关拥有了授予主权豁免的实质决定权，这种自由裁量权也使得对主权豁免的判定充满了政治因素。为减少法院针对外国主权者的诉讼而引起对外交关系的干扰，国会制定《外国主权豁免法》，旨在将决定权交给司法部门，借此将豁免决定“去政治化”，以使其适用更具一致性和可预见性。该法制度化了限制豁免主义，并将其用于程序和管辖权方面，指明了豁免诉讼的提起与豁免标准。[③]近年来，美国通过修改法律，进一步扩大了豁免例外的范围。其中，主权豁免例外的判定及其适用程序是该法的主要内容。

（1）主权豁免例外的判定标准。类似于《公约》，豁免例外适用的判定标准也包括两部分，即国家标准和商业活动标准。

第一，国家标准。《外国主权豁免法》适用于外国、外国机构（Agency）及部门（Instrumentality），其中，第1605条规定了外国主权豁免的例外情形。无论主体是国家还是机构或部门，凡其行为构成该节列举的情况之一的，便构成豁免例外。

依第1603（a）条的规定，“外国”除了在第1608条之外，包括外国的政治区分单位及由第1603（b）条定义的机构或部门。后者规定，构成

---

① 在美国，各州均被视为主权体。Thomas Lee，“Making Sense of the Eleventh Amendment: International Law and State Immunity”，96 *Nw. U. Rev.* 1027，2002，p. 1031.

② 1952年，美国国务院发表了其代理法律顾问致司法部长的一封公函即“泰特公函”（Tate Letter），该函称“国务院今后在考虑外国政府豁免要求时将实行限制豁免政策”，标志着美国在主权豁免理论上的根本性转变。

③ H. R. Rep. No. 94-1487，1976，p. 44.

外国的机构或部门需要同时满足三个条件：①它是独立的法人、公司或其他；②它是外国的一个部门（Organ）或政治区分单位，或其他大部分股份或所有者权益由外国或外国政治区分单位所拥有；③它既非美国公民，也非为第三国法律所创设。[①]

其中，条件①和条件③含义清晰，条件②具有很强的模糊性，也是关于当事人是否符合“外国”标准的诉讼的主要争议所在。这些争议主要体现在两方面：其一，对所有权标准的解释。传统上，大多数当事人试图通过利用条件②中“大部分股份或所有者权益由外国或外国政治区分单位所拥有”来证明自己为适格的豁免主体。在 Dole v. Patrickson 案中，美国联邦最高法院认为，这里所指的“拥有”是直接拥有，故孙子公司也即附属公司的子公司就不符合该标准。其二，对 Organ 的解释。在不同案件中，不同法院给出了不同认定因素，联邦法院也承认对 Organ 的认定并无清晰标准。主要考虑因素包括该实体创设经过、行为目的、相对于政府的独立性、财政预算的支持程度、在国内法上的义务、权力或特权、是否受到外国政府的监管等，法院通常依具体情形做出取舍，具有一定的模糊性。

在一些学者看来，第 1603（b）条的规定与国际通行的“单独实体排除规则”相悖离，后者是指具有独立法律人格的外国国有机构通常不应获得主权豁免；依该规则，国有企业当然不是适格的主权豁免主体。这种悖离造成了美国法院在主权豁免问题上的裁决欠缺一致性和公平性。[②]

第二，商业活动标准。美国法院在商业活动例外适用上采取三步走的方法，来判断是否符合第 1605（a）（2）条的规定：①法院决定该项活动是商业性质还是主权性质；②若是商业性质活动，则判断起诉是否基于该活动提起；③法院决定该项商业活动是否与美国有足够的联系（Connection）或联结（Nexus）。[③]

---

① 有关国家政治区分单位、国家机构或部门等的法律地位问题，参见龚刃韧：《国家豁免问题的比较研究》，北京大学出版社 2005 年版，第 167-204 页。

② William C. Hoffman, “The Separate Entity Rule in International Perspective: Should State Ownership of Corporate Shares Confer Sovereign Status for Immunity Purposes?”, 65 *Tul. L. Rev.* 535, 1991, p. 536.

③ Margot C. Wuebbels, “Commercial Terrorism: A Commercial Activity Exception Under § 1605 (A) (2) of the Foreign Sovereign Immunities Act”, 35 *Ariz. L. Rev.* 1123, 1993, p. 1150.

商业活动概念对法院判定是否适用主权豁免至为关键，它也是《外国主权豁免法》在主权豁免上最主要的例外类型。该例外条款主要规定在第1603条和第1605（a）（2）条两条之中，[①] 其中，核心问题是商业活动的界定与识别。

第1603条对"商业活动"做了界定，即"商业行为的一般过程或某种特定的商业交易或行动"。[②] 此外，还明确在判断一项活动是否具有商业性时，"应参照行为或特定交易或行动的性质，而非其目标"。[③] 商业行为通常被界定为"基于逐利动机的与贸易和交通等相关或相联系的业务或活动"[④]。故当行为的性质是从事贸易、交易、业务或利润等，则该行为即为商业行为。

法院通常进行"私人测试"（Private Person Test），即询问私人能否从事类似的活动，来区分主权行为和非主权行为。若答案是肯定的，则该行为即非主权行为，此时国家就不应获得豁免。这种测试最先由美国联邦第二巡回法院在 Texas Trading & Milling Corp. v. Nigeria 案中适用。在该案中，尼日利亚政府因国防部违反水泥采购合同而被德州贸易公司起诉。在此案中，法院认为私人也可以从事这样的采购活动，故不适用主权豁免。[⑤] 在 Argentina v. Weltover 案中，最高法院也运用"私人测试"以识别主权行为和非主权行为。[⑥]

在此基础上，第1605（a）（2）条规定，外国政府在三种情形下构成主权豁免之例外：其一，起诉是基于（Based upon）外国政府在美国实施的商业活动；其二，起诉是基于与外国政府在美国之外的商业活动有联系（in Connection with）的在美国实施的行动；其三，起诉是基于与外国政府

① Republic of Arg. v. Weltover, Inc., 504 U.S. 607, 1992, p. 611.

② 28 U.S.C. s 1603. 原文是"either a regular course of commercial conduct or a particular commercial transaction or act"。

③ 28 U.S.C. s 1603（d），1988.

④ Black's Law Dictionary（6th ed. 1990）. at 270.

⑤ Texas Trading v. Federal Republic of Nigeria, 647 F.2d 300, 309（2d Cir. 1981）.

⑥ 在该案中，阿根廷政府单方面延长了对两家巴拿马公司和一家瑞士银行的债务偿还期限，债权人以违反合同为由将其诉至纽约联邦地区法院。最终，法院在判决中指出一个外国政府就限制外汇交易而制定规定是《外国主权豁免法》的主权活动，因为这种权威性控制并不能由私人来行使，但是买卖货物或履行债务则是私人可为的活动，因此属于商业行为，故阿根廷政府在这一情形下无豁免权。Republic of Arg. v. Weltover, Inc., 112 S. Ct. 2160, 2166, 1992.

在美国之外的商业活动有联系的发生在美国之外的行动，且该行动在美国引起了直接效果（Direct Effect）。[①] 针对何谓“基于”、“有联系”及“直接效果”，因国会并未予以明确，所以引发了法院诸多不同的解释和学者们的不同看法。[②]

（2）《外国主权豁免法》的程序性保护。《外国主权豁免法》的程序性保护对减少因联邦法院进行诉讼而对外交关系产生影响具有重要意义，主要体现在：其一，一旦法院做出了一个最低限度的决定，认为被诉方为外国或其机构或部门，该被诉方就享有了《外国主权豁免法》下的推定豁免权。原告负有豁免例外之适用的举证责任。其二，《外国主权豁免法》对外国国家或其机构或部门的财产扣押与执行方面做了限制性规定，比如第1610（a）条规定，除非外国国家的财产在美国，并用于了在美国的商业行为，且满足第1610（a）条（1）~（7）条中的条件之一，否则其在判决的执行及为执行而为的扣押方面享有豁免；[③] 除非外国的机构或部门的财产在美国，并参与了在美国的商业行为，且满足第1610（b）（1）~（2）条中的条件之一，否则其在判决的执行以及为执行而为的扣押方面也享有豁免，[④] 等等。其三，对外国或其机构或部门，美国法律在法院的地域管辖方面也做了与一般民事诉讼地域管辖不同的特别规定。[⑤]

总体来看，无论法院对是否授予豁免的最终决定如何，该法提供的程序性保护总是适用的，即使法院最终未予以豁免，它们也总是适用于外国或其机构或部门。然而，《外国主权豁免法》并非自动适用的，只有当被告向法院提出适用它的要求时，法院才会考虑适用与否。鉴于其与母国政府

---

① 28 U.S.C.A. § 1605（a）（2）. 原文是“（2） in which the action is based upon a commercial activity carried on in the United States by the foreign state; or upon an act performed in the United States in connection with a commercial activity of the foreign state elsewhere; or upon an act outside the territory of the United States in connection with a commercial activity of the foreign state elsewhere and that act causes a direct effect in the United States”。

② David E. Gohlke, “Clearing the Air or Muddying the Waters? Defining A Direct Effect in the United States Under the Foreign Sovereign Immunities Act after Republic of Argentina V. Weltover”, 18 *Hous. J. Int'l L.* 261, 1995, p. 263; M. Mofidi, “The Foreign Sovereign Immunities Act And The Commercial Activity Exception: The Gulf Between Theory And Practice”, 5 *J. Int'l Legal Stud.* 95, 1999, p. 103.

③ 28 U.S.C.A. § 1610（a）.

④ 28 U.S.C.A. § 1610（b）.

⑤ 28 U.S.C.A. § 1391（f）.它在法院的地域管辖方面也将外国国家与其机构和部门做了区分对待。

的密切关系，当在美国受到起诉时，应积极向法院寻求程序性保护，以获得程序利益。

二、主权财富基金适用主权豁免例外的辨析

针对主权财富基金是否拥有豁免权问题，目前尚无一致做法。比如，澳大利亚外资审查委员会要求，外国政府控制的投资应避免引起主权豁免问题；[①] 法、德、意等国对此无法律规定，或仅依国际法原则处理。这种适用不一致的局面使其地位难以确定，也影响到对其商业伙伴或交易对手方的法律保护问题，从而给资本自由流动带来法律风险。

1. 西方学者有关主权豁免例外适用的主要观点与辨析

在一些学者看来，主权财富基金的投资行为应适用主权豁免例外，主要理由有两点：其一，该行为属于新型的“主权商业行为”[②]，即“非主权行为”或事务性行为（而非统治性行为），在很大程度上就是“不适用主权豁免的主权行为”。[③] 其二，该行为是国家资本主义行为，这与西方传统意义上强调的市场资本主义相对。[④] 其中，后一种理解背后隐藏着一系列复杂的意识形态、历史、政治和军事等因素，也正是在它们的作用下，主权财富基金被政治化——尽管在历史上，国际法或国际机制从来就不是为所有国家利益而服务的，而仅作为促进少数西方强国的利益而运行或存在。[⑤] 抛开这些因素，如前所述，主权财富基金主要意味着两种变化，即资本流向的变化以及国家在外资自由流动中作用功能的变化。对其“莫须有”责难与 20 世纪前半叶发展中国家对西方殖民主义的指责并无重大差异，都付诸国家安全、经济安全、战略利益或公共利益等空泛模糊的说法。[⑥]

---

① DAF/INV/WD（2006）12/REV5，p. 8.

② Christopher Cox，“The Rise of Sovereign Business”，Lecture at Gauer Distinguished Lecture in Law and Policy at the American Enterprise Institute Legal Center for the Public Interest，Dec. 5，2007.

③ Larry Catá Backer，“The Private Law of Public Law：Public Authorities as Shareholders，Golden Shares，Sovereign Wealth Funds，and the Public Law Element in Private Choice of Law”，*Tul. L. Rev.*，Vol.82，No.1，2008，p. 1867.

④ Lawrence Summers，“Funds that shake capitalist logic”，Financial Times，Jul. 29，2007；Gerald Lyons，“State Capitalism：the Rise of Sovereign Wealth Funds”，Standard Chartered，Oct. 2007.

⑤ John Dondaldson，*International Economic Relations*：*A Treatise on World Economy and World Politics*，*Longmans*，Green and Co.，1928，p. 12.

⑥ Yvonne C. L. Lee，“A Reversal of Neo-Colonialism：The Pitfalls and Prospects of Sovereign Wealth Funds”，40 *Geo. J. Int'l L.* 1103，2010，p. 1116.

另外，国家从事非公共活动或商业活动古已有之，表现在：其一，政府介入某些商业活动不可避免。政府一直肩负着促进经济增长、创造就业机会、实现经济繁荣的责任，同时还必须确保社会稳定，并维护社会保障体系。要实现此目标，就必须增大市场的作用，而不是彼此绝缘或倒退回指令性经济时代。所以，可以说不介入商业交易的政府是不存在的，差别仅存乎介入的程度和形式。国内有学者称其为“市场化政府行为”。① 其二，国有企业的存在。在 20 世纪 90 年代之前，欧洲各国存在大量的国有企业；至今，很多国家依然控制或管理着重要或战略性的国有企业，挪威的国有经济在本国甚至占据主导地位。OECD 承认，商业企业的国家所有权在不同国家和行业有不同的体现，但都融社会、经济和战略利益于其目标之中。② 这就是说，国有企业进行的对外投资可能既包含商业或财务目标，也包含着更广泛考虑。其三，政治与商业并不总是区隔分明的，也非所有的政治目标都会引起东道国的担忧。比如，Mubadala 基金在日本神户投资一家医院，对此，阿拉伯联合酋长国阿布扎比政府表示他们希望借此获得提高医疗科技和技能（如器官移植和再生、糖尿病等）、培训医务人员的机会，显然，这种投资很难界定为单纯的商业行为，但同时其公共目标对东道国而言难言有害。OECD 同样认为，只要以透明的方式进行，国有企业可以追求非商业目标。③ 其四，国有经济在促进经济发展和社会进步方面的作用得到验证，如所谓的东亚奇迹④ 或北京共识，传统上对“最小政府”的推崇开始转变成对“有效政府”的强调。⑤ 其五，在 2008 年爆发的金融危机中，很多政府对问题金融机构实施国有化或准国有化措施等。故主权财富基金的出现及其投资行为并非横空出世的崭新现象，而具有一定历史延续性。在部分西方学者看来，主权财富基金因其为主权性

① 王全兴、管斌：《市场化政府经济行为的法律规制》，《中国法学》2004 年第 1 期。

② OECD, *Guidelines for the Corporate Governance of State-Owned Enterprises*, 2004, p. 1.

③ OECD, *Guidelines for the Corporate Governance of State-Owned Enterprises*, 2004, p. 5.

④ 对东亚奇迹的产生通常有三种解释，即国家在经济发展中的巨大作用、外资的有效利用、有利的地缘政治因素。John Zysman and Eileen Doherty, “The Evolving Role of the State in Asian Industrialization”, *Alfred P. Sloan Foundation Working Paper* 84, 1995, p. 7. 又有报告指出，“当下，人们有目共睹，美国为首的自由市场模式频频失灵，而中国模式到目前为止却是成功的；中国模式虽以市场为导向，但认定国家这只‘引导之手’要牢牢掌握住权力的许多杠杆因素。有鉴于此，在世界许多国家，权力的天平向政府一端倾斜的趋势加剧”。Peter Bisson, Rik Kirkland and Elizabeth Stephenson, “The Market State”, Mckinsey Quarterly, Jun. 2010.

⑤ 秦晖：《权力、责任与宪政：关于国家“大小”问题的理论与实践》，《二十一世纪》2003 年 12 月。

政府所有而具有重大危害的观点，可能是认为母国或因主权财富基金引发的争端而介入到母国与东道国的关系中来，从而对后者的利益和属地管辖权构成了挑战。

2. 基于单独实体排除和行为性质标准处理主权财富基金的投资行为

诚然，西方学者对主权财富基金及其投资行为的认识不乏偏颇之处，同时，也应看到，主权财富投资行为的多元性是造成在主权豁免适用困境的重要原因。笼统地适用或排除适用主权豁免都不尽妥当，因为其投资行为存在显著的异质性，混杂着主权行为和非主权行为。不同的基金在设立、职能以及与政府的关系上往往也不尽相同，故须具体分析其行为的性质。

（1）采取“单独实体排除和行为性质”标准判定主权行为与非主权行为。笔者主张采取“单独实体排除和行为性质”标准，作为主权行为与非主权行为的判定标准。在实际应用中，该标准相当于两步走的过程：第一，分析行为主体是否是具有独立法人的外国国有机构，若是则认定其行为不应获得主权豁免，从而那些具有独立法人资格的主权财富基金就不是适格的主权豁免主体；第二，利用行为性质标准分析其行为是商业性的还是统治性的（见图 4-1）。这就是说，以企业法人形式出现的主权财富基金本身已被事先排除在适用主权豁免例外的范围之外，故这里识别的对象即非以企业法人形式出现的主权财富基金（如央行、行政机关等），也即外国政府或外国机构或外国部门的行为。

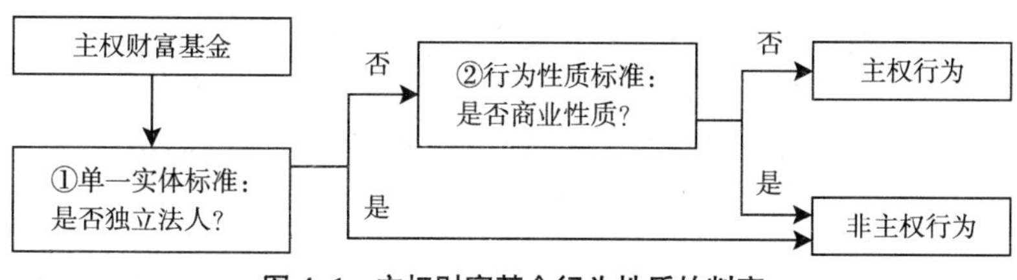

图 4-1 主权财富基金行为性质的判定

采取“单独实体排除规则和行为性质标准”主要源于以下理由：其一，该标准更符合法治的要求。法治无论是在国内还是在国外，其本质都是通过对行为提出模式化要求，进而达到调整关系的目的，即行为是法律规范的直接调整对象，也是当事人与法律打交道的唯一领域。[①] 对于目的标准来说，既无法庭，也无法律，盖因目的像思想一样既无直接危害性，也无客观确定性，不应成为法律或法治所指向的对象。在目的标准下，外国政府总是可以以公共目的为由为其从事或参与的商业活动辩护。这种目的测试是增加对豁免例外的过多的主观性解释，鉴于交易在执行或实施上的高度不确定性，这种测试进而会对私人与外国政府之间的协议订立造成“冷却效应”。[②]

其二，该标准已成为国际社会的主要做法。在市场化政府行为不断增加，主权的绝对性和封闭性不断弱化的背景下，对主权行为应从严认定，从而尽可能地遏制对经济的政治化倾向，充分发挥市场机制在全球范围内的资源配置作用。对此，尽管在如何更好地识别主权行为存有分歧，但联合国《公约》以及美国等国实已确立了行为性质标准。比如，美国在判决实践中发展出以“私人测试”来识别主权行为与非主权行为的做法；英国甚至规定，只要涉及英国的合同（无论是否商业合同）义务，该外国就不应获得豁免；[③] 加拿大则规定，商业行为系任何具有商业特征的具体交易。[④]

其三，采纳该标准符合我国的利益。随着我国在世界经济中份额的增加和地位的攀升，具有政府背景比如政府控股或参股，甚至政府机构直接参与经贸活动越来越具普遍性，从而也就不断暴露于各种市场风险和法律风险中。尽管从严界定主权行为，从一定意义上削弱了这些活动受到的主权保护程度，但同时，此立场不仅使得我国在法律上可能更易于获得市场经济地位，而且在实质上有利于增强我国企业的自生能力和竞争能力，也相应地承担起有限责任而非以国库为基础的无限责任，并且也使得“政府背景”难以成为其他国家阻挠或干扰我国参与世界市场竞争的障碍，有助于我国国有经济在全球范围内“松绑”，获得公平待遇或国民待遇。

---

① 正如马克思所说，“凡是不以行为本身而以当事人的思想方式作为主要标准的法律，无非是对非法行为的公开认可……对于法律来说，除了我的行为，我是根本不存在的，我根本不是法律的对象。我的行为就是我同法律打交道的唯一领域。”中共中央马克思恩格斯列宁斯大林著作编译局编：《马克思恩格斯全集》第1卷，人民出版社1995年版，第16–17页。黑格尔也曾表示，须承担法律后果的只能是人的行为。参见黑格尔：《法哲学原理》，商务印书馆1961年版，第118–121页。

② Gary Jay Greener, “The Commercial Exception to Foreign Sovereign Immunity: To Be Immune or Not to Be Immune? That Is the Question”, 15 *Loy. L.A. Int'l and Comp.* L.J. 173, 1992, p. 198.

③ Section 3 (1) (b), State Immunity Act 1978 of United Kindom.

④ Section 2, State Immunity Act 2004 of Canada.

(2) 外国央行财产的主权豁免与主权财富基金的投资行为。依前文界定，主权财富基金即初始资本源于外汇资产的为获得超出无风险回报率的政府所有的投资工具或资本集合；它与货币管理当局、主权稳定基金、政府投资公司、关联国有企业都有交叉重叠之处。它在海外所进行的大多数投资活动属于商业交易，而商业化、专业化与独立化正是其运作的宗旨与原则。几乎所有的主权财富基金都标榜其为商业化运作的专业投资公司，并以追求商业利益为公司宗旨。因此，即使其在主体上能够符合条件，其行为的性质也不符合《公约》关于适用司法管辖豁免的条件。但在“单独实体排除和行为性质标准”下，外国央行或货币当局的财产可能构成主权豁免之例外。

央行与主权财富基金有着几乎天然的纽带关系，很多主权财富基金就是由央行管理或由其行使所有权，如挪威政府全球养老基金、俄罗斯主权财富基金等，故其主权豁免问题常常与央行具有关联性。

不同国家对央行行为是否导致主权豁免存在不同的规定，主要做法大致可以分为两种：

第一，与其他外国的活动以同样的标准识别。《澳大利亚法律改革报告》就曾指出，“很难有充足的依据说明为什么应给予外国央行较外国其他机构更多的保护”。[①] 德国、瑞士和加拿大等国也都未赋予外国央行任何特殊待遇。

第二，给予外国央行特殊的豁免待遇。比如：其一，英国《国家豁免法》特别规定，外国央行或其他货币当局的财产不应视为具有商业目的，[②] 这实际上对央行构成了绝对保护，即无限制地获得主权豁免。在 AIC v. Central Bank of Nigeria 案中，法院指出，“其他银行在央行开办的银行账户中的资金享有执行豁免权，无论该资金的来源、用途或目的为何”。巴基斯坦、新加坡和南非等国沿袭了此规定，[③]《公约》也做了类似规定。[④] 其二，美国给予央行一定范围的特殊主权豁免待遇，即外国央行及货币当局为其自身而持有的财产不得被扣押或执行，这就是说，若一国央行及货币当局的财产被用来进行商业交易而非为其自身而持有，则不符合上述豁免

① Australia Law Reform Commission Report No. 24, “Foreign State Immunity” (1984) § 132.

② Section 14 (4), State Immunity Act 1978 of United Kindom.

③ Hazel Fox, *The Law of State Immunity*, Oxford University Press, October 2008, p. 472.

④ Article 21 of the UNCSI.

的条件。[①] 其三，中国给予外国央行财产的全面豁免。外国央行财产，是指外国央行的现金、票据、银行存款、有价证券、外汇储备、黄金储备及该银行的不动产和其他财产。[②] 其四，法国不仅给予外国央行的财产以主权豁免，而且给予外国央行代表该外国“持有或管理”的财产以豁免权，这显著增加了享有主权豁免的财产的范围，不过法国也同时规定，主要用于“私法性质”的财产不享有主权豁免。[③]

主权财富基金就海外投资能否向法院主张执行豁免的关键在于投资的基金是否是国家财产，或从更狭义角度说，是否是一国央行或货币当局的财产。各国主权财富基金的运作模式不尽相同，其法律后果也有所区别。因多数主权财富基金以公司形式出现，故不符合适用司法管辖豁免的主体标准。但仍有某些主权财富基金满足条件，如挪威银行资产管理部的投资和管理行为可能是主权行为，也可能是非主权行为。

三、东道国的选择：从政治化到法治化

伴随着国家越来越深入和广泛地介入经济活动和社会生活，在可以预见的将来，国家也仍将越来越频繁地并以越来越多样的形式出现在其他国家司法辖区内。尽管“国王不能为非”,[④] 但“别人的国王难免在本国为非”，正是在此情形下，限制豁免理论日益成为处理主权豁免问题的主导理论，将国家的行为划分为主权行为和商业行为，并分别加以规制，不仅必要，而且必需。依然坚持绝对豁免主义，一方面，不啻于鸵鸟心态，静态地看待政府尤其是他国政府在全球化背景下的功用和能力；另一方面，其直接后果之一是将主权国家的商业行为政治化，或依然沿袭陈旧的政治化手段化解全球化时代的新问题，比如主权财富基金在东道国的投资问题，不仅无助于世界经济的恢复和增长，而且最终会通过影响资本流动和资本价格，从而给本国经济发展带来某种程度的伤害。

---

① 28 U.S.C.A. § 1611 (b) (1).

② 参见《外国中央银行财产司法强制措施豁免法》第一条。

③ Article 51 of Law (Modernization of the Economy), No. 2005-842 of 26 July 2005, Adding art. 153-1 to the Monetary and Financial Code.

④ “国王不能为非”系普通法法谚，可以上溯至罗马法，被认为是绝对豁免理论源头之一。Black's Law Dictionary 1188 (5th ed. 1979).

对东道国而言，主权豁免制度无疑是较好地管理其他主权国家商业活动的重要工具，它可以通过双层机制有效调控外国在本国的商业行为：其一是对豁免主体和主权豁免例外的范围和认定标准的限制。这至少涉及对外国以及具体豁免例外，比如商业活动或交易的界定，东道国立法机关可以在具体标准上做出明确的限定。其二是对行政机构与法院在主权豁免上的决定权的分配进行调节。单纯的行政机构调节会带来标准不一致、可预见性有限等弊端和对商业行为政治化的嫌疑。仅由法院对主权豁免问题做出决定，在很大程度上又可能给东道国政府在处理外交关系上带来麻烦。故最好的做法是使二者以透明度和具有连续性的方式共享豁免的决定权。但究竟应采取何种方式，则应依东道国本国的国情而定。

考虑到《公约》在一定程度上反映了国际社会在主权豁免问题的初步共识，是国际法学界在这一问题上取得的重大进展。对那些尚无专门性立法的国家而言，较好的做法是依据或参照《公约》制定本国法律，或批准该《公约》，直接适用于其规范本国的主权豁免实践。从长远或理想状态看，在主权豁免问题上的趋同化或统一化，可能是在经济相互依赖日深背景下的必然选择，是“去政治化”主权国家商业活动的客观要求。

具体到我国，2005 年颁布的《外国中央银行财产司法强制措施豁免法》（以下简称《外国央行豁免法》）规定，[①] 我国对外国央行财产给予财产保全和执行的司法强制措施的豁免。但外国央行或其所属国政府书面放弃豁免的或指定用于财产保全和执行的财产除外。《外国央行豁免法》所谓的外国央行财产，是指外国央行的现金、票据、银行存款、有价证券、外汇储备、黄金储备及该银行的不动产和其他财产，也即无论外国央行的外汇储备由何机构管理，均属财产执行豁免的范围。

这一规定与《公约》就财产执行豁免的规定基本相符，但也存在一些差别。例如，对于外国央行的范围，《外国央行豁免法》将其定义为外国的

① 该法自 2005 年 10 月 25 日起实施，全文如下：“第一条：中华人民共和国对外国中央银行财产给予财产保全和执行的司法强制措施的豁免；但是，外国中央银行或者其所属国政府书面放弃豁免的或者指定用于财产保全和执行的财产除外。第二条：本法所称外国中央银行，是指外国的和区域经济一体化组织的中央银行或者履行中央银行职能的金融管理机构。本法所称外国中央银行财产，是指外国中央银行的现金、票据、银行存款、有价证券、外汇储备、黄金储备以及该银行的不动产和其他财产。第三条：外国不给予中华人民共和国中央银行或者中华人民共和国特别行政区金融管理机构的财产以豁免，或者所给予的豁免低于本法的规定的，中华人民共和国根据对等原则办理。第四条：本法自公布之日起施行。”

和区域经济一体化组织的央行或履行央行职能的金融管理机构，但《公约》对外国央行定义的范围显然未包括区域经济一体化组织的央行。《外国央行豁免法》为我国在该领域的实践确立了基本的规则，其缺陷在于该条款过于简单，仅有四条，且仅解决外国央行财产执行豁免的问题，远未触及国家豁免权的其他重要方面，故远不足以解决问题，需相关立法予以配套。

对此，笔者就国家与商业活动的界定提出如下初步建议：

第一，在“国家”的界定上采取“单独实体排除规则”为主，兼采对等原则。即具有独立法人资格的外国国有企业不视为国家的部分，而仅作为普通的商事主体；与此同时，兼采对等原则，即根据其他国家在这一问题对我国国有企业的做法，为进一步的微调留下余地，当然这里的对等原则的适用范围远较《外国央行豁免法》为大。

第二，在“商业活动”的界定上采取行为性质标准，引入美国所奉行的“私人测试”。依据行为的性质而非目的，对非政治化外国政府的商业行为，促进资本的优化配置，具有重要意义。

第三，主权豁免的最终决定权交由法院实施。建议由全国人大常委会以《公约》为参照，制定《国家豁免法》。同时，由国务院制定相关实施细则，并采取类似于专利审判的做法，将涉及主权豁免案件的初审管辖权集中在有限数目的法院，以免对外交关系的发展造成不良影响。

第二节　主权财富基金投资与国家安全审查

对国家安全的威胁一直被认为是主权财富基金投资带来的最大风险，从萨默斯的“金融恐怖平衡说”到《经济学家》杂志封面上蝗虫般载着金条蜂拥前往美国“打劫”的直升机，无不将此演绎得像恐怖故事一般。这种情绪化的反应犹如20世纪80年代，日本因为日元升值而大肆进行海外收购尤其是在美国进行帝国大厦收购引发的反应，但后者的教训表明许多担忧是不必要的。同时，在法律上，本研究也认为，东道国既有规范已足以防御这种威胁，当下亟待展开的不是再筑高墙，而是将这些规范有效运用以应对其带来的新情况。

鉴于美国在国际投资领域中的重要地位及其对其投资的重大影响，本

节将以美国为中心，并结合其他发达国家的做法分析国家安全审查机制对主权财富基金的适用性及其完善性。

一、国家安全审查制度的基本规定与新发展

美国的国家安全审查制度行之有年，发展较为完善，其外资委员会审查模式是世界上对外资国家安全审查制度的主要模式，许多国家如德国、法国甚至中国都已经或尝试以此为范本建立本国的审查制度。但为应对主权财富基金的兴起，美国等国家的国家安全审查制度又有了新的发展。

1. 美国国家安全审查制度的演化与基本框架

美国现行审查机制奠基于1950年《国防生产法》，即埃克森—弗洛里奥条款（Exon-Florio Clause），也即1988年国会修订的《国防生产法》第721条。该条授权美国总统或美国外资委员会，就可能对国家安全造成威胁的外国投资，进行调查并采取进一步行动即命令中止或阻止。[①] 该条款在历史上经历了两次修订，即1993年伯德修正案[②] 和2007年《外商投资与国家安全法》。

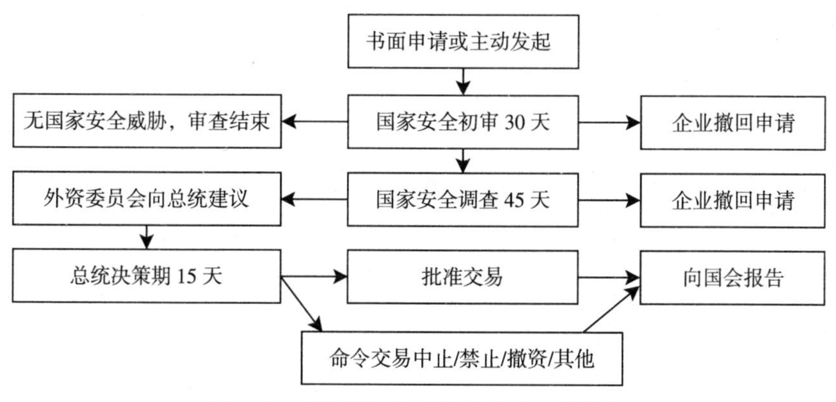

图 4-2　美国外资与国家安全审查的流程

① 50 U.S.C. app. § 2170.

② “伯德修正案”即1993年《国防授权法》第837（a）条对埃克森—弗洛里奥条款进行的修改。该次修正案明显受到法国国有企业Thomson公司并购美国钢铁公司LTV的影响。修改的主要目的是要求具有外国政府背景的外资交易必须经过外资委员会的审查。修正案规定，满足下列情形时得展开调查：其一，收购方由外国政府控制，或者代表外国政府；其二，收购可能导致从事跨州商业的人对美国国家安全产生影响。

国家安全审查通常包含四个阶段：发起、初审、调查和总统决策期，此外还有国会监督、威胁消除等安排，基本程序如图 4-2 所示。

审查对象是发生在 1988 年 8 月 23 日以后的，将要或正在进行的可能导致外国人控制美国跨州商业的兼并、合并和接管。其中，所谓“控制”是指能够实际行使，而无论在实际中通过何种方式行使或是否行使的直接或间接对公司事务的决定或指示的权力。当多个外国人分别在某一美国企业中享有利益时，应考虑这些外国人是否具有关联关系或其他导致他们一致行动的因素。①

初审后，外资委员会对下述交易展开进一步调查，并采取必要措施：第一，初审认定，交易具备损害美国国家安全的威胁，且未能在初审前或过程中化解的；第二，属于可能导致外国政府控制的交易；第三，可能导致外国人直接或间接地控制美国或在美国境内的关键基础设施，并且外资委员会认为该笔交易可能损害到国家安全，且此威胁尚未消除；第四，领头机关建议对其实施调查的交易。除非财政部长和领头机关首长在初审结束后一致认为上述第一、第三种交易不会损害国家安全。调查应在发起后 45 日内结束。

总统有权中止或阻止下列交易：其一，外国人的控制行为可能具备损害国家利益的威胁；其二，除《国际紧急经济权力法》以外的法律未赋予充分和适当的权力来保护国家安全。② 总统做出的行为和结论不受司法审查，具非诉性。

2. 美国国家安全审查制度的新发展

2007 年《外商投资与国家安全法》对埃克森—弗洛里奥条款进行了第二次修订，主要内容包括：第一，明确将“包括关键基础设施的利用在内的本土安全”纳入“国家安全”的范畴；第二，明确要求对由外国政府直

---

① 31 C.F.R. § 800.

② 规定赋予了总统相当大的自由裁量权。总统在决定是否采取行动时，应考虑以下因素：其一，国防对国内产品以及国内工业产能与产量的实际和潜在需求；其二，外国人控制国内产业和商业活动对满足国家安全需求的影响；其三，与特定国家计划展开的或进行中的武器装备或技术交易对国家安全的潜在影响；其四，交易对美国在涉及国家安全技术领域国际领先地位的潜在影响；其五，对包括主要能源资产在内的关键基础设施与国家安全有关的潜在影响；其六，对关键技术与国家安全有关的潜在影响；其七，该项交易是否初审认定的导致外国政府控制的交易；其八，在对可能导致外国政府控制的交易的调查中，对该国有关下列方面的评估：对包括国际条约和多边供应指南在内的不扩散控制机制的遵守情况、该国在反恐方面与美国的关系、将技术转移或扩散到军事用途的可能性；其九，对能源和其他关键资源与原料需求的长期预测；其十，总统或者委员会认为可能影响到国家安全的其他因素。

接或间接所有或控制的外资交易展开完整的两阶段调查，除非财政部和领头部门一致确认该项交易无害于国家安全，在此情形下，外资委员会应考虑附加因素，包括该国与美国的反恐合作、不扩散和出口管制等；第三，明确承认外资委员会为化解交易对国家安全带来的威胁而签订“威胁消除”的做法，授权外资委员会单方面对交易方施加条件的权力，要求其监督这些协议或条件的遵守情况，故意违反该协议或条件的，外资委员会有权对已批准交易重新展开调查；第四，确定了外资委员会对撤回审查申请的交易或对投资条款进行修改而重新提交审查的交易进行跟踪调查，以及对该期间有关国家安全问题实施过度保护的程序；第五，要求财政部和领头部门在对交易审查完毕后立即向国会及相关委员会呈递书面通知或报告。

《国家安全审查机制实施细则》对“控制”的含义进行了解释：其一，外资委员会对任何导致或可能导致外国人控制美国企业的交易都有权进行审查，不存在10%的门槛；其二，列出了一个不会导致“控制”的少数股东权利的不完全清单，外资委员会还在个案基础上考量其他的少数股东权力是否导致“控制”。此外，该细则还对渐进收购做出了规定，若首次收购通过审查，后续收购即可豁免。

《国家安全审查指引》列出了两个审查重点——被收购美国企业的性质与外国收购者的性质。其中，涉及国家安全因素的美国企业类型主要有七类：第一，向政府机构提供产品和服务的企业，包括能够获得保密信息或向执行国家安全职能的政府部门提供产品与服务的企业；第二，产品或服务本身可能影响国家安全的企业，如涉及密码技术、数据保护、网络安全及半导体或其他军民两用设施的企业；第三，能源开发、生产、运输企业；第四，影响国家交通体系的企业；第五，对金融体系有显著和直接影响的企业；第六，控制关键基础设施的企业；第七，参与属于美国出口管制的技术、货物、软件或服务的开发、生产与销售相关的企业。

对外国收购者主要考虑三方面因素，即收购者母国在国家安全相关事务上的记录、收购目的、该项交易是否为外国政府所控制。若交易为外国政府所控制，则外资委员会还将考虑以下四项因素：其一，收购者在投资管理政策上的商业化程度；其二，投资者管理层和投资决策机制的独立性；其三，信息披露程度，包括投资目的、目标、机构设置和财务信息；其四，投资者在其他东道国的合法与合规状况。

3. 美国国家安全审查制度发展的基本经验

（1）国家安全审查机制应具有保密性、不可诉性和终局性。依《国防生产法》第271条第（d）款有关总统授权的规定，总统只有在1977年《国际紧急经济权力法》[①]之外的法律无法为其提供更多授权以保护国家安全时，方可对外资启动国家安全调查。这表明，这种审查通常是平衡外商投资与国家安全的最后一道防线——除非面临“非正常的和极其严重的威胁”。尽管在联邦层面上不存在专门针对外资的总的限制性法律，对外国投资实施的限制基本上集中在由联邦政府直接控制和管理的部门，涉及十多项联邦法律。[②]此外，还明确了该项审查的非诉性，即据此做出的行为和决定不受司法审查。

因无法客观科学地界定国家安全的定义、范围和标准，故国家安全审查易陷入政治目的与经济利益的冲突，政治利益与经济利益之间的平衡常常成为美国外资政策争论的中心议题。审查机制的保密性、不可诉性，以及国家安全概念本身的模糊性这三者决定了国家安全审查须为最后手段，应谨慎使用。

（2）国家安全概念在带来不确定性的同时，也带来了灵活性。国家安全概念的模糊性使审查标准具有不确定性，进而增加了外资进入成本，更严重者，可能沦为某些利益集团借机将商业决策政治化而牟取私利的工具。也有人认为这种模糊性增强了审查机关解决和处理新的非传统国家安全问题的灵活性。比如国家安全的具体标准可能很难跟上技术水平的提高以及国际形势的发展，此时，模糊性就意味着灵活性。整体上看，美国外资委员会对国家安全的理解已从最初的国家防务拓展到现在的国防、公众健康、科学技术等广泛领域。间接地，增强了总统在处理这些非传统危机时的自由裁量权。

在问责机制较为健全的前提下，赋予审查机关一定的权力空间有利于

① 1977年《国际紧急经济权力法》授予总统调查、管制和禁止外汇交易、跨境支付，以及冻结财产限制公民自由交易等权力，但其行使的前提是，“在美国的国家安全、外交政策和经济面临来自美国以外的非正常（Unusual）和极其严重（Extraordinary）的威胁时，且已发布国家紧急命令”。50 U.S.C.A. § 1701-1702.

② 这些限制外资的部门种类包括：其一，完全出于国家安全方面的考虑，明确禁止外国投资介入的部门；其二，严格限制外国直接投资介入的部门；其三，有选择地限制外国投资介入的部门；其四，特殊限制部门。

国家利益的保护。但在“关键基础设施”、“关键技术”等具体概念上的模糊之处则应尽量避免或澄清，尽量避免将商业问题政治化，保持审查标准和程序的相对稳定，从而使审查机制具有较强的可预见性或确定性，最大限度地减少了对合法外资的干扰。

（3）“一致同意法”和领头机关的设置促进了审查机关成员单位之间的动态交流和互动，有利于全面客观地消除外资对国家安全的威胁。作为跨部门机构，外资委员会的决定是建立在所有成员一致同意的基础上的，这使得每一个成员对审查结果实质性地享有否决权。这一方面促使交易方努力与所有成员协商，全方位合作化解对国家安全的潜在不良影响；另一方面，领头机关的设置、国会监督机制和情报分析制度则促进了成员间的交流协作，保证了任一成员单位在其自身关切无法得到化解的情形下，可以推动委员会获得更多的时间和信息以保证所有的潜在国家安全问题都得到有效处理。此外，外资委员会拥有的缔结“威胁消除协议”的权力则使得交易方有足够的激励与其展开积极合作，有利于审查机制的高效运作。

4. 其他发达国家的相关规定与新发展

这里主要考察日本、德国、英国、法国及加拿大和澳大利亚六国的相应机制。为方便起见，可将这些国家大致分为两类：一类是建立了国家安全审查机制的国家，包括日、法、加和澳四国；另一类是未建立类似机制的德、英两国，它们通过其他途径防范可能危及国家安全的外资。

（1）日、法、加、澳四国国家安全审查机制。日、法两国是对外投资大国，而加拿大和澳大利亚则因其战略性资源丰富而成为较理想的投资目的地。它们基本上都建立了较完整的国家安全审查机制，如表 4–2 所示。

表 4–2　日、法、加、澳外资安全审查机制比较

国家	法律框架与审查机关	审查理由与标准	程序要求	可诉性及其他
日本	《外汇与外贸管理法》；财政部和主管内阁部门	主要审查两个方面：①是否破坏国家安全或影响公共秩序或公共安全；②是否对本国经济造成负面影响	①交易方须在交易结束 15 日内向财政部报告；涉及特定交易方或特定行业等须事先批准。②审查期限为 30 天，可延长 4 个月。③无明确标准	①交易方可申请举行听证会或起诉。②无否决先例

续表

国家	法律框架与审查机关	审查理由与标准	程序要求	可诉性及其他
法国	《外资法》、《货币与金融法》；财政部负责实施，必要时与工业部和国防部协商	①涉及下属行业和活动的投资必须获得事先批准：a. 从事或可能偶尔行使公权力的企业；b. 从事可能影响到公共秩序、公共安全或自然保护活动的企业；c. 从事武器、军需品和爆炸性物质的研制、生产或销售的企业。②具体行业包括航空器材、能源、核能、密码系统、生物科技、纳米技术等。③无明确标准	①事后审查为主，但明确规定的行业须事先获得批准。②审查期限最长1个月，除非与交易方同意审查延期	①可以向法院起诉。②1992~1994年曾以危害公共秩序为由否决九起交易
加拿大	《加拿大投资法》；工业部投资审查署和传统部文化产业投资审查办公室负责审查	①总标准：是否“给加拿大带来净利益”。②六个参考因素是：对就业、出口、进口等的影响；在该目标企业中本国公民的参与程度；对生产力、技术进步、生产创新和产品多样性的影响；对竞争的影响；与本国工业、经济和文化政策的兼容性；对增强加拿大在国际市场竞争力的贡献。③具体审查标准因交易方的国籍、行业、投资金额和交易结构等因素而不同	①交易方须在投资开始后3日内申请审查。②初审为45天。③初审结束后，部长可决定延长30天，进一步延长需与交易方协商。④实际时间大多超过75天。⑤审查机关应与相关部和省投资部门协商，以保证政策协调性。⑥信息须保密	可能的结果：无条件批准（较少见）；附加条件（常见）；直接拒绝（罕见）；命令撤资或分解（从未发生过）
澳大利亚	《外资并购法》及《外资并购条例》；财政部负责审查，由外资审查委员会实施	大部分行业的小规模交易不受审查，审查对象是“与国家利益相悖”的交易，包括：①下列交易方应申请事先批准：对本国企业的“实质性利益”并购或计划并购金额达到1亿澳元的；计划投资达到1000万澳元的新建企业；对传媒业组合投资达到5%，以及全部非组合投资；外国政府及其机构的直接投资等。②敏感行业，包括房地产、银行业、航运、传媒、通信等	①交易方应事先申请审查。②审批在法定期间有效，若计划交易超过该期限或交易方在获批后达成了新协议，或交易未在12个月内结束，须重新审批。审批所用时间依具体情况而异。③信息须保密	①可诉；②尚无否决先例

由表4–2可得出下述共同点：一是都有明确法律框架、审查机关和程序性要求；二是在实质性审查标准上都存在很大的模糊性，如何谓“国家安全”、“国家利益”、“负面影响”等都难以确定；三是都具有可诉性，在

理论上为投资者提供了一定的申诉渠道；四是主要由某单一部门实施并做出决定，在必要时与其他相关部门协商；五是在实际操作中，都较少使用。

（2）德、英两国相关机制。德国《外贸法》授权政府基于国家安全、公共秩序、外交政策和贸易平衡等因素的考虑，可以对外资加以限制。但德国政府迄今尚未以国家安全为由行使过该项权力，也无相应行政机关对与国家安全有关行业的外资加以限制。尽管联邦卡特尔局有权对违反《反垄断法》的并购进行审查，但作为其重要考虑因素的“公共利益”通常只包括就业或军事需要，对是否构成对国家安全的威胁则不过问。目前，德国正积极修改《外贸法》，试图设立一个类似于美国外资委员会的机构负责进行国家安全审查。

英国无专门针对外资进行国家安全审查的规定。依《工业法》和《公平贸易法》，政府有权以国家或公共利益为由制止或重构内、外资对本国企业的并购行动，但英国政府从未以国家安全或国家利益为由行使过上述权力。[①] 此外，“金股机制”是英国重要的安全防范措施。它是英国政府为防止对私有化后的关系国家安全的重要企业失去控制，而在其中保留的对特定事项行使否决权的特殊股份。[②]

资本跨国流动是经济全球化的重要特征和必然结果，但全球化本身并非利益在不同国家间的均衡分配。具体到一个国家来说，外资对东道国经济的双重影响在本质上决定了东道国在投资政策上应坚持二元性，既要充分利用，又要注意防范。如何在其间取得平衡则与东道国经济发展阶段、资源禀赋状况等相关，更与其外资政策的合理性及监管能力有重大关联。

二、主权财富基金引发的安全问题及其应对

在大多数情形下，对外资的国家安全审查制度只是市场准入制度中对行业监管的补充性安排或“再审”机制。以中投收购摩根士丹利的股份为

---

① 1975 年《工业法》规定，当本国重要的制造企业被外资并购并危及国家利益时，政府有权干预。1973 年《公平贸易法》则规定对并购实施反垄断审查，其中准许对那些违反公平竞争和公共利益达到法定程度的交易进行审查。但英国政府从未以国家安全或国家利益为由行使过上述权力。

② 金股的特殊性表现在：第一，持有者是政府；第二，权益主要体现为否决权，而不是受益权或其他表决权（提名管理人员等）；第三，通常只有一股，且无实际经济价值；第四，由政府与其他股东个案商定。

例，前者在接受国家安全审查之前，既需要接受美联储依《银行控股公司法》进行的银行并购审查，[①] 同时，因为摩根士丹利是上市公司，故中投的收购行为又要接受美国证监会的监督。其中，美联储指出，当收购方对被收购银行不存在控制性影响或利益（通常而言，占股门槛应为 25%）时，收购后并不构成银行控股公司，但《银行控股公司法》对任何被收购份额超过 5%的并购案予以审查的规定表明，国会对即使不存在控制性影响或利益的银行并购案仍保持高度关注。在收购摩根士丹利股票的审查中，中投特别声明将不寻求控制权，也不会寻求对其运营施加影响，并同意遵守“消极性承诺”（Passivity Commitment）。[②] 比如，承诺不控制或不试图控制摩根士丹利的管理事务和政策制定，在董事会最多派出一位董事，不与摩根士丹利在董事、管理层、职员或代表上有交叉任职，以及限制中投与摩根士丹利之间的商业关系等。若中投试图对摩根士丹利或其子公司发挥控制性影响力，或购入更多股份（无论直接或间接），均需获得美联储的事先批准。除此之外，在银行业，美国还制定有《银行控制变动法》、《国际银行法》、《银行并购指引》等规则对外资收购美国银行严格监管。因而，可以说，国家安全审查是补充性的。

具体到我国，从法律规定上看，我国对外资并购的限制措施根据内容主要可分三类：第一，并购形式上的严格限制。境外投资者并购国内企业的形式主要限于四种，即购买海外上市的我国企业股份、购买 B 股、对我国股份有限公司的股份进行协议购买、购买境内外资企业的股份。第二，外商投资法律上的限制，主要对外资所并购的领域、对外商投资的股权比例、对内资和外资并购行为划分、境外直接收购国内企业及证券投资有严格的限制。第三，外汇管制的限制。其中直接相关的是 2006 年《关于外国投资者并购境内企业的规定》第 1 条、第 12 条和《反垄断法》第 31 条这三个条文，而前者作为我国外资并购领域的“基本法”，对涉及“国家经济安全”的外资的审查进行了相对具体的规定，后者只是一个不具有可操作性的宣示性条款，此外它们均未界定“国家经济安全”或“国家安全”。

依《关于外国投资者并购境内企业的规定》第 12 条，可以认为我国已

① 12 U.S.C. § 1842（a）（3）. 银行并购审查的主要事项包括：竞争因素、银行服务的可获性、监管因素、银行负债、管理能力和反洗钱状况。

② 即投资公司（Investing Company）不能对另一家银行控股公司或银行施加控制性影响。

初步建立了对外资的“国家经济安全”审查机制。主要内容是：第一，审查主体是商务部，在其认为必要时，“可以”与相关部门共同行动。第二，审查标准是外国投资者并购境内企业并取得实际控制权，存在影响或可能影响国家经济安全的因素。第三，启动方式有两种，一是并购方主动申报；二是审查主体在并购已经或可能对国家经济安全造成“重大影响”时主动发起审查。第四，审查主体拥有阻止交易或采取其他措施的权力。

然而，目前在我国进行的外资交易产生的主要问题通常限于限制竞争、国有资产流失、核心技术缺乏症三方面。尽管在立法上存在模糊性，但若认为这三方面的问题足以对“国家经济安全”造成影响或重大影响，那么当以此与美国的外资国家安全审查标准相比时，我国的审查标准可能显得过高。

这些问题完全可以通过现有的法律和政策渠道解决，而不能将国家安全审查等同于“外商投资审批制度”，也没有必要轻易上升到国家安全的高度，否则反而会影响我国对外资的正常利用。[①] 进而，我国应充分借鉴其终局性特征，强化市场经济法治建设，比如全面落实《反垄断法》、《外商投资产业指导目录》及其他相关法律法规，增强中央与地方政府在外资政策方面的协调性，慎用国家安全审查机制。

还应指出的是，在国有企业在境外进行投资时，我国政府应特别注意淡化或回避政府与企业间的控制关系，不应试图通过政府发挥政治因素，影响美国或其他国家的国家安全审查决定。作为平衡经济利益与国家安全的审查过程本身就是一个如何排除对商业决策的政治干扰的过程。故从外国国企的母国政府发出的声音在更多情形下可能难以起到自身期望的结果，反而授人以柄。[②]

此外，要使我国企业尤其是国有企业在“走出去”过程中减少和避免类似于华为与3COM并购案之类的失败，最为有效的对策就是继续深化国有企业改革，减少政府对企业商业决策的干预和企业对政府的依赖，使国有企业真正在商业原则基础上运行。[③]

---

① 据OECD在2006年对其29个成员国和13个非成员国对FDI的限制措施的评估，我国是限制措施最为严格的国家。

② 在优尼克案中，我国外交部“警告美国国会不要干涉并购交易”的声明，就被美国国会视为中国政府试图干预商业决策的证据。

③ 如在中海油收购优尼克案中，国会反对的重要理由就是中海油一方面接受政府的巨额补贴，另一方面出价比对手高出10亿美元，被认定不符合商业原则。

第三节　主权财富基金与关键基础设施保护制度

通过主权豁免的相关规定以及国家安全上的限制，主权财富基金一方面失去了母国政府所享有的主权庇护，母国国家所有权带来的优势或享有的特权已被剥夺殆尽，在很大程度上类似于外国私人投资者接受东道国监管；另一方面通过国家安全审查机制，东道国进一步将其威胁本国安全风险的控制权操之在手。在此基础上，几乎所有的东道国都制定了关键基础设施保护制度（Critical Infrastructure Protection）。尽管该项制度并非为主权财富基金量身定做，但它所涉广泛，并可能对后者的投资决策和全球的资金流向产生重要影响。对此，国内学界对此鲜有论及，在制度层面也付之阙如，故有专门探析之必要。

一、关键基础设施保护制度的主要内容

各国对关键基础设施保护的规定不尽一致，但均认为，关键基础设施为国家、社会和市场运行提供了最基本保障，一旦被破坏，可能导致大规模人员伤亡和财产损失，且会严重损害民族自信。故保持其运行的可靠性与稳定性是一国文明进步的象征和民众安居乐业的前提。所谓关键基础设施保护是指对可能造成地区或国家基础设施严重破坏事件的防范和应对。

1. 关键基础设施的具体含义与涵盖范围

不同国家对关键基础设施有着大致相同或类似的规定，具体如表 4-3 所示。

在具体行业分布上，大部分国家也都采取较宽的界定方式，如表 4-4 所示。

可见，关键基础设施保护制度所涉及行业较为庞杂。“关键性”伴随着国内发展程度和对外依赖程度的提升而得以强化。比如，美国 1983 年首次提出此概念时，关键基础设施主要指交通运输、供水与废水处理、教育、公共医疗等 6 个方面，到 2003 年涵盖行业已达 16 个，粮食、化工、

表 4-3 关键基础设施的界定示例[①]

国家	关键基础设施的含义
美国	对国家非常重要的系统和资产，既有物理基础设施也有信息基础设施，一旦瘫痪或损毁将对国家安全、国家经济安全、国家公众健康或安全产生巨大破坏性影响；在投资政策方面的界定将影响到国家安全
英国	支撑英国经济、政治和社会生活的资产、服务和系统，一旦失去它们，就会导致大量伤亡，或对国家经济产生严重影响，或对国家产生其他极其严重的社会后果或引发英国政府的高度关切
澳大利亚	一旦损毁、灭失或在较长时期内不能获得就会对国家社会和经济生活造成严重影响，或严重影响到国防能力、确保国家安全能力的物理设施、供应链、信息科技和通信网络
加拿大	一旦损害或崩溃就会对国民健康、安全、经济生活或政府有效运转造成严重影响的物理设施、信息技术设施、网络、服务和资产组成
德国	一旦失败或损毁就会导致持续性供应短缺、对公共秩序带来严重破坏或其他激烈后果的重要组织和设施
荷兰	一旦损毁或失败就会导致严重社会动荡的产品、服务和相应的程序

表 4-4 关键基础设施涵盖的行业示例[②]

行业	美国	英国	澳大利亚	加拿大	德国	荷兰	欧盟
能源	√	√	√	√	√	√	√
通信	√	√	√	√	√	√	√
金融	√	√	√	√	√	√	√
医疗	√	√	√	√	√	√	√
食物	√	√	√	√	√	√	√
水	√	√	√	√	√	√	√
交通	√	√	√	√	√	√	√
安全	紧急服务	紧急服务	紧急服务	√	√	√	√

① 美国：Department of Homeland，National Infrastructure Protection Plan，2006，www.dhs.gov；26 U.S.C. § 1016（e）.

英国：Home Office Security，Counter Terrorism Strategy：Protecting the Critical National Infrastructure，www.security.homeoffice.gov.uk.

澳大利亚：Australian National Security，What is Critical Infrastructure? www.ag.gov.au/agd.

加拿大：Public Safety Canada，About Critical Infrastructure，www.ps-sp.gc.ca.

德国：Federal Office for Information Security，Critical Infrastructure Protection in Germany，www.bsi.de/english/topics/kritis/KRITIS_in_Germany.pdf.

荷兰：Ministry of the Interior，Netherlands Report on Critical Infrastructure protection，2006，www.navi-online.nl.

② 参见“表 4-3”对应的注释，以及 Commission of the European Communities Green paper on a European Programmes for Critical Infrastructure Protection COM（2005）576.

续表

行业	美国	英国	澳大利亚	加拿大	德国	荷兰	欧盟
政府	√	√	√	√	√	√	√
生物	√			√	√	√	√
国防	√		√	√	√	√	
其他	水坝、商业设施、国家纪念设施		公众集会国家象征			司法系统	空间设施

邮政、能源、金融等行业被纳入保护清单，教育、监狱等则不再“关键”。①

2. 欧美关键基础设施保护制度的适用流程

（1）美国的做法。美国于 1996 年组建“保护基础设施委员会”，2003 年发布《关键基础设施与资产物理保护的国家战略》。② 其政策出发点是确保关键基础设施运行的连续性，故须利用所有必要措施灵活应对关键基础设施的物理与虚拟攻击，以保证联邦政府对核心国家利益的保护能力；保证州和地方政府提供最低限度核心公共服务的能力；保证私营部门正常运行。③

国土安全部是关键基础设施的保护主体，负责制定和实施保障计划，以确保公众安全和生活保障；鼓励政府内部及政府与工业部门间的合作；鼓励最大限度地利用市场途径解决问题；促进信息共享和国际合作等。④ 关键基础设施的行业监管者与地方政府即该行业牵头机构，同时成为联邦层面的功能性协调机构，但在国防、外交以及情报等领域则由国土安全部而非地方政府牵头。

（2）欧盟的做法。2004 年 12 月，欧盟理事会就欧洲关键基础设施保护项目和建立欧洲关键基础设施预警信息网络达成共识，于 2006 年制定《欧洲关键基础设施保护指令》。依该指令，关键基础设施保护由欧盟和成员国两个层面来推行，后者应把该项目内容转化为国内法实施。

欧盟就关键基础设施的识别提出了最低限度考虑因素，包括范围和严重性两方面，分指影响所及的地理范围与严重程度。这里，需考虑公众效

① John Moteff and Paul Parfomak, Critical Infrastructure and Key Assets: Definition and Identification, 2004, p. 18.

② Office of the President, The National Strategy for the Physical Protection of Critical Infrastructure and Key Assets, Feb. 2003, p. 28.

③ Homeland Security Presidential Directive HSPD-7; Presidential Directive PDD-63.

④ Department of Homeland Security, The 2009 National Infrastructure Protection Plan, 2009, p. 4.

应即受影响人数的多寡、经济效应即经济损失或产品或服务短缺的程度、环境效应、政治效应、心理效应和公众健康后果等。[①]

二、关键基础设施保护制度在国际投资领域的应用

关键基础设施保护制度往往同时作为国民待遇例外而基本上不受国际法约束，从而给予了东道国规制“自由发挥”的空间。

1. 关键基础设施保护制度对国际投资的作用路径

检阅 OECD《国民待遇工具》发现，基础设施涵盖的行业是歧视性投资政策最集中的领域，这里仍以前述六国为样本进行分析（见表 4-5）。[②]其中，交通运输、金融业、广播电视等行业都面临特殊监管。

表 4-5　国民待遇例外规定例览

行业	美国	英国	澳大利亚	加拿大	德国	荷兰
银行与金融	√	√		√		√
能源	√	√		√		√
国防	√	√	√		√	
邮政通信	√		√	√	√	√
广播电视	√	√	√	√		√
交通运输	√	√	√	√	√	√
跨行业	√	√	√	√		

东道国对这些与关键基础设施有关的行业的特别监管主要以下述三种形式体现出来：其一，全面限制。比如，几乎所有国家都因其涉及国家安全、内政以及经济利益等敏感问题而对第八航权（Cabotage）即国内航线经营权严加限制；瑞士的客货航空均只能由本国国民经营。其他方式包括对其在某一行业单个机构的所有权或控制权加以限制，如韩国的广播电视机构对外国投资者完全关闭，而外国投资者对有线和卫星电视的所有权上限是 33%。其二，行业审批限制。其三，一些国家允许外国投资者跨行业在本国进行基础设施投资，其中，11 个国家认为当投资危及核心安全利

① COM（2006）786 final，p. 3.

② OECD，National Treatment for Foreign-Controlled Enterprises，2009，p. 11.

益时可予以制止。[1]

2. 关键基础设施保护制度对主权财富基金的适用

若将关键基础设施行业、国民待遇例外行业以及下面提及的国际投资法根本安全例外相比较，不难发现这三者实际上使东道国对很多行业的外资享有甚少受到约束的监管权力。如前所述，这些行业包括金融业、能源产业、通信交通等，它们自身的价值具有独立性和重要性，而较少受制于外在尺度如纸币等价值波动的影响，从而成为具有稳定而恒久内在价值的投资品。它们不同于所谓的虚拟经济，后者常常具有高流动性、不稳定性和高投机性等特征。也正因此，前者成为其主要投资对象。实际的交易数据也显示，主权财富基金自 2007 年以来的主要投资领域集中于金融服务、能源开采、信息通信等行业，[2] 而它们正是东道国监管权力最为集中的领域。数据同时显示，危机之后，主权财富基金已大幅减少了对金融机构的投资，投资领域趋多元化。就个例而言，也是如此，尤其是亚洲的主权财富基金倾向于投资这些“敏感”而缺乏保护的产业。以中投为例，根据媒体公布的消息，其在 2009 年的主要投资对象包括：加拿大泰克资源公司、哈萨克斯坦石油天然气勘探开发股份有限公司、新加坡来宝农业集团、印度尼西亚布米资源公司、英国歌鸟房地产公司、美国橡树资本公司、澳大利亚嘉民房地产信托集团。

3. 关键基础设施保护的缺陷与完善

第一，东道国尚不清楚关键性的真实含义和度量因素，故有扩大保护范围的倾向。“关键性”的确定在本质上是对优位社会利益的采认过程，是对整个政治经济文化系统内部及它们之间相互依赖关系及传导机制的识别过程，而这种采认和识别就长期而言多因主观因素（如政治力量的变化）和客观因素（如科技发展）而变动不居。在关键基础设施保护制度中，“关键性”决定了行业覆盖和保护程度，故这一概念的不确定性几乎必然导致该制度的合理性和正当性受到质疑。类似于危机爆发以后，金融监管中突出强调的“具有系统重要性的金融机构或金融市场或金融工具”中的“系统重要性”概念，我们需要找到合理的指标来实现对关键性更清晰的说明。

---

① DAF/INV/WD（2006）13/REV1，p. 19.

② ICEX-Invest in Spain，ESADE Business School and KPMG，Sovereign Wealth Fund 2013，p.59.

第二，关键基础设施保护制度在很大程度上与国家安全审查制度相重叠，它们之间的关系需要进一步厘清。首先，必须承认在这两种制度之间依然存在很重要的差异，比如：其一，目的不同。基础设施保护制度旨在保护国家政治、经济和社会生活正常运转的基础，而国家安全审查是为了保护国家安全不受到外资的侵害。其二，主体不同。二者分别有专门性的政策或法律执行机构。其三，客体不同。基础设施保护制度的客体是任何可能危及关键基础设施的灾害、事故或袭击，而国家安全审查制度的客体是外国投资。其次，它们在实施流程等问题上也有诸多不同。但我们仍不能忽视当它们都集中在外资进入问题上而带来的重复审查问题，因为关键基础设施的涵盖范围广泛，其中那些具有“关键性”的行业也常常为国家安全审查所重视，如银行业等。因关键基础设施保护大致还是倚重行业性保护的特点，在国家安全审查中，银行监管者也是决策成员之一，故在审查主体上仍有所重合；故当具体到某一投资行动时，比如主权财富基金收购美国银行机构股份时，这一收购行动实际上就可能面临重复甚至多重审查（若考虑到银行监管者的审批程序的话）的问题，而由此带来的交易不确定性和资金价格的提升对促进资金自由流动和经济增长都绝非好消息。

第三，应推动关键基础设施保护制度的国际协调或趋同。主要原因在于：一方面，基础设施关键性的地理维度还体现为不同国家与地区之间的相互依赖，或该基础设施的跨境溢出效应，在此情形下的风险管理已不仅是单个国家或地区的事情。关键基础设施不应成为阻碍包括主权性投资在内的外资的进入。若各国仅着眼于本国情形而一味地扩大关键基础设施的保护范围，把对很多行业的监管权限付诸不受国际法约束的自由裁量权，就有可能阻碍资金和商品的自由流动，激发“以邻为壑”的短视行为和保护主义，陷入“公地悲剧”。另一方面，在现代社会中，无形服务或资产如信息系统的重要性日益增强，以及问题来源如传染病等，它们在很大程度上是反地理边界或者说地理界限对它们的约束力有限，对它们的保护是实现公共利益的过程，没有国际社会的合作就很难实现对它们的有效保护。这就要求在全球层面上建立有关关键基础设施保护的共识和制度安排。

第五章　主权财富基金的国际法规制

主权财富基金及其投资的兴起给现有国际投资法律框架带来了巨大挑战，主要体现为国际投资格局的重大逆转，即资本流向和资本性质的转变。资本流向转变是指资本流动中由北向南的局面逐渐被由南向北的局面所取代，资本性质转变是指跨国资本的流动从传统上公私资本相互隔离、反向流动的局面转变为公私资本的混杂交错，从而难以从性质上辨识它们。自20世纪90年代末以来，公私对立已不再严格遵循南北界限展开。尽管私人投资者仍然主要来自发达国家，但这些投资者的挑战对象已不仅限于发展中国家。

主权财富基金的兴起意味着在传统上“从北到南”的“（主要来自发达国家的）私人（投资者）—国家”的争端结构一举转变为“（主要来自发展中国家的）主权投资者—私人（投资者或目标企业）”。此结构蕴含着一系列新的特征：其一，流动中的资本性质不同，传统的资本流动及国际投资法中的投资都是私人资本，而主权财富基金通常被视为官方资本。其二，资本流向不同。其三，争端发生的领域或焦点不同，传统的争端焦点是外资保护与待遇问题，而新结构下的争端焦点是对目标公司的治理与绩效的不良影响，以及对其他市场参与者的不良影响。其四，争端解决的方式不同，传统争端解决基以双边或多边投资协定等规则为基础、以国际投资仲裁机构为平台来解决；“越界”的主权财富基金在国际法中的定位尴尬，东道国多倾向于将其完全纳入本国规制范围中，并从严监管。

如果说流向逆转是传统资本输出、输入国在全球经济结构与实力发生变化的必然结果，体现了南北对立的新局面，那么这里所讲的资本性质的逆转就破除了公私法二元结构对立以及上面所提到的通常所说的国际金融与国际投资的对立；若说流向反转是主权者之间相对地位的起伏变化，那么性质转变就体现了法律关系上的混淆或融合。①

主权财富基金在很大程度上代表着国际投资格局的结构性转变，形成了新的公私对立和南北对立，② 从而对传统以私人投资为基本规制对象的国际投资法构成了严重冲击。再加上，近年来包括欧美在内的诸多国家在投资政策上趋于保守，③ 这使得在国际社会中存在将其纳入到东道国监管法律框架中的趋势。但这样各自为政的做法并非解决问题之道，仍将阻碍资本在全球的自由流动，加剧全球经贸不平衡。

本章主要讨论主权财富基金在现有国际法框架内可能面临的主要问题，旨在阐明它原则上应被视为国际投资法的投资者，但应分类规制；在跨国税收处理上，在国际社会应建立税收信息共享系统；为防范其引发跨国争端，应坚持类型化规制，那些具有系统重要性的非市场投资者的主权财富基金交由金融稳定理事会监管和协调解决，对那些具有市场投资者性质的主权财富基金，则依国际私法的规定处理。依此思路，本章结构安排如下，首先讨论主权财富基金是否应被视为国际投资法上的投资者，其次分析如何处理其跨国税收问题，最后阐述国际争端解决机制的重构。

第一节　主权财富基金的国际投资法规制

在国际投资法视野中，主权财富基金是一个异类。除了主权财富基金自身在性质上的复杂性和存在形态上的不确定性外，国际投资法本身的不完善和不成体系也是重要根由：迄今仍缺乏一个全面规范投资待遇、投资

① 有关主权与法律的关系，参见 Pavlos Eleftheriadis，“Law and Sovereignty”，Oxford Legal Studies Legal Research Paper Series，No 42/2009，2009，p. 1.

② 一个突出体现是卡尔沃主义不仅在拉美国家复苏，甚至在美国国会也突然流行起来，美国传统高标准的投资保护承诺已发生“逐渐的、相对缓和（但很清晰）的弱化现象”，以至于在 2004 年双边投资协定范本修改与其后的实践中采取了一些更加保守的做法。一些学者因此断言“国家主权”与“公司主权”的对立即公私冲突正在取代南北矛盾。单文华：《从“南北矛盾”到“公私冲突”：卡尔沃主义的复苏与国际投资法的新视野》，《西安交通大学学报（社会科学版）》2008 年第 28 卷第 4 期。

③ UNCTAD，“World Investment Report 2009：Transnational Corporations，Agricultural Production and Development”，p. 21.

保护、投资争议解决等有关国际投资重要问题的综合性国际投资条约。[①]众多的双边或区域投资条约所形成的网络已成为规制国际资本流动的主要形式，并在有关国际投资法的基本范畴上取得了若干初步共识。本节分析主要国际投资法律规范对主权财富基金的适用性，指出应对其做类型化处置，实施有区别的规制措施。

一、“投资”及“投资者”界定与主权财富基金的定性

“投资”与“投资者”的适格性是国际投资法中的重要内容，它限定了相关国际投资法的适用范围和权利义务在母国、东道国及投资者三个主体间的配置；同时，法律上所谓的投资及投资者与财务或基于其他目的而做出的界定多有不同，甚至差异很大。故厘清其界定具有重要意义，而主权财富基金的出现则凸显了传统界定在满足现实需要时的捉襟见肘。

如前所述，国际投资法律体系尚无公认的有关投资与投资者适格性的具体规定，本研究以投资争端解决国际中心（The International Center for Settlement of Investment Disputes，ICSID）在若干判例中确立的做法为中心对它们加以分析。原因在于：ICSID 到目前为止堪称最重要的国际投资争端解决机构，许多自由贸易协定和双边投资协定都规定，投资者可将之与东道国的争议提交 ICSID 仲裁。《投资争端解决国际中心仲裁规则》正在被越来越多的国家所接受；截至 2008 年底，《华盛顿公约》的缔约方已达 155 个，提交到 ICSID 仲裁的案件也累计达到 268 个。[②] 故尽管其裁决不具先例效力，但在实践中所有的仲裁庭几乎无例外地援引其他仲裁庭先前裁决

---

① 第二次世界大战后，国际社会为国际投资的国际法制做出了不懈的努力。双边国际投资法制成果丰硕、区域性多边投资法制不断加强，但全球性国际投资立法却收获甚微。真正称得上全球性国际投资条约的，只有《解决国家与他国国民间投资争端公约》、《多边投资担保机构公约》、《服务贸易总协定》、《与贸易有关的投资措施协议》、《与贸易有关的知识产权协议》等寥寥几个。调整国际投资的普遍性实体法律规范之所以难以确立，主要原因是：第一，各国对什么是管理国际直接投资的最佳方法一直存在着严重分歧；第二，依据习惯国际法，国家有管理外资的排他性权利，一个约束国家外资管辖权的国际条约的产生需要艰苦谈判和尊重各国自愿的原则；第三，南北经济差距的存在和不断扩大，使得两类国家对普遍性国际投资条约的价值取向、实施条件、规则的制定机构和场所、对外资管辖权进行约束的范围和程度等基本问题认识不一。刘笋：《从多边投资协议草案看国际投资多边法制的走向》，《比较法研究》2003 年第 2 期。

② “ICSID Annual Report 2008”，available at http：//icsid.worldbank.org/ICSID.

的分析，甚或循以为据。

投资者适格性据以确认的前提是存在适格的投资。只有二者都满足法律上的适格性，它们才会受到国际投资法的保护。一般而言，投资存在不同的界定方式，联合国贸发会议以界定的基础不同大致将其分为三种——以资产为基础的投资、以企业为基础的投资、以交易为基础的投资。其中，以第二种尤为常见，它是指一国的实体企业为获得可持续性收益，在另一国建立的企业，通常包括任何种类的资产，无论是有形资产还是无形资产；无论是股权投资还是债权投资；也无论是投资者投入东道国的资产还是投资者在东道国取得的资产。[①]《华盛顿公约》尽管以国际投资及其引发的争端为对象，并在其第 25 条第一款中规定，“中心的管辖适用于缔约国（或缔约国向中心指定的该国的任何组成部分或机构）和另一缔约国国民之间直接因投资而产生并经双方书面同意提交给中心的任何法律争端”，但却始终未对投资做出界定。主要原因在于，该公约第 4 条同时规定，“任何缔约国可以在批准、接受或核准本公约时，或在此后任何时候，把它将考虑或不考虑提交给中心管辖的一类或几类争端通知中心”，这种做法加上“双方书面同意”就构成一个仲裁前置程序，[②] 从而在客观上将“投资”适格性的判断部分地交给了缔约国。当然，各国在此关键概念上难以达成一致也是重要原因，这种表述只是一个妥协而已。[③] 这种做法实际上将是否构成法律上的“投资”的判断权在个案基础上转诸仲裁庭，ICSID 的裁决因而具有重要意义。

在 ICSID 的裁决中，判断一项经济支出是否投资的依据是 Salini 标准，该标准来自于 Salini v. Morocco 案，是指“投资”应具备以下要件或特征：第一，投资者是否投入金钱或其他具有经济价值的资产；第二，项目已运行一段时期（2~5 年）；第三，存在风险；第四，对东道国经济发展有贡

---

① UNCTAD，Scope and Definition，New York and Geneva，1999，p. 7.

② Report of the Executive Directors on the Convention on the Settlement of Investment Disputes between States and Nationals of Other States，International Bank for Reconstruction and Development，March 18，1965. Para，27.

③ 各国谈判代表提出的“投资”界定，参见 R. Doak Bishop，James Crawford，William Michael Reisman，*Foreign Investment Disputes：Cases，Materials，and Commentary*，Kluwer Law International，2005，pp. 326-329.

献。[①] 其中，就目前来看，大部分经由 ICSID 仲裁的案件都坚持这一标准。在新近的 Malaysian Historical Salvors v. Malaysia 案中，仲裁庭指出，国际仲裁庭对“投资”主要采取两种分析方法，即典型特征（Typical Characteristic）分析法和权限（Jurisdictional）分析法，前者将上述四因素作为投资的必要条件，后者则将其视为充分条件。[②] 该案的“再审”裁决指出，对“投资”未予以界定是刻意为之，公约也未曾授权仲裁庭或明确认可 Salini 标准，故不应僵化地套用 Salini 标准，而应坚持典型特征分析法，在投资的内在限制与外在限制之间达成妥协，采取具体分析和通盘考虑的方法做出经验性判断。[③]

从仲裁庭的态度上看，ICSID 实际上又将界定投资的使命部分地还给了当事人双方，这种做法在多边场合甚为常见，如《东盟投资促进和保护协定》。[④]

从而，双边投资协定的规定就十分重要。然而，双边投资协定对投资的界定也不尽一致，大部分国家采取了基于投资特征的宽泛界定，即对投资的特征有基本的说明或限定，凡达此门槛者，皆为法律意义上的投资，如美国、德国、法国、印度、挪威、哥伦比亚等国。投资的主要特征与前述 ICSID 的大致相当，即投入资本或其他资源、盈利目的，或承担风险。其中，以美国的界定最具代表性，即“投资”界定为，“为投资者直接或间接控制或拥有的，具有投资特征（即投入资本或其他资源、盈利目的，或承担风险）的资产”，而随后列举的投资形式从企业、股份、股票到收益分成、知识产权、特许权、抵押权等不一而足，非常广泛。[⑤] 在这一类

① Salini Construttori S.p.A. and Italstrade S.p.A. v. Kingdom of Morocco，ICSID Case No. ARB/00/4，Decision on Jurisdiction，23 July 2001. 在该案中，申请人 Salini 是意大利公司，竞标取得在摩洛哥修建高速公路的合同，因其较预期晚了四个月交付摩洛哥政府使用，故后者拒绝全额支付建筑费用。双方就此提交 ICSID。仲裁庭法官遂提出该四个因素作为判断本案中建筑合同是否构成投资的标准。Saipem S.p.A. v. The People's Republic of Bangladesh，ICSID Case No. ARB/05/07，Decision on Jurisdiction and Recommendation on Provisional Measures，Mar. 21，2007，para. 99.

② Malaysian Historical Salvors，SDN，BHD v. The Government of Malaysia，ICSID CaseNo. ARB/05 /10，Decision on Jurisdiction，May 17，2007，para 105.

③ 所谓内在限制即投资的法律含义，外在限制即当事人双方的书面同意。这种妥协主要针对的情形是：当事双方就提起仲裁的事项达成书面同意，而由当事双方筹组的仲裁庭可以以该事项非投资为由拒绝行使仲裁权。Malaysian Historical Salvors，SDN，BHD v. TheGovernment of Malaysia，ICSID CaseNo. ARB/05 /10，Decision on Jurisdiction，May 17，2007，para 72，79，106.

④ Article Ⅱ，1987 ASEAN Agreement for the Promotion and Protection of Investments.

⑤ Article 1，2004 US Model BIT.

做法中，对投资持续时间的要求没有说明，但其实时间标准是隐含地存在的，比如美国规定，那些国库券和长期债券更具有投资特征，而即时交割的支付则较少具有上述特征。[①] 哥伦比亚间接地对期限提出了要求，而且做出消极界定，即将公共债务设施、仅基于销售或商业交易的支付要求排除在投资之外。[②] 我国也属此类，相关协定对投资的含义非常广泛，甚至未对投资特征做出描述。[③] 与此做法相反，有些国家对投资的界定较为详尽或狭窄，比如加拿大。加拿大 2004 年的《双边投资协定示范法》详细列示了投资的范围或种类，而且规定，“投资”不包括：第一，期限不满三年的企业债券或借款和国有企业的债券或借款；第二，金融机构在贷款或债券不能作为监管资本的金融机构所在国发行的债券或获得的贷款，以及金融机构在这样的国家购入的债券或发放的贷款；第三，缔约另一方和国有企业发行的债券或获得的贷款；第四，仅基于商业交易或与商业交易有关的授信而产生的支付要求，或没有资产投入的支付要求。[④]

综上所述，可得如下结论，即法律上的投资有相对明确的界定，但这种界定需要参照国际投资仲裁机构的惯常做法，但同样甚至更为重要的是双边或多边的做法；必须把投资与贸易区分开来，前者应具有持续时间、承担风险和盈利目的的要求。据此，并结合主权财富基金的投资行为特征，[⑤] 我们可以发现，其财务投资行为基本上满足法律上的投资标准，但对其特定行为以及对特定国家而言，则可能有些财务投资不被视为法律上的投资，尤其是涉及对其经营目的即是否以盈利为目的，和其所有权性质即是否国有企业的判断时。

然而，主权财富基金是否一定会成为国际投资法上的投资者？或者

① Article 1, 2004 US Model BIT.

② Article 1 (2), 2007 Colombia Model BIT.

③ 在我国与其他国家签订的双边投资协定中，投资多被界定为，“‘投资’一词是指缔约一方根据其法律和法规允许的各种资产，主要是：第一，动产、不动产和其他任何财产权利，如抵押权、使用权、留置权或质权；第二，公司的股份、股票、债券和类似利益；第三，金钱的所有权或具有经济价值的任何合同的所有权；第四，著作权、工业产权（如发明专利、商标、工业设计）、专有技术、工艺流程、商名和商誉；第五，法律赋予或通过合同而具有的经营特许权，包括自然资源的勘探、耕作、提炼或开发的特许权。所投资产形式的变更，在不违背在其领土和海域内接受投资缔约一方的法律规定的条件下，不影响其作为投资的性质。”参见《中华人民共和国政府与澳大利亚政府相互鼓励和保护投资协定》第 1 条第 1 款等规定。

④ Section A, Article 1, 2004 Canada Model BIT.

⑤ 参见第二章有关主权财富基金投资行为特征的描述。

说，它在投资中可能面临哪些特殊待遇？投资者通常包括自然人、法人，其中法人又包括直接在东道国从事投资活动的投资者，以及间接在东道国从事投资活动的投资者。其中，直接投资者以法人注册地原则来确定国籍，而间接投资者则需要通过揭开公司的面纱，依实际控制来判断。[①] 故讨论这一点的主要用意在于：一是其组织形式对其投资者适格性的影响；二是探讨其通过在其他国家如离岸中心设立子公司规避监管的可能性。

就组织形式而言，投资协定中的法人实体基本等同于广义上的公司，即根据有关法律组建或组织的实体，无论其组建目的是否为盈利，由私人还是政府拥有或控制，包括股份公司、信托公司、合伙企业、个人独资、分支机构、合资企业、协会或其他组织等。但有些国际投资条约中的投资者排除条款将非商业机构如教育、慈善或其他非营利机构排除在外，比如《多边投资担保机构公约》规定，“只有商业机构才是合格投资者”。[②] 当然，也有些投资协定则试图把非商业机构囊括在投资者中，如德国 1991 年 《双边投资协定示范法》规定，“公司包括法人和不具有法人资格的企业或协会，无论其是否具有盈利动机”。[③] 事实上，非营利机构的活动确实有可能形成投资，如设立研究机构或为慈善或教育目的而向企业进行组合投资等。在此情形下，非营利机构与其他组合投资者并无本质区别。在国际投资法的实践中，若无明示，国有企业通常被默认为普通商业机构而受到投资条约的约束，但国家机构本身是否能够成为“投资者”则需要明确规定。如《阿拉伯投资统一协定》规定，“阿拉伯国家及以直接或间接方式完全国有的机构，都应被视为阿拉伯居民”。[④] 类似地，《多边投资担保机构公约》也指出是否私有性质对界定一个合格投资者并无影响。[⑤] 考虑到前述的投资适格性标准，我们可以认为，即使以央行组成部分出现的主权财富基金在大多数情形下也可构成适格投资者。

“实体控制”标准或间接投资者的识别涉及主权财富基金两个层次的问题：其一，它的投资可否视为该母国政府的投资；其二，它通过子公司或参股公司的投资可否视为其自身的投资。在国际投资法的实践中，对

---

① Article 25 (2), ICSID Convention.

② Article 13 (a) (iii), Convention Establishing the Multilateral Investment Guarantee Agency.

③ Article 1.4 (a), 1991 model BIT of the Federal Republic of Germany.

④ Article 1.4, The Unified Agreement for the Investment of Arab Capital in the Arab States.

⑤ Article 13 (a) (iii), The Convention Establishing the Multilateral Investment Guarantee Agency.

“控制”或“有重大影响”的判断出现了若干量化标准，如所占股份的比例（如10%）、在董事会中的席位数目等，在更多时候涉及东道国政府的主观判断。同时，主权财富基金在这个方面做法上的差异使得必须对其进行类型化处理。这在下面的具体阐述中还将提到。

二、主权财富基金适用国际投资法的困境

如前所述，即国际投资法在很大程度上只是有关对私人性质的外商直接投资的国别性、区域性及双边规定的一个总称，简而言之，它是拼凑式的，缺乏一个类似于国际贸易法的完整框架。因而，毫不意外，国际投资法也只能对其引起的相关问题提供相当有限的解决方案，主要包括相关国际贸易规则、双边或多边投资规则及专门的自律性规范即《圣地亚哥原则》。

1. 国际贸易法中投资规范对主权财富基金的适用性

（1）国际贸易规则中主要的投资法律规范。世界贸易组织关于国际投资的协议主要有四个:《与贸易有关的投资措施协议》（TRIMS）、《与贸易有关的知识产权协定》（TRIPS）、《补贴与反补贴措施协议》（SCM）、《服务贸易总协定》（GATS）。

其中，TRIMS适用于与货物有关的特定投资措施，专门处理对贸易主要是货物贸易具有限制和扭曲作用的措施，旨在促进国民待遇和消除数量限制，并不实质性地处理普通意义上的投资问题，在很大程度也与其投资偏好存在较大差异。

TRIPS明确规定了在保护知识产权方面的基本原则，保护知识产权的规定与国际投资具有密切联系。知识产权作为一种财产权可以用于投资，对知识产权保护不力可能构成投资障碍，在主权财富基金的投资行为中，尚无以知识产权出资的先例。

SCM中的补贴指在某一成员国的领土内，由政府或任何公共机构向企业提供的财政资助，以及采取的任何形式的收入支持或价格支持和由此而给予的某种优惠。补贴分为禁止性补贴、可申诉补贴、不可申诉补贴。对禁止性补贴和可申诉补贴，受损害的成员方可以采取反补贴措施或救济方法对其损失予以弥补。在国际投资中，由于该协议普遍适用于一国所有内资和外资企业，故东道国的投资激励措施可能构成该协议所定义的补贴行为而受到该协议的管制。上述三个文件是对东道国在某一具体方面的投资

或贸易限制措施所做的禁止性规定，即对贸易限制措施、知识产权保护乏力以及对本国企业的财政补贴等的限制，现有的主权性投资较少地涉及这些方面，相关性不甚显著，故不予以专门讨论。

GATS 所追求的服务贸易自由化与去除投资障碍有着密切关联，尤其是对“商业存在”的有关规定；到 2008 年 9 月，主权财富基金在服务领域的投资占到总交易数量的 56%，占总交易额的 54%。[①] 协定将无歧视待遇应用于并购东道国当地的服务业供货商，从而为促进资本在服务行业的流动发挥了重要作用。当成员国主权财富基金投资于另一成员国服务业时，试图阻止这类投资的行为都属于对其在协定中的承诺及相应义务的违反。东道国应承担的义务以最惠国待遇和国民待遇原则为基础，或以具体承诺为基础。

GATS 的适用范围是各成员方采取的影响服务贸易的各种措施，包括中央、地区或地方政府和主管机关及其授权行使权力的非政府机构所采取的措施。GATS 所指的服务包括任何部门的任何服务，但在行使政府职权时提供的服务除外。

GATS 规定的成员国义务分两类，即一般性义务和具体承诺义务。其中，一般性义务的规定自协定生效之日起即适用于成员方的任一服务部门的任何服务（不包括除外规定），无论其是否在服务贸易承诺清单中做出具体的开放服务业的承诺。主要内容包括最惠国待遇、透明度原则、服务贸易一体化安排、紧急保障措施、保障国际收支平衡而实施的限制等。具体承诺义务规定并不当然适用于各成员方，而是成员方经过双边或多边谈判达成协议后才承担的义务，它适用于成员方在具体承诺清单中列出的具体服务部门，对未列举的服务部门不适用。这方面义务包括市场准入和国民待遇两项。

（2）GATS 对主权财富基金的适用困境。不应忽视将 GATS 适用于主权财富基金的若干障碍：第一，GATS 仅适用于外国机构“控制”东道国目标公司的行为，少数投资难以构成充分条件。近年来，主权财富基金在对西方国家企业投资的过程中，执行的是消极和长期投资的战略。研究发现，主权财富基金的少数投资对目标公司的影响甚微，因而难以为协定所

① The Monitor Group, Assessing the Risks: The Behaviors of Sovereign Wealth Funds in the Global Economy, 2008, p. 40.

涵盖。第二，协定中规定的一般例外和具体例外可以被频繁适用于主权财富基金的投资。世界贸易组织成员方在就其在协定中的承诺做出具体的限制，其投资是否包含在这些限制措施中需要具体分析。在协定中，有关主权财富基金作为一般性例外的解释则需要在国际贸易体系的框架下予以解释。将协定应用于遏制对主权性投资的保护主义措施需要首先解决这些障碍。囿于主权财富基金及其投资的性质，再考虑到协定中例外条款的广泛性，协定仅能为解决主权性投资所遭遇的各种法律难题提供部分解决方案。一些学者提出可以将世界贸易组织作为解决针对其投资的主要场所，从而产生主权性投资对贸易的扭曲效应以及实现政治利益之间的平衡。①若世界贸易组织准备这样做，就需要针对其制定附加规定，以保证该体系对主权财富基金拥有的全面效力。

2. 国际投资条约对主权财富基金的适用性

双边投资协定与地区贸易协定中的投资条款通常包含东道国促进和保护外国投资者的规定，包括最惠国待遇、国民待遇或公正公平待遇等标准。东道国政府对主权财富基金在本国投资行为的干预可能违反这些反歧视规定。双边投资协定同时使得外国投资者可以通过事先约定的争端解决机制来维护自身的权利，比如直接将东道国诉至ICSID或国际商事仲裁院等国际仲裁机构。依母国和东道国之间达成的协定，主权财富基金也可以将东道国政府对其歧视行为直接诉至仲裁庭。若没有司法争端，则仲裁机构须针对东道国的立法或行政行为是否构成歧视措施，从而违反投资者保护标准而做出裁定。比如，在多个外国投资者竞标购买一家美国公司的少数股份时，设若美国政府实施某些规定以使新加坡政府投资公司处于不利境地，则后者可依美国—新加坡自由贸易协定认定其违反了最惠国待遇条款。②

但是，将主权性投资适用于国际投资协定的设想会遇到若干障碍，从而令其适用性受到影响。

第一，投资协定通常包括自然人或法人的投资，不包含主权国家本身在东道国的投资。双边投资协定存在的初衷并非作为政府间纠纷的解决渠

① Arvind Subramanian and Aaditya Mattoo, “Currency Undervaluation and Sovereign Wealth Funds: A New Role for the World Trade Organization”, Working Paper No. 142, Center for Global Development, 2008, p. 3.

② Chapter 10, United States-Singapore Free Trade Agreement.

道而存在。为此，就有理由认为主权财富基金作为公共机构而非私人投资者，故不应依投资协定提出诉求，从而双边投资协定就无法作为合适的法律工具来解决这一问题。如前所述，尽管存在诸多共同特征，但很多主权财富基金在不同程度上仍难避免此“嫌疑”。比如，前面提到的负责运营挪威政府全球养老基金的挪威银行资产管理部就作为其央行内设机构而存在，而中东国家的主权财富基金运营机构的主要身份多是政府机构。

第二，大部分双边投资协定是针对准入后的投资保护，而主权财富基金面临的最大问题是市场准入问题，属于准入前问题，即投资协定主要针对的是“进门后的问题”，但目前紧迫的是“门难进”问题。依国际习惯法，主权国家政府通常有权决定何种投资可以进入本国境内，除非存在约定，国际法并不能迫使其做出同意的决定。[①] 然而，鼓励投资和投资自由化的发展正在逐步将市场准入本身演化成全球投资法律建构中的重要议题，在不久的将来，我们有可能看到双边投资协定将扩展国际习惯法的规定，而将投资者的权利延伸到投资准入之前。这种做法已在 NAFTA 中得以体现。另一种将准入本身列入国际投资法律中去的方式是，在双边或多边投资协定之外订立条约明文规定资本自由流动的权利，如欧盟就采取了这种“双边自由贸易协定+欧盟条约”的方式，使得各国在欧盟范围内实现了市场开放。但除此之外，更多的投资协定并未对准入前问题做出规定。

第三，损失难以确定。以条约为基础的国际投资仲裁机制的独特之处在于投资者可以针对东道国直接提出诉求并存在相对有效的实施机制。其有效性建立在因为歧视性措施而导致直接或间接损害的基础上，或其他对初始投资价值的损害。但仅仅是东道国事先制定阻止境外投资进入的政策措施本身并不能构成“损害”，除非后者为了在东道国的投资已付出了成

---

① 值得注意的是，在 Pope & Talbot 诉加拿大案中，该案仲裁庭将投资解释为投资者进入市场的权利，将投资问题扩展到了贸易领域。但是，这里“进入市场”的权利是建立在准入后的投资基础上。其基本案情是，1996 年，加拿大和美国为了解决它们之间在软木材贸易上存在的摩擦，签订了《软木材协定》，据此限制加拿大对美国的软木材出口。1996 年 6 月 21 日，为实施该协定，加拿大签署“软木材出口特许费法令”，对出口美国的软木材实施配额管理。Pope 是一家在加拿大拥有附属企业的美国贸易公司，其附属企业经营软木材采伐和对美出口业务。Pope 公司认为加拿大实施的软木材出口配额制度影响了它对美软木材出口业务，对其在加拿大的投资造成了损失，于是根据 NAFTA 第 11 章提起了仲裁申请。仲裁庭认为，向美国出口软木材构成仲裁申请人子公司的主要商业活动。对仲裁申请人子公司的出口活动进行限制，必然会对仲裁申请人的资产造成不良影响。因此，仲裁申请人的产品进入美国市场的权利构成了 NAFTA 第 1139 条规定的投资。Pope & Talbot Inc. v. The Government of Canada，Interim Award (Jun. 2000).

本诸如尽职调查、财务分析或律师费等，而且已就“前投资支出”达成了明确协议，否则就须放弃对这部分投资进行保护的企图。①

对那些已进入的投资来说，主权财富基金可能遭遇额外审查，从而带来撤资风险。若美国外资委员会认定其投资是一项会对国家安全构成重大威胁的政治行为时，就会要求其撤资，此时，“损害”相对容易确定，但却很难证明东道国的行为是不合法的歧视性行为。因为，无论投资者是主权财富基金还是普通的外国商业机构，就东道国关键基础设施的投资会经常受到审查。

利用国际投资法来为主权财富基金“正名”的努力还处在起步阶段。通常，主权财富基金考虑到为了在东道国重复投资而与东道国保持长期友好关系，多倾向于通过谈判或和解等方式对投资争端化解，但随着主权性投资的规模和数量的增加，解决主权性投资所引发的投资争端机制将日益必要。比如，新加坡主权财富基金正试图就印度尼西亚政府的保护主义措施提出仲裁申请，具体情况是，印度尼西亚要求淡马锡在一年以内出售其在印度尼西亚两个最大的手机运营商中的份额，淡马锡准备在用尽当地救济以后即向国际仲裁机构提起仲裁申请。

综上所述，利用投资条约来实现对主权财富基金的有效规制和保护，在理论上存在这种可能性，也是较合理、高效的政策选择。促进开放的投资环境，保护外国投资者免受歧视性待遇的国际投资法的基本理念应同样适用于主权性投资，但目前还存在诸多限制。这些限制大都是主权财富基金引发争议的要害所在，包括身份限制、投资准入前限制等。

3.“根本安全”例外使主权财富基金面临特殊待遇

围绕主权财富基金所引起的一系列争议，涉及强烈的保护主义情绪和亲市场声音，政府官员、市场主体及学界对如何有效地对其监管存在许多不同的看法。此局面在世界贸易组织的谈判中并不鲜见，成员方在承诺开放市场的同时，也努力寻求在某些特定方面允许政府运用主权权力对贸易

① 在 Mihaly 诉斯里兰卡案中，ICSID 认为，Mihaly 对 BOT 项目的前期指出不构成 ICSID 公约和 1991 年美国—斯里兰卡双边投资协定所规定的“投资”，因为“没有有效的项目合同就没有有效的投资；若该投资项目最终设立，Mihaly 在项目设立前的支出可以资本化，从而就可以构成投资的一部分”。该项是国际投资仲裁机构对“投资”做出的限制性解释，这在 Zhinvali 公司诉格鲁吉亚案中得到沿用。Mihaly International Corporation v. Democratic Socialist Republic of Sri Lanka，ICSID Case No. ARB/00/2（Award）.

和投资行为实施单方面规制。这种监管权力主要是通过具体和一般例外来实现的。类似的例外条款也出现在双边或多边投资条约中。通过这些例外条款规定，许多国家把某些行业排除在贸易或投资协议之外，其中，“根本安全”例外条款是最可能使主权财富基金陷于东道国单边规制的重要源头。

“根本安全”例外出现在众多国际条约和国际习惯中。GATT（1994）第 21 条、GATS 第 14 条及 2001 年《国家责任公约草案》第 25 条都是有关“根本安全”例外的规定。国际投资条约诸如 NAFTA 第 21 章第 2102 条、能源宪章第 24 条，以及 200 多个双边投资条约也对“根本安全”例外做了规定（见表 5-1）。[①]

表 5-1　国际条约中与安全利益有关的条款举要

规则名称	条文编码	公共秩序	根本安全利益	国家安全	其　他
资本流动自由化法案（1996）	3	√	√		公共健康、公共道德、公共安全、国际和平与安全
国际投资与跨国企业问题声明（1999）	Ⅱ.1	√	√		国际和平与安全
GATS（1994）	XIV	√	√		公共道德、保护人类和动物或植物生命或健康、遵守法律、纳税、履行联合国宪章义务
GATT（1994）	XX，XXI		√		公共道德、人类和动物或植物生命或健康、遵守不与本协议相悖的法律、履行联合国宪章义务
政府采购协议（1994）	XXII	√	√	√	国防、公共道德、公共安全、人类或动物或植物生命与健康、知识产权、与残疾人或监狱劳务有关的产品与服务
TRIPS（1994）	73		√		履行联合国宪章义务
贸易技术壁垒协议（1994）	2			√	防止欺诈、环境保护、人类或动物或植物生命与健康、知识产权

① OECD, *Security-related Terms in International Investment Law and in National Security Strategies*, May 2009, Annex 1.

续表

规则名称	条文编码	公共秩序	根本安全利益	国家安全	其 他
欧盟条约和欧盟工作模式条约（2008）	4，36，45，52，65，202	√		√	公共道德、公共政策、公共安全、人类或动物或植物生命与健康、知识产权、税收
联合国国际贸易中应收款转让公约（2001）	V	√			
联合国反腐败公约（2003）	13	√		√	声誉权、公共健康、公共道德
UNCITRAL 国际商业仲裁示范法（1985）	34	√			
联合国跨境破产示范法（1997）	6	√			

主权财富基金和新一波全球投资浪潮与这项例外密切相关。因国家所有权或其非经济动机的存在，它在关键基础设施的投资就可能激发公众对国家安全的明显担忧，在此情况下，就不可避免地招致东道国的歧视性对待。在经济形势较恶劣的情形下，其投资可能对全球市场的流动性进而对其稳定性产生正面或负面的影响，也有可能引发公众的不安，从而迫使东道国政府迅速做出回应。①

①“根本安全”例外这一问题引起国际法学界，尤其是国际投资法学界的关注源于阿根廷在 ICSID 众多案件中对“根本安全”例外条款的援引，并将该条款作为阿根廷在 2001 年底至 2002 年初经济危机期间对投资者利益造成损害的免责条款。目前，共有 5 个仲裁庭对这一问题做出了裁决。相似的案情，相同的双边投资条约，针对阿根廷的“根本安全”例外条款抗辩，不同的仲裁庭采取不同的裁决方法做出了不同的裁决，其中 CMS 案、ENRON 案和 SEMPRA 案仲裁庭否定了阿根廷的“根本安全”例外抗辩，LG&E 案和 Continental Casuaty 仲裁庭支持了阿根廷的上述抗辩。围绕 ICSID 仲裁庭对国际投资条约“根本安全”例外条款的裁决，国际组织、国际投资法学者开始对“根本安全”例外条款做出深入的研究，也仍存在着很不相同的看法。例如 OECD 曾于 2007 年和 2009 年分别公布“Essential Security Interests under Investment Law”和“Security Related Terms in International Investment Law and in National Security Strategies”两个报告专门研究国际投资法领域的“根本安全”例外问题。William W. Burke-White and Andreas Von Staden，“Investment Protection in Extraordinary Times：The Interpretation and Application of Non-Precluded Measures Provisions in Bilateral Investment Treaties”，48 *Virginia Journal of International Law* 307，2007，p. 307.

三、"去政治化"路径：以对投资定义的扩张性解释为中心

由前述内容可知，在现有的国际投资法律规范适用于主权财富基金的投资行为的特殊障碍中，即除了国际投资法的现有缺陷外的障碍，主要就在于它的所有权性质使其可能具有两大嫌疑：其一，其投资具有非商业目的或政治目的，而可能在现有的地缘政治或现实主义氛围中被描绘为对东道国国家安全、公共秩序的潜在侵犯者，在此情形下，东道国可能动用在国际社会同样予以认可的"根本安全"条款而拒斥其投资；其二，其投资可能被视为政府进行的公共投资，而无法适用于现有的以私人投资为主要对象的国际投资法律体系。在国内层面上，这两大"嫌疑"也不无意义：只有将政府的商业性投资与非商业性投资区分开来，才能有效避免"预算软约束"，并对二者进行有效的分类考核与监督。

使得主权财富基金摆脱东道国嫌疑和母国担忧的最为现实有效的手段就是前面所提到的，母国通过机构分设或在商业性投资与公共投资之间设立防火墙来明确投资目的，从而在较大程度上减少东道国适用"根本安全"例外条款的可能性。比如，对我国而言，尽管目前中投主要从事商业性投资，但其子公司即汇金公司同时肩负着国有商业银行的改制职责，且中投与汇金公司的董事会、监事会成员均由国务院任命，对国务院负责，故很难说已将其投资与公共投资区分开来；与此同时，外汇管理局也投资了英美等国证券市场，作为政府机关，由其导致的嫌疑更甚。在此情形下，较现实的路径是，建立分别经营超额外汇储备与管理必要外汇储备的专门性机构，同时，在这两个机构之间设立动态转移机制。比如，综合衡量各种因素，核定必要外汇储备的数量，交由央行按照安全性原则管理，除此之外的超额部分则全部交由中投按照营利性原则经营，同时剥离附着在后者的金融国资委功能。这是本研究所主张的"去政治化"的第一步，我们可以将其称为"母国先动"策略。对此，我们必须意识到，这样的策略并非被动减少东道国歧视的消极之策，而对母国具有显著的积极影响。

在母国完成第一步之后，对投资概念作扩张性解释就成为"去政治化"的核心步骤。对投资者的身份歧视和动机猜忌最深刻地反映了东道国乃至国际社会对本国及国际投资法律规范的有效性缺乏自信。纵然如此，

如前所述，从整体上看，投资概念的界定权仍在主权国家本身，此界定主要通过双边投资协定实现。实际上，各国完全可以在这种带有浓厚契约性质的双边协定中清楚地说明对主权性投资是否应做出投资及其对处理方式做出限定。当然，在有些对投资概念做出宽泛界定的投资协定中，缔约国双方应在这个问题上明确或确认对主权性投资的处理方式。这种方式有利于将主权财富基金纳入到现有的投资法律体系中，而无须另起炉灶，单独制定专门针对它的规则体系。

第二节　主权财富基金的国际税法规制

在国际税法领域，主权财富基金问题的重要性体现在：第一，作为所得来源地国，东道国享有税收的属地管辖权，对其而言，无论积极投资还是消极投资，主权财富基金的纳税人身份的判定，以及应纳税额的确定均因其投资的巨大规模而在经济上变得格外重要。此外，东道国可以用税收工具对它进入本国市场加以过滤和引导，从而来调控国内资金的价格及它对本国财政和货币政策的影响。第二，母国作为投资者居住国享有属人管辖权。主权财富基金的巨额投资及相关收益不仅意味着可观的税收利益，选择不同的税收处理方法也对前者的治理和激励结构及组织形式的选择具有重要意义。从东道国与母国的关系上看，如何依税收分享原则对跨国投资所得科学合理征税这一问题在其投资所得上得到了集中体现。第三，经济全球化或资本自由化与金融创新的深入发展使得传统对组合投资或消极投资的税收处理办法面临挑战。[①] 尤其是金融工程师大量跨境使用衍生品来管理风险，再加上各国税收制度上的差异及国际协调的缺乏，导致金融资本税收套利的现象日益严重。这个层面上的主权财富基金税收问题与私人机构投资者面临的税收问题并无二致。[②]

迄今为止，学界主要围绕美国《国内税收法》第 892 条展开讨论，核

① Jeffrey Colon, "Financial Products and Source Basis Taxation: U.S. International Tax Policy at the Crossroads", 1999 *U. Ill. L. Rev.* 775, 1999, p. 780.

② 李虹、陈文君：《主权财富基金投资所得的税收处理与国际协调》，《重庆大学学报（社会科学版）》2013 年第 2 期。

心议题包括美国是否应对主权财富基金投资所得予以税收豁免，以及如何对其课税等。较早提出这一问题的是 Victor Fleischer 教授，他认为拟定于 1917 年的第 892 条反映了传统国际法对外国主权的绝对豁免原则，基于此对主权国家的非商业活动包括消极投资和股权投资所得的豁免变相鼓励了其收购美国企业的股权，为此，他提出了“主权税收中性”原则，并建议修改第 892 条，像对待外国私人公司一样对其课税，以创造公平的税收环境。[①] 对此，有不少反对意见，认为 Victor Fleischer 教授的论证存在诸多问题，如未全面客观地评估主权财富基金的多样性及其面临的税收环境，尤其对母国课税的普遍性做法。[②] 它实际享受的税收豁免与外国私人投资者并无太大差别，加税可能会降低美国对外资的吸引力，损害其他类型主权性投资机构对美投资的积极性。

该讨论激发了一些国家和国际组织对其的关注及对过去消极投资课税实践的反思。如美国国会税务联合委员会出台报告，认为它与外国私人投资者的税收待遇几乎无差别；[③] 借鉴美国的做法，澳大利亚财政部试图将现行对主权财富基金的课税实践以法律形式确定下来；[④] OECD 也有针对性地提出了对《OECD 税收条约》的初步修改建议。[⑤] 在实践中，这一问题也引起了一定反响，比如，日本在 2009 年 1 月修改法律，取消对外资参与投资基金征收高额资本利得税的规定，以促进外国投资尤其是风险资本进入日本。[⑥] 与之相反，澳大利亚税务机关则在 2009 年 12 月 23 日以反避税为由向美国得克萨斯州太平洋投资集团（TPG）送出了高达 6.28 亿美元的纳税单，这被部分学者认为与澳大利亚 2006 年《税法修正法案》的规定相违背。[⑦]

---

① Victor Fleischer，“ A Theory of Taxing Sovereign Wealth”，84 *N.Y.U. L. Rev.* 440，2009，p. 463.

② Michael Knoll，“Taxation and the Competitiveness of Sovereign Wealth Funds：Do Taxes Encourage Sovereign Wealth Funds to Invest in the United States?”，82 *S. Cal. L. Rev.* 246，2009，p. 247.

③ Joint Committee on Taxation，Economic and U.S. Income Tax Issues Raised by Sovereign Wealth Fund Investment in the United States，JCX-49-08，2008，p. 2.

④ Australian Government，Clarifying The Taxation of Foreign Government Investments（Press Release），2009，p. 8.

⑤ OECD，*Discussion Draft on the Application of Tax Treaties to State -Owned Entities*，Including Sovereign Wealth Funds，2009，p. 3.

⑥ PwC Japan Tax Newsletter，Taxation of Sovereign Wealth Funds in Japan，Special Edition：Sept. 2009，p. 17.

⑦ 该法案的生效使得在澳大利亚投资的外国企业可以免缴资本利得税，除非该企业投资房地产业的比例超过 50%。Dow Jones Newswires，“Australia Tax Office：Private Equity Capital Gains May Be Taxable”，Dec. 16，2009.

在国际税法实践中，各国多以纳税人或征税对象与本国主权的属人或属地性质的联结因素作为行使税收管辖权的前提或依据：属人性质的联结因素即税收居所，属地性质的联结因素即所得来源地。大多数国家兼采居民税收管辖权与来源地税收管辖权，即对居民行使属人管辖权，对非居民行使属地管辖权。[①] 对外商投资而言，存在着一些基本准则如单次征税原则和利益原则，后者是指积极所得主要在来源地被征税，而消极所得主要在居民国被征税。[②] 所谓的积极所得是指外资在来源地国设有常设机构或固定基地，取得的投资所得按实际联系原则也可归属于该常设机构或固定基地；消极所得是指未在来源地国设立常设机构或固定基地的投资所得，或设有常设机构或固定基地，但获得的投资所得按实际联系原则并不属于该常设机构或固定基地。当主权财富基金在东道国设立常设机构或固定基地并在当地取得收入时，它与一般的在海外经营的国有企业的税收处理并无不同，此投资则粗略地等同外商直接投资，循国际通例从属于来源地国税收管辖权，故不予以讨论。此外，当它进行消极投资时应由母国征税，这也是国际税法基本原则的体现与应用，本身并不存在过多的争议，故在这里也不做太多的阐述。至于有学者认为它在母国也是免税的，或基于它由政府完全所有或控制这一理由，认为它的纳税只是相当于政府的资金从一边口袋转移到另一边口袋。笔者认为，这并不符合事实，至少不能一概而论，比如中投就需要履行纳税义务。[③]

东道国通常把外国投资者分为三类，而采取不同的税收处理办法。其一，在东道国直接参与商业活动而取得的收入通常按净所得为应纳税所得额。在此情况下，外国投资者多在东道国设有常设机构或固定基地，国际上的普遍做法是将这部分投资所得并入该常设机构或固定基地的营业所得或劳务所得之中，在扣除有关成本之后，统一计征企业所得税或个人所得税。其二，在东道国无常设机构或固定基地，或设有常设机构或固定基

① 刘剑文主编：《国际税法学》，北京大学出版社 2004 年版，第 75 页。

② 鲁文·阿维—约纳：《国际法视角下的跨国征税》，熊伟译，法律出版社 2008 年版，第 3 页。

③ 比如，根据我国财政部和国家税务总局《关于试点企业集团缴纳企业所得税有关问题的通知》（财税［2008］119 号）的规定，为遵守《企业所得税法》第 52 条的规定（“除国务院另有规定外，企业之间不得合并缴纳企业所得税”），包括中投在内的 106 家企业集团从 2009 年 1 月 1 日起一律停止执行合并缴纳企业所得税政策，可见中投在国内并不享有免税待遇。至于税收对于国企是否硬约束或国企对税收是否敏感的问题，参见 Wei Cui，“Income Taxation of State-Owned Enterprises：Theory and Chinese Evidence”，available at http：//ssrn.com/abstract=1410463，p. 3.

地，但收入并不归属于该常设机构或固定基地时，则投资毛所得为应纳税所得额。各国通常以所得全额为应纳税所得额按较低税率计税，并采取源泉扣缴的征收方式。对这两类投资所得的课税方法在很多国家都适用，甚至在联合国及 OECD 税收协定范本中被采纳，也被国内学者称为“外商投资的二元课税模式”。[①] 其中，在外国投资者与东道国税收管辖权之间的联结因素是“常设机构”或“实际联系”，联合国及 OECD 制定避免双重征税的范本也都认可了这种联结因素，以此作为居住国和来源地国分享税收的标准之一。其三，既不归属于常设机构或固定基地，又非经常发生的投资所得则豁免课税。这类投资所得主要包括：出售不归属于常设机构或固定基地的商业存货所得；出售股票、债券和其他证券；债权或银行存款利益等。通常而言，消极的外国投资者通常在东道国都享有诸多的税收优惠，在有些国家如新加坡和澳大利亚，这种优惠或豁免甚至延及股票分红所得。

一、对主权财富基金投资所得课税的主要模式

由于主权财富基金在概念上的模糊性和在形式上的多样性，故在很多时候，它被视为政府所有或控制的机构而进行税收处理。目前，这种处理办法大致可以分为单边税收豁免、互惠税收豁免和视同外国私人投资者三类。

1. 单边税收豁免

单边税收豁免可以看作主权豁免原则在税收领域的体现，随着绝对豁免主义式微，单边税收豁免的范围逐渐被限定在外国政府的消极投资所得上，而不适用于其商业活动。美国、英国和澳大利亚属于这一类。

美国《国内税收法》第 892 条规定了对外国政府和国际组织来源于美国境内某些特定所得的免税优惠，对外国政府的免税规定尤其详细。美国国家税务局发布的暂行规定进一步明确了此项优惠的适用。简而言之，判断一项来源于美国境内的所得是否免税，必须同时满足以下三个条件：第一，投资者是外国政府。外国政府包括一个外国政府的必要组成部分和它的受控实体，并且它们的所有净收入都是归于自己的账户或外国政府的其他账户，且收入中无任何部分是私人利益。[②] 此外，外国政府的地方政府

① 崔威：《外商投资二元课税模式及其政策取向》，《中外法学》2008 年第 6 期。

② 值得注意的是，这一规定实际上对中东国家的主权财富基金存在影响，因为在中东多数的阿拉伯国家，国家财产与统治者私人财产是很难分开的。

和超国家实体也适用这一税收豁免待遇。第二，所得的性质满足法定要求。确定其是否免税，首先须确定此项所得的性质，只有属于特定范围的所得才有免税的可能。美国国家税务局第 892 条暂行规定第 3 条规定的免税收入有以下几种：其一，投资收入，包括投资美国境内的股票、债券和其他证券的收入，包括处分这些证券的所得和从事第 1058 条规定的证券融券交易所得；为执行政府的财政或货币政策而持有的金融证券的投资收入。其二，外国政府在美国境内的银行中拥有的存款利息。其三，部分不动产收益。任何源于第 897 条（c）（1）（A）（i）中规定的美国不动产权益的收入，包括来源于处分美国不动产权益的所得，都不能适用第 892 条的免税优惠，其本意是将租金和不动产转让所得排除出免税范围。第三，此项所得不是直接或间接地来源于商业行为。其中，商业行为被界定为“一般情况下，任何由纳税人或其他人实施的，为实现现在或将来的收入而从事的行为，不管发生在美国境内还是境外，即使不构成第 864 条下的美国境内的经营贸易行为，均可被认为是外国政府的商业行为”。但消极投资、文化项目、非营利行为、政府职能行为、政府采购等行为不属商业行为，当一个外国政府受控实体实施这些行为时，该受控实体并不因此会变成一个受控商业机构，由此获得的收入不能免税。外国政府直接或间接的商业行为所得不适用第 892 条的免税规定，具体包括：①外国政府本身直接的商业行为所得；②外国政府的受控商业机构所得，以及外国政府直接或间接来源于其受控商业机构的所得；③外国政府处分在其受控商业机构的权益所得。这三个条件中任何一项的缺失，都会导致该所得转化为应税收入。

澳大利亚和英国对此并无明文规定，而是通过行政实践在个案基础上做出类似的豁免决定。其中，澳大利亚的单边税收豁免需要该所得满足下列条件：其一，投资者是外国政府或其机构；其二，正在用来投资的资金现在且将来都是政府的资金；其三，所得来自非商业行为。政府或其机构为履行政府管理职能而进行的产生利息的投资或股权性投资所得通常被视为非商业行为所得。具体到在企业持股，政府或其机构持有的一个企业的股权份额不超过 10%则被认为是非商业行为，由此产生的股息则享受免税优惠。但直接持股房地产企业所得则不在税收豁免适用范围之列。[①]

① Australian Taxation Office Interpretative Decision，ATO ID 2002/45.

英国具有对外国政府消极投资所得免税的传统，其税务与海关总署最近指出，“来自外国首脑或其配偶、外国主权政府的直接和完全投资而获得的收入或所得享有税收豁免……但这种豁免并不及于独立于外国政府的机构，即使其对该机构拥有完全的所有权”。为鼓励主权财富基金的进入，英国政府指出，“若主权财富基金是外国政府的有机组成部分，则其行为应享有税收豁免，作为主权豁免的应有之义，英国政府对此表示尊重。据此，英国对相关投资予以豁免待遇”。[①] 当然，这种表述相当模糊，需在具体实践中观察其适用的尺度。

2. 互惠税收豁免

互惠税收豁免主要通过国内法或签订避免双重征税协定来实现。比如，加拿大税务局规定，对外国政府或其机构在加拿大的投资所得予以税收豁免的首要条件是，该外国对加拿大政府或其机构的投资所得予以同等的税收优惠。[②]

更多的互惠型税收豁免规定出现在双边税收协定中，比如，中国与新加坡的双边税收协定就规定，新加坡对下列机构在新加坡的利息所得免税：中国政府和任何地方当局、国家开发银行、中国农业发展银行、中国进出口银行、全国社会保障基金理事会、中国出口信用保险公司；相应地，中国对下列新加坡机构在中国的利息所得免税：新加坡共和国政府、新加坡金融管理局、新加坡政府投资有限公司。此外，还可以对缔约国双方主管当局随时同意的，由各自政府完全拥有的任何机构免税。[③] 新加坡与马来西亚的双边税收协定也规定，新加坡对马来西亚的下列机构在新加坡的利息所得免税：马来西亚政府和地方当局、马来西亚央行、法定机关、马来西亚进出口银行；马来西亚对新加坡的下列机构在马来西亚的利息所得免税：新加坡政府、新加坡金融监管局、新加坡政府投资公司、新

---

① “UK Trade and Investment, UK to Attract Sovereign Wealth Funds”, Apr. 11, 2008, available at http://www.ukinvest.gov.uk/OurWorld/4019411/en-GB.html, 2009.

② Revenue Canada Agency, IC77-16R4, s. 50, available at http://www.cra-arc.gc.ca/E/pub/tp/ic77-16r4/ic77-16r4-e.html, visited May 30, 2009.

③ 第 11 条，《新加坡共和国政府和中华人民共和国政府关于对所得避免双重征税和防止偷漏税的协定》。

加坡法定机关等。[①] 在挪威与俄罗斯、新加坡与日本等之间的协定上也有类似的规定。

此外，美国也通过双边税收协定为其地方政府所有的主权财富基金（如阿拉斯加永久基金）和非主权财富基金的地方政府投资基金［如CalPERS、威斯康星州政府投资委员会（SWIB）］而争取税收豁免待遇。美国与丹麦的双边税收协定则对分红所得的税收予以相互豁免。美国与瑞士、荷兰之间的双边税收协定也都对政府所有的养老基金做了有限的税收豁免。[②]

3. 视同外国私人投资者

有些国家秉承纳税人平等的理念，对所有的外国投资者一概适用同样的税收制度，而不管纳税人的所有权与资金来源状况。作为这方面的典型，德国就没有为外国政府所有和控制的机构（当然包括主权财富基金）制定特殊的税收规则。但是，依德国国内税法，外国投资者的利息和股息通常免税，而外国公司（在德国法上被称为“有限纳税主体”）从德国公司所获分红的95%是免税的。[③] 故其实际结果是外国投资者在德国的投资所得的税负很轻，在此背景下，对主权财富基金无特殊规定也就显得无足轻重了。

此外，新西兰及韩国对消极投资所得征收了较高预提税，对外国政府或其机构也无特别税收优惠。但鉴于此次危机的全球性特征和各国政府债务水平的普遍大幅攀升，全球性的去杠杆化持续时间会更长，[④] 在此背景下，各国对几乎不利用杠杆融资并具有较高风险承受能力和风险周期的主权财富基金投资的争夺将趋于激烈，并将感受到税收优惠带来的竞争压力。

---

① Article 11, Agreement Between the Government of the Republic of Singapore and the Government of Malaysia for the Avoidance of Double Taxation and the Prevention of Fiscal Evasion With Respect to Taxes on Income (2004).

② Joint Committee on Taxation, Economic and U.S. Income Tax Issues Raised by Sovereign Wealth Fund Investment in the United States, JCX-49-08, 2008, p. 25.

③ Joint Committee on Taxation, Economic and U.S. Income Tax Issues Raised by Sovereign Wealth Fund Investment in the United States, JCX-49-08, 2008, at A-29.

④ Charles Roxburgh, Susan Lund et al., “Debt and Deleveraging: The Global Credit Bubble and its Economic Consequences”, McKinsey Global Institute Report, Jan 2010, p. 21.

4. 简要评述：超越财政收入的税收政策

对主权财富基金投资所得的法律规制需要考虑的主要因素包括东道国的具体国情（如监管能力、资金供需等）及其组织架构与投资方式。正如有些学者指出的，在很多国家，普通私人外商投资与主权财富基金甚至外国政府的消极投资所得在税收处理上的差异很小，其税收处理既是一个法律问题，但在更大程度上也是一个政治问题。换言之，相应的税收规定承载着超越财政收入或法理逻辑的公共政策目标。

以美国为例，1966 年及 20 世纪 80 年代修改了对外国消极投资的税收待遇，改变课税范式，其最直接目的是弥补国际收支不平衡。通过出台税收优惠政策，美国也的确实现了初衷，成功吸引了高达 3000 亿美元的外国新增投资，降低了资金价格，促进了经济发展，却未给本国经营者带来更多竞争对手。美国的这种做法实际上就是在世界上争夺资金的过程，其行为造成的另一个后果是原来投资于阿根廷的数百亿资金流向了美国，这种资金逆流对前者造成了不可忽视的影响。[①] 因“消极投资与积极投资”和“外商直接投资与外商组合投资”存在一定程度的对应关系，我们可以将美国在税收处理上的改变视为对传统上所得来源地国行使属地管辖权这一传统的反动。在此意义上，这种范式的转换不仅给美国带来了实惠，同时也是资金跨国自由流动的先声。此外，我们也有理由相信外国政府或私人对美国消极投资的增加也对增进美元在世界货币体系中的地位不无裨益。

当然，就外国组合投资对东道国的利弊历来有不同看法。毋庸讳言，外国直接投资和外国组合投资在东道国中发挥的作用以及监管的重点有着很大差异。随着经济全球化和金融服务的发展，二者间的关联性和互补性也越来越强。这至少带来了两种效应：一是对消极投资的监管有必要加强，传统资本输出国对此持有抵触的看法；二是各国尤其是发展中国家也应客观看待外国组合投资对发展和培育本国金融市场的好处，改变对其传统偏见和回避态度。在这里，各国不同的税法规定又在一定程度上发挥着监管职能，以兴利除弊。比如，目前包括学术界及税收部门在内的多方开始关注其税收问题的重要诱因是主权财富基金的潜在或莫须有的负效应被提出和强调。

---

① Suzanne Walsh, “Taxation of Cross-Border Interest Flows: The Promises and Failures of the European Union Approach”, 37 *Geo. Wash. Int'l L. Rev.* 251, 2005, p. 252.

二、基于税收信息共享的国际税法规制建构

在开放经济条件下，一国政策制定不可能孤立于整个世界经济的发展，主权财富基金的跨国投资难免影响到各国税收政策的实施。为减少国际双重甚至多重征税，促进和保护资本自由流动，应从税收信息共享开始，循序渐进，稳步推进，以实现建立统一的国际税法规则的远期目标。

1. 建构主权财富基金国际税法规制体系的必要性

第一，主权财富基金主要从事组合投资，而国际社会就后者的协调正在逐步达成共识。长期以来，随着资本流动的好处逐渐显现，各国为吸引外资而对组合投资免税、少征或保持较低税率，并形成税率的探底竞赛；组合投资借助信息科技的发展和全球资本市场的一体化轻易实现了避税、逃税或税收套利。在此局面中，唯一获利的是组合投资，而无论资本输出国还是输入国，都面临着资本外逃、税收流失或税收竞争；此外，这种做法还助长了税基从资本向劳动力的转移，① 即流动资本的实际税负与非流动资本尤其是仅掌握低技能的劳动力的实际税负间的差额越来越大(这大致相当于直接投资于组合投资间的税负差异)，从而为“热钱”或“游资”在国际之间的快进快出提供了额外的经济激励。国际社会早已认识并采取行动应对由此可能带来的负面影响，如欧盟在 1998 年初步提出了就利息税进行税收政策执行与制定的多边协商与协调的动议，而二十国集团伦敦金融峰会则宣布终结“不受管制的资本市场”，承诺消除“避税港”。

第二，统一的国际税法规制体系有助于强化对主权财富基金投资行为的监控。资本流动固然带来诸多好处，但金融市场中可交易的金融资产和金融衍生品的竞争，往往引发多重的甚至有时令人难以理解的系统性经济灾难。税收政策既可以提供从事组合投资的主权财富基金在本国或总体性的运行情况，同时也可以通过税率或课税方式的调整发挥对其进行适当监督和风险管理。对主权财富基金来说，税收国际协调中的监管调控和信息共享无论对母国还是对东道国都有重要作用，尤其有助于克服东道国对其

---

① Reuven S. Avi-Yonah, “Globalization, Tax Competition, and the Fiscal Crisis of the Welfare State”, 113 *Harv. L. Rev.* 1573, 2000, pp. 1616-1625.

低透明度的担心以及由此引发的种种猜疑，从而有助于主权财富基金的可持续发展。

2. 主权财富基金税收信息共享机制的构成与实施

国际税法规制体系的建构必然面临切入点或实现路径的选择问题，通常的切入路径有两种，即统一税率和税收信息共享。就前者而言，其优点在于可以在全球范围内实现同税目同税率，从而实现税收平等和税收中性；但其缺点同样明显，即过于理想化，税率的确定是税收立法的基本内容，统一税率侵犯了税收主权的完整性，而不同国家的国情和发展阶段差异以及投资主体与投资形态的高度异质性也注定采取“一刀切”的方式在可行性和有效性上都会较差。相比较而言，加强母国和东道国之间的税收信息共享是更务实可行的方式，以此为基础，各国可以在双边或多边基础上利用已有的税收协议实现税收协调，并为强化各国对主权财富基金的监管协调提供便利。此外，科技进步也为信息共享的实现提供了技术与经济可行性。① 此税收协调方式已为欧盟利息税的协调实践所证明是行之有效的，并成为国际税收政策的中心议题，② 主权财富基金的国际税收协调可以此为借鉴建构自身的信息共享机制。

利息是资本的价格，不同的利息税率会对投资者的投资倾向乃至一般居民的储蓄倾向产生影响，从而导致不同的资金流向。为减少税收流失，防范恶性税收竞争，避免双重征税，欧盟很早就开始对成员国的利息税进行协调，但在协调中的一个很大阻力是银行保密制度。然而，若存款人母国政府不了解本国居民在海外的利息收入，则根本无从对其征税。这样一来，银行间信息交换就成为利息税协调的关键。欧盟理事会于 2003 年颁布《利息税指令》，旨在保证成员国对其税收居民在其他成员国及相关非欧盟成员国所取得的利息收入，可以按照该成员国法律进行征税的权利。其中，利息支付情况的信息交换制度是该指令的核心。信息交换制度要求利息的支付机构应该向其所在国主管当局报告最低限度的信息，并按特定类型的利息进行区别汇报；支付机构的成员国主管当局须于每一财政申报

---

① Walter Hellerstein, “Jurisdiction to Tax Income and Consumption in the New Economy: A Theoretical and Comparative Perspective”, 38 *Ga. L. Rev.* 1, 2003, p. 2.

② Michael Keen and Jenny Ligthart, “Information Sharing and International Taxation: A Primer”, *International Tax and Public Finance*, 13: 1, 2006, p. 81.

年度终了后6个月内向税收居民国税务当局提供有关利息税的信息。[①] 该指令在一定程度上促进了金融服务贸易的自由化，消除了资本自由流动障碍，巩固了统一市场的有效运作；也打击了海外避税，增加了成员国的财政收入，并防止了资金外流。[②]

《利息税指令》及其制定过程至少带给我们两点经验：一是税收信息共享与纳税人权利保护之间的关系需要慎重处理。[③] 在该指令制定过程中，最大的障碍是以瑞士等国的银行保密制度。瑞士的坚持有其维护本国金融业发展的需要，因为存款保密制度是瑞士掌握着全球1/3私人储蓄的重要原因之一，是其金融业繁荣的基石；但也反映了其对纳税人权利的保护。税收可以被视为对政府公共产品的费用支付，对市场和资本的意愿有重要影响，故税收的确定要充分体现纳税人的意志和注重对纳税人权利的保护。[④] 其中，私人信息和金融信息保密权是纳税人权利的重要组成部分，应在信息共享机制的建构中受到充分的尊重。在主权财富基金的税收处理中，相关的财务信息和商业秘密的安全性也应得到保障。二是方式的渐进性与范围的全域性相结合。《利息税指令》的制定是多方博弈的结果，而资本自由流动使利息税的协调必须在整个欧盟范围内方能有效实现，这就意味着最终方案的达成既要考虑到不同国家的需求，同时又要满足“一个都不能少”的全域性要求。为此，欧盟努力寻求多元化路径与整体性规定的最佳结合点：1997年提出“共存模式”，即建议成员国在从源征收20%预提税和向存款者所在居民国提供存款所得信息中，选择其一履行义务；2000年提出建立“自动信息交换系统”，同时为相关国家制定了过渡期规定。另外，其成员国不断对指令适用的地理范围提出要求，并以此为谈判筹码，比如瑞士遵守该指令的条件之一是亚洲的金融中心和美国适用或遵

---

① Council Directive 2003/48/EC of 3 Jun. 2003 on Taxation of Savings Income in the Form of Interest Payments.

② Suzanne Walsh, “Taxation of Cross-Border Interest Flows: The Promises and Failures of the European Union Approach”, 37 *Geo. Wash. Int'l L. Rev.* 251, 2005, p. 274.

③ Arthur Cockfield, “Protecting Taxpayer Privacy Rights Under Enhanced Cross-Border Tax Information Exchange: Toward a Multilateral Taxpayer Bill of Rights”, *University of British Columbia Faculty of Law Working Paper*, No. 2008, 2008, p. 2.

④ 张馨：《税收价格论：理念更新与现实意义》，《税务研究》2001年第6期；王建平：《纳税人权利理念与“政府—纳税人”关系的转型》，《涉外税务》2008年第4期。

守类似的规定。[①] 此做法对其税收协调同样重要，基本原因在于基金本身的异质性及投资的多样性。

全面而详尽的制度设计超出了本书的篇幅所限，这里仅就主权财富基金税收共享机制的关键环节提出笔者的若干看法。

其一，征税和税收信息交流的范围。该范围应限于资本利得，即当其组合投资获得收益时课税，并对此信息在母国和东道国之间共享。这样设计的主要考虑因素在于，对其投资课税并进行协调的经济动因居于政治和监管动因之后，而当其进行直接投资时多会受到东道国的严格监控，并应遵守东道国对直接投资课税的既有规定。这就是说，主权财富基金的税收处理问题详言就是其组合投资的税收处理问题。

其二，信息交流的基本模式是以双边为基础的自动信息共享机制。可能存在两种模式：基于 IMF 的数据公布系统[②] 的多边模式或基于《利息税指令》的双边自动共享模式。多边模式的好处是信息披露的全面性和相互验证性，其不足之处在于此做法仍将主权财富基金作为一个财政部门来对待，对其权利保障乏力并可能危及其盈利能力，故尽管 IMF 是主权财富基金国际工作组的召集机构和秘书处，这种模式仍过于激进，不利于其可持续发展。双边模式并不像《利息税指令》那样，要求利息支付机构的成员国主管当局必须向税收居民国税务当局提供有关利息税的信息，而仅提供一个程序保障，即要求母国和东道国按照彼此之间已存在的双边或多边协议或对等地就特定主权财富基金的税收信息在对方提出要求的情形下进行交换，若第三国也对相关信息提出要求，则应征得该主权财富基金的事先同意。这种做法也已为 OECD《税收问题信息交流协议》所采纳并推广，截至 2010 年 2 月 1 日，已有 256 个双边税收信息交流协议以前者为范本

---

① Joe Kirwin, "Cross-Border Savings Tax Negotiations Between EU, Switzerland to Begin", *Daily Tax Rep.*, Jun. 18, 2002, at G-4.

② IMF 制定了两套数据公布标准，即数据公布特殊标准（SDDS）和数据公布通用系统（GDDS）。前者主要针对工业国和新兴工业化国家，旨在为进入或寻求进入国际资本市场的国家提供指导；后者主要为尚不能达到 SDDS 标准的国家设立，旨在推动统计透明度的进展。两套标准的要求基本一致，包括了实际部门、财政部门、金融部门、对外部门和社会人口五类宏观经济数据，并对数据范围、频率、及时性和数据完整性、数据质量以及数据的公众可获得性四个方面做了规定。但具体操作不同，SDDS 对数据公布频率和及时性的要求比 GDDS 更严格，要求参加国在 IMF 的网站上及时公布该国数据；GDDS 对数据公布的要求较为宽松，只要求参加国以提高数据质量为目标，自愿制定改进编制和公布数据质量的短、中、长期计划，不断改进数据编制方法，暂不要求公布数据。我国于 2002 年 4 月 15 日正式加入 GDDS 系统，参见 http：//dsbb.imf.org/Applicat ions/web/sddshome/#introduction.

签订。[①] 这种做法的优点在于：一是具有可操作性，在此模式下无须特别规定课税主体、是否课税及税率高低，这些事项依双方合意实施，更符合前述异质性和多样性的要求，且该模式已取得了相当程度的国际认可，易于推行；二是权利的平衡性，双边模式较好地保护了其财务信息，降低了对其经营能力的不必要的耗损，又能借此实现双方的公共政策目标。

第三节　争端解决法治化的双峰式路径

主权财富基金的跨境投资是全球化背景下主权国家存在形式与功能定位的最新发展，也是全球化与主权之间紧张关系的崭新表现。考虑到国际社会的无政府特征，无论前述制度体系如何架构，随着主权财富基金管理的资产规模和跨境投资规模的提升，国际投资争议几乎不可避免，争端解决仍将是其面临的关键问题。比如，阿拉伯联合酋长国阿布扎比投资局在2009年12月15日以美国花旗银行误导其购买了高达75亿美元的有价证券，从而使其面临数十亿美元投资损失为由，正式提出仲裁请求。[②] 再考虑到主权财富基金的所有权属性，一旦发生这样的争议，无论对东道国还是对母国都会引起很大反响。故妥善解决相应国际投资争端不仅是维护东道国良好投资环境的保障，也是维护双方当事人的合法权益、促进双边互利合作关系健康发展的保障。

传统上，国际争端的解决方式会因当事人身份而异。比如，不同国家国民发生争端时，会以国际私法的方式加以解决；各国政府间发生争端时，则大多经由外交官或政治家按照权力或实力而非法制和规则来解决；一国国民因缺乏国际法人格而没有资格与另一国政府引发法律上的争端，除非后者同意。若依此路径，主权财富基金的特殊性又格外凸显：公私混合的属性使其在与东道国发生争端时难以有效辨识其身份，或在身份问题上存在较大争议，从而也对现有的争端解决机制或更广范围的协调监督机

① OECD, Agreement on Exchange of Information on Tax Matters, Apr. 2002. 数据参见 http://www.oecd.org/document/7/0, 3343, en_2649_33767_38312839_1_1_1_1, 00.html.

② Andrew Critchlow, "ADIA's Wounded Pride Over Citi", *The Wallstreet Journal*, Dec. 18, 2009.

制提出了新的要求。

除已有的国际投资争端解决机制外，为应对主权财富基金带来的挑战，国际社会在 2009 年制定了具有软法性质的《圣地亚哥原则》，该原则作为东道国和母国妥协的产物，在一定程度上具有争端解决的功能，代表着国际社会试图解决这一挑战的最新尝试。本节首先分析硬法机制在化解主权财富基金时可能引发的争端上的不足，其次分析《圣地亚哥原则》解决争端功能的局限性，最后在此基础上提出了争端解决法治化的双峰式路径。

一、争端解决硬法方式的适用困境

近年来在国际社会的某些领域出现了争端解决的司法化倾向，国内也有学者将这种不断强化争端解决机制的趋势称为国际法的“硬法化”。[①]其中，多种争端解决机制出现在世界贸易组织、ICSID 和北美自由贸易区协定（以下简称 NAFTA）[②] 等框架中，这里比较分析这三者对主权财富基金投资的适用性。

1. 三者适用要求比较

针对主权财富基金可能在东道国引发的争端，可能的解决机制包括：世界贸易组织争端解决机制（以下简称 WTO-DSU）、ICSID 和 NAFTA 投资争端解决机制。三者在基本适用要求的差异，如表 5-2 所示。

表 5-2 WTO-DSU、ICSID、NAFTA 争端解决机制适用要求的比较

	WTO-DSU	ICSID	NAFTA
法律渊源	GATT 第 22、第 23 条；《关于争端解决规则与程序的谅解》（DSU）；各单项协定中的争端解决条款	《解决国家和他国国民之间投资争议公约》即《华盛顿公约》	《北美自由贸易协议》第 11、第 20 章

① 赵维田：《世贸组织的法律制度》，吉林人民出版社 2000 年版，第 31 页；汪洋：《国际法制的艰难演进——简析 WTO 争端解决机制》，《当代法学》2002 年第 9 期。

② 尽管 NAFTA 成员限于美、加、墨三国，但鉴于其投资规则所达到的深度与广度是目前任何多边或区域条约的投资规则都难以企及的，而其确立的投资争端解决机制更是具有里程碑意义，对世界范围内投资争端解决机制的发展具有深远影响，故有讨论和比较的必要。Daniel Price，“An Overview of the NAFTA Investment Chapter：Substantive Rules and Investor/State Dispute Settlement”，27 *Int'l Law*. 727，1993，p. 793.

续表

	WTO-DSU	ICSID	NAFTA
基本原则	最惠国待遇原则和国民待遇原则	当事人意思自治原则	国民待遇原则和最惠国待遇原则
主体限制	均须为 WTO 缔约方	一缔约国国民（包括自然人与法人）与另一缔约国国家	投资者与东道国。只能由投资者提起；分两种情况：①投资者代表自己提起；②投资者代表自己直接或间接拥有或控制的企业提起
适用事项	适用于根据 DSU 附件一系列的各协定的协商和争端解决条款所提起的争端；包括违法之诉与非违法之诉	投资争议必须是直接产生于投资的法律争议	适用于因缔约方违反条约义务致使投资者遭受损失或损害的情形
实体规则	WTO 各涵盖协议，包括协议中直接援引的其他相关国际条约；用作解释协议的有关国际法规则的“解释性渊源”	应依双方协议的法律规范处理；如无协议，则适用作为争端当事国的缔约国（东道国）法律及可适用的国际法规范；在双方同意时，可依公平善意原则决定	NAFTA 协定本身和“可适用的国际法规则”。投资所在地东道国的国内法不是仲裁庭“决定争议的问题”的依据
对投资的界定	无明确界定，散见于各协议①	“投资”包括传统的资本投资，也包括各种现代类型的非资本出资形式的投资如服务合同与技术转让等	投资范围极广泛，包括直接投资、外国证券投资和互助基金或其他形式的基金持有行为
与东道国救济的关系	反向一致机制使案件受理非常容易，基本上能够做到有争议必有争议解决程序的启动，与东道国的国内救济无关	除另有约定，双方同意提交中心管辖的案件，不得再提交其他任何程序解决，而其他任何机构也不应受理。但可要求把用尽当地救济作为其同意仲裁的条件	投资者直接发动国际仲裁程序的前提是放弃或终止任何依东道国国内法而进行救济或其他任何争议解决程序，即该仲裁与东道国当地救济相互排斥

通过比较可以看出，目前主要的投资争端解决机制对“投资”及“投资者”的界定十分宽泛，并未对国有企业或主权财富基金有明确的限制适用措施。这一局面是 20 世纪后半叶传统资本输出国在制定投资保护和投资管制政策上主导权的体现，而在法律适用上以及与东道国救济的关系上

① 比如，《与贸易有关的投资措施协议》对投资措施（包括投资激励和投资限制）进行多边约束；《服务贸易总协定》将服务贸易纳入多边管制，其中包括以商业存在方式提供服务，而这是服务性投资的重要形式；《与贸易有关的知识产权协议》中涵盖了技术性投资即以知识产权为形式的投资的多边约束。此外，随着经济全球化的发展及投资与贸易间关系的日益密切，多边贸易领域的其他协议如《补贴与反补贴措施协议》（SCM）也影响到国际投资。

也折射出了国际投资领域的南北矛盾或对立。比如，ICSID 试图在东道国与外国投资者之间求得利益平衡：投资者可以排除东道国管辖，到专门的国际仲裁机构对东道国政府提起仲裁，并实际上依国际法解决争端；东道国同意选择 ICSID 体制则可排除投资者的其他救济途径，尤其是切断其母国外交保护的可能。DSU 成为同时适用于贸易和投资等争端的综合性争端解决机制，则以诸多与投资相关的规范进入世界贸易组织体制为前提，反映了国际贸易与国际投资之间的紧密关联，同时是南北矛盾的产物。

因缺乏主权性投资的争端解决实践，故仅从文本上分析，似乎并不能完全排除对其所引发的争端的适用，但需注意的是，这种表面上看起来的广泛适用性受到一些例外条款的限制，如国家安全、公共秩序等，以及若干现实约束。[①]

2. 共同特征："去政治化"或司法化倾向

尽管在具体争端解决机制设计中充满了南北国家以及国家内部不同利益集团的政治争斗，但三者呈现出的总趋势是避免将投资争端上升为国家之间的政治较量。从另一个角度看，此过程也是一个精心设计的"驯服"主权国家的过程。上述三机制以不同的方式或角度体现了化解争端的"去政治化"路径，当然也呈现出了不同效果。

（1）WTO-DSU：强制管辖权与（准）司法独立性。DSB 的强制管辖权是对传统国际法中"不得强迫任何国家违反其本意来进行诉讼"规则的历史性突破，这主要体现在对"共识"（Consensus）程序的变动上，即从正向一致到反向一致的转变。依 GATT 规定，专家组报告需经过缔约方全体以共识程序通过才具有效力，此即"正向一致"。DSU 规定，争端如经协商不能解决，只需一个当事方请求，除非 DSB 以共识决定不设立专家组，否则 DSB 就应设立专家组受理；[②] 对专家组裁决报告，除非 DSB 以共识决定不通过该报告，则该报告即获通过。[③] 反向一致程序意味着只要在决策过程中无人正式反对，即达成共识；缺席、弃权、沉默均不妨碍共识的达成；从而，使 DSB 对有关案件的管辖不必以当事双方的事前同意为前提，

① 参见第四章有关国家安全的阐述。

② DSU 第 6 条第 1 款。

③ DSU 第 16 条第 4 款。

称为“准自动通过机制”。[①]

此外，DSU 还具有相对独立性，这体现在专家组和上诉机构属于专门的争端解决机构：专家组专司调查、认定事实并依法做出裁定，上诉机构则审查专家组法律适用的正确性（这类似与国内法中的“二审程序”）；案件审理须依明确规则和程序展开，其报告依“反向一致”原则通过，且对当事国有约束力，而专家组成员资格、上诉机关与程序及交叉报复程序也都具有一定的独立性。[②] 它们都凸显了该机制的司法性，保证了世界贸易组织宗旨与目标的实现。

（2）ICSID：当事人意思自治与管辖权的排他性。ICSID 把传统国际法中的国际规则在国家间的横向实施机制发展为私人直接参与的纵向实施机制，故《华盛顿公约》在淡化国家干预及强调私人在国际争端解决机制中的作用方面被称为“关键的转折点”。[③] 具言之，ICSID 的“去政治化”路径主要体现在管辖以及法律适用上的“当事人意思自治原则”及在此基础上的对东道国或母国的管辖排除。ICSID 管辖是自愿管辖而非强制管辖，即一国批准公约不等于同意接受中心管辖，而只是同意接受中心管辖的一个前提条件。实体规则的适用顺序除了有利于避免普通商事仲裁适用法律的不确定性，同时也实现了东道国法律与国际法二者适用之间一定程度的协调，避免了投资争端解决的政治化问题，同样重要的是，首先适用双方协议选择的法律规范，体现了对当事人意思自治的尊重。这也间接地说明了投资契约从其性质而言是属于私人之间的契约，而非所谓的“国家契约”，使投资者与东道国处在相同或类似的法律地位上。此外，ICSID 的仲裁管辖权具有排他性，也体现了当事人意思自治原则：除非约定，双方不得将提交仲裁的案件再提交其他任何程序解决，而其他任何机构也不应受理；对双方已同意或提交仲裁的争议，投资者母国也不得行使外交保护权或提出外交保护或提出国际要求，除非争议的国家一方未能遵守和履行对此项争议所做出的裁决。[④]

对意思自治的尊重及由此产生的自治性和排他性，使 ICSID 成为争议

---

①② 赵维田：《论 GATT/WTO 解决争端机制》，《法学研究》1997 年第 3 期。

③ Francisco Orrego Vicuña, *International Dispute Settlement in an Evolving Global Society*, Cambridge University Press, 2004, p. 64.

④ 陈安主编：《国际投资争端仲裁——“解决投资争端国际中心”机制研究》，复旦大学出版社 2001 年版，第 28-30 页。

双方都能接受的相对中立的争端解决机制，有利于对东道国的不利裁决得到承认与执行，以及投资争端的非政治解决，较好地平衡了东道国与私人投资者之间的利益。同样值得关注的是，在特定情形下，仲裁中心甚至可依公平善意原则这一在民商事法律中最为常见的原则作为裁判的基础，凸显了投资者与东道国之间关系的私法色彩。至少在理论上，ICSID 正努力将政治因素最大限度地从仲裁中剔除。

（3）NAFTA："无默契的仲裁"（Arbitration without Privity）[①]。NAFTA 中的投资者——东道国仲裁机制源自美式双边投资条约。然而，由于 NAFTA 对投资者的规定只有权利而无义务，不存在东道国政府向投资者主张权利的可能，故只有投资者拥有仲裁程序的发动权和仲裁程序规则的选择权。

NAFTA 第 1122 条规定，各方同意按照本协定所确定的程序向仲裁法庭提交请求，故在 NAFTA 下的仲裁中，缔约国对适用仲裁方式解决投资争议的同意就表现为 NAFTA 这个多边条约本身的规定，不需要投资者与 NAFTA 缔约国达成具体的仲裁协议或在具体的投资协议中事先明确仲裁条款。换言之，当 NAFTA 缔约国政府有违反 NAFTA 中的投资条款的情况时，NAFTA 允许投资者直接启动有约束力的国际仲裁程序，实质上是并非东道国和投资者之间未提交仲裁解决争议的一致同意，而只是双方在不同的时间、不同的文件中分别表达其对仲裁的同意。

这种方式对实现投资争议解决的非政治化以及投资者保护相当有效，但也可能导致了一些意想不到的效应。比如，投资者可能将该机制作为对抗东道国滥用法规措施的防御性工具；在东道国政府采取不利于外国投资者利益的情况下，甚至可以发展为投资者战略性攻击的手段。随之而来的副作用是，此机制使得投资者获得了挑战任何他们想要挑战的国家行为，包括公共政策、立法和行政程序等的权力，在一定程度上形成了"公私矛盾"即公司主权与国家主权的对峙。对此，甚至连该机制的设计者——美国都开始难以忍受，而要求对投资者提起仲裁的行为予以约束。[②]

---

① J. Paulsson, "Arbitration Without Privity", 10 *ICSID Rev*. 232, 1995, p. 240.

② 单文华：《从"南北矛盾"到"公私冲突"：卡尔沃主义的复苏与国际投资法的新视野》，《西安交通大学学报（社会科学版）》2008 年第 4 期；蔡从燕：《外国投资者利用国际投资仲裁机制新发展反思——国际法实施机制与南北矛盾的双重视角》，《法学家》2007 年第 3 期。

3. 对主权财富基金投资的适用性

从表面上看，上述三种争端解决机制并未将主权财富基金或类似的投资排除在适用范围之外，但三者的适用性均不无问题。

（1）WTO-DSU 的适用性：限制性规定与现实约束。有学者认为，应将主权财富基金置于世界贸易组织框架下加以监管，由世界贸易组织制定具有强制性的主权财富基金行为准则，且认为现有世界贸易组织法律框架中有关国际直接投资的多边立法已能够部分涵盖它所进行的投资。尤其是GATS 可以被认为已经涉及了它对服务业的投资。比如，美国的 GATS 承诺表中列明，政府所有或控制的保险公司（无论来自美国还是其他国家）均不得在美国大部分州开展营业，不允许外国政府拥有 25%股权以上的公司持有广播或电视执照。以此为基础，就无须对现有法律制度进行重大变革，且可以保证监管的实际效果，并避免投资保护主义。[①]

这种路径最看重的是世界贸易组织争端解决机制的准司法性质和强制性，具有硬法属性。尽管其不无合理性，但在实践中会遇到诸多问题，主要包括两类，即一系列限制性规定与现实约束。

限制性规定包括：其一，GATS 仅适用于对目标公司加以控制的情形，而主权财富基金通常作为消极投资者，其绝大部分投资为少数份额投资，甚而或主动或被动地放弃其影响力。世界贸易组织框架相关规定仅能涵盖其投资的一小部分。比如，只有在其拥有或谋求目标公司控制权时即在从事直接投资时，GATS 方可适用，而若以交易数目计，大部分主权财富基金投资活动以组合投资的方式进行。有学者进而建议对直接投资适用世界贸易组织规则，对组合投资适用 IMF 规则。但由此带来的问题是直接投资与组合投资的界限并非泾渭分明，可以预见因为标准欠缺明确性而导致监管冲突和监管套利的可能性较大；更甚于此的是似乎很难断定存在着可与世界贸易组织规则在效力及形式上足资相提并论的 IMF 规则。[②] 其二，种种例外和豁免的存在降低了最惠国待遇的适用标准。发达国家可在某些特殊服务产业偏离该轨道，如最惠国待遇原则在目前阶段并不适用于金融服

① Aaditya Mattoo and Arvind Subramanian, "Currency Undervaluation and Sovereign Wealth Funds: A New Role for the World Trade Organization", Working Paper 08-2 of Peterson Institute for International Economics, 2008, p. 9.

② Aaditya Mattoo and Arvind Subramanian, "Currency Undervaluation and Sovereign Wealth Funds: A New Role for the World Trade Organization", Working Paper 08-2 of Peterson Institute for International Economics, 2008, p. 11.

务和基础电信等重要的服务部门。其三，GATS 所规定的国民待遇和市场准入承诺不具一般适用性。它们只作为成员的具体承诺体现在各自的减让表中，仅适用于减让表中已列明并满足一定条件和规定的服务部门。故可以认为，减让表的大部分具体承诺未能有效消除服务部门内存在的贸易和投资限制。

现实约束主要包括：其一，在世界贸易组织框架内增添新议题的空间不足。尽管 DSU 借由“反向一致”建立了准自动管辖和通过机制，但依多哈部长会议决议，发动投资等议题的谈判须经全体成员方的协商一致。[①] 在此背景下，将主权财富基金监管问题纳入世界贸易组织体制，缺乏“天时”之利。其二，建立主权财富基金的缔约方仍属少数，特别是目前多哈回合重启的主要症结在于发达国家和发展中国家在农业等问题上争执不下，特别是有关农业补贴及安全保障机制等诸多议题，与此相比，主权财富基金很难获得优先对待，而在谈判中的主要国家如印度等未设主权财富基金，而拥有主权财富基金的俄罗斯不是世界贸易组织缔约方，主权财富基金的聚集地中东等国（占《圣地亚哥原则》签署国的 2/3）及新加坡基本不生产农产品，也就是说这些国家缺乏足够动力推进这一议题，再加上南北国家对此意见相左，故基本不存在达成正向一致或类似行动的共同激励，故单纯就主权财富基金议题而启动或将其纳入谈判几无可能。其三，世界贸易组织框架与主权财富基金规制的基本取向相悖。以 GATS 为代表的世界贸易组织协议的首要宗旨则是削减投资或贸易壁垒，亦即自由化问题；主要源自东道国的呼声则强调如何规制主权财富基金，二者的基本目标相互抵牾，强将后者纳入世界贸易组织框架恐难奏效。

（2）ICSID 的适用性：来自输入性实体规则的制约。与世界贸易组织争端解决机制厚重的司法色彩相比，ICSID 机制更类似于私人间的商业仲裁。影响 ICSID 对主权财富基金适用的主要因素是输入性实体规则的制约。如前所述，ICSID 本身并无实体规则，故其仲裁中实体规则的援引有

① “Doha WTO Ministerial 2001: Ministerial Declaration”, WT/MIN（01）/DEC/1, Para. 40, Nov. 20, 2001. 议题的形成常常需要主要和多数国家进行交易而实现，此谓议题挂钩或议题交易。这与对“关联性”（Linkage）的解释有密切联系。Symposium, “Linkage as Phenomenon: An Interdisciplinary Approach”, 19 *U. PA. J. Int'l Econ. L.* 209, 1998, p. 210.

赖于投资者与东道国的同意或合意，而迄今为止，东道国同意的首要方式是其事先与投资者母国签署双边投资协定。换言之，双边投资协定在通常情形下是作为中心仲裁的实体规则而存在的。[①] 正是双边投资协定，在一般情形下，存在将其适用于主权财富基金投资的诸多障碍，主要包括：第一，双边投资协定通常适用于个人或私法人的投资，不含主权性投资。故对那些属于行政机关法人性质的主权财富基金而言，其适用性便大打折扣。当然，不同双边投资协定对“投资者”的界定或有不同，确实适用与否尚需具体考察。第二，投资者保护条款多适用于设立后阶段，并不保护市场进入（Pre-establishment）的权利。[②] 其投资引起的关切主要发生在市场准入阶段。第三，在涉及投资仲裁及赔偿问题上的关键因素是东道国采取的措施对投资者造成的损失的确定，对尚未进入市场的主权财富基金而言，其在进入之前的损失很难确定，除非已产生明显费用，否则很难适用双边投资协定。第四，类似于国际贸易法，双边投资协定通常规定，不得阻止一方出于国家安全、公共秩序及金融审慎监管等因素而采取相关措施，但对何谓国家安全、公共秩序及金融审慎监管语焉不详，最终解释须付诸各缔约国的国内解释。[③]

此外，ICSID 对适用事项即“因投资而引起的法律争议”的模糊规定，主要是公约未对何谓“法律争议”做出明文规定，以及仲裁撤销制度[④] 等也都对将该机制用于主权财富基金的投资存在负面影响。[⑤]

（3）NAFTA 的适用性：投资者权利畸强影响公共利益实现。投资者权利畸强首先体现在对“投资”及“投资者”的界定范围宽泛，因而扩大了

---

① 比如，自 1998 年中国在与巴巴多斯缔结双边投资协定时首次全盘接受国际投资仲裁机制起，截至 2006 年底，中国已在 28 个双边投资协定及 1 个自由贸易协定中采取了类似做法，这在很大程度上意味着我国对涉外投资争端的管辖权的弱化甚至放弃。参见蔡从燕：《外国投资者利用国际投资仲裁机制新发展反思——国际法实施机制与南北矛盾的双重视角》，《法学家》2007 年第 3 期。

② 重要例外是北美自由贸易协定和美国主导签订的双边投资协议，它们将投资协议适用于市场准入阶段。Article 4 of US 2004 Model BIT.

③ 比如，《中华人民共和国政府和芬兰共和国政府关于鼓励相互保护投资协定》第 3 条第 5 款、第 6 款的规定，或参见 US 2004 Model BIT，Article 20；Canada 2004 Model BIT，Articles 10，17.

④《华盛顿公约》第 52 条规定，争端的任何一方可以根据以下一个或几个理由，向秘书长提出撤销裁决的申请：其一，仲裁庭组成不当；其二，仲裁庭显然超越其权限；其三，仲裁庭成员有受贿行为；其四，仲裁庭严重背离基本程序规则；其五，裁决未陈述其所依据的理由。

⑤ 李万强：《〈华盛顿公约〉裁决撤销理由的理解适用》，《仲裁研究》第十一辑，法律出版社 2007 年版；同样参见 Christoph Schreuer，ICSID Annulment Revisited，30（2）Legal Issues of Economic Integration 103，2003，p. 116.

仲裁受案范围。依 NAFTA 第 1139 条规定，“一缔约方的投资者”指寻求一个投资、正在进行一个投资或已存在一个投资的一个缔约方或缔约方的国有企业或这个缔约方的一个国民或企业；其中，“国有企业”指由一缔约方所有或通过所有者利益控制的一个企业。这客观上将适用范围扩大到 NAFTA 缔约各国经济活动参与者的层面上，比如，非 NAFTA 缔约方国民所控制但却依缔约国法律设立并在该缔约国领土上有商业存在的外国附属机构，也与其他形式的投资人一样，享有同等权利。故不难设想，他国主权财富基金只需在三国中任一国以商业存在形式设立受控机构，即可在其遭受损害时将相应缔约国诉诸仲裁庭。这当然也从侧面反映了 NAFTA 机制对其投资的相关性。

投资者权利畸强的第二个表现是投资者依据 NAFTA 享有仲裁请求权，除事先通知外，投资者不承担任何义务。其用意是通过此种机制来使条约中规定的实体义务得到执行。其间，私人投资者同时扮演着求偿者和条约义务执行者的角色，投资条约中的实体义务通过投资者求偿来监督和保证实施。[①] 这种设计的初衷是作为投资者的防护罩，实现贸易和投资关系的非政治化，强化投资者保护，但在实践中却可能成为投资者影响东道国公共政策制定和公共利益实现的武器。典型的例子是“埃塞尔公司案”（Ethyl Corporation vs. Canada），在该案中，埃塞尔公司对加拿大出台于己不利的环保法案提起仲裁，迫使加拿大政府以和解方式结案并给予经济补偿。[②]

总体来看，这两点从长远来看都影响了 NAFTA 在国际社会的进一步

---

① Carlos G. Garcia, “All the Other Dirty Little Secrets: Investment Treaties, Latin America, and the Necessary Evil of Investor-State Arbitration”, 16 *Fla. J. Int'l L.* 301, 2004, p. 307.

② 该案概要：埃塞尔公司（以下简称“埃塞尔”）在加拿大的业务包括从美国向加拿大进口一种叫 MMT 的石油添加剂，在加拿大全境分销。出于对该石油添加剂的卫生和环境效果的关注，加拿大着手禁止其进口和在本国境内运输。加拿大政府的禁令最后以法案形式提交立法机构讨论。为回应这一行动，埃塞尔于 1997 年 4 月依 NAFTA 第 11 章的规定提出了索赔要求：加拿大政府的禁令违反了它根据 NAFTA 应履行的非歧视待遇义务、禁止业绩要求义务和征收补偿义务，并在实际上已损害了该公司在加拿大附属公司的商誉和经济利益。1998 年 7 月，加拿大同意撤销对 MMT 的禁令，并向埃塞尔支付 1930 万美元作为经济补偿。该案激起强烈反响，许多人认为加拿大政府是以贸易政策牺牲环保政策，进而将 NAFTA 争端解决机制视为跨国公司侵蚀主权国家的法律和扼杀立法自主权的邪恶手段。Mark Bourrie, Canadian Business: Complains about NAFTA, Inter Press Service, Mar. 22 1999. 转引自叶兴平等:《多边国际投资立法：经验、现状与展望》，光明日报出版社 2008 年版，第 20 页。

推广，即使其在北美自由贸易区也引起了诸多批评，而这种对投资者的“过度保护”或纵容在很大程度上同样与国际社会试图加强对其监管的呼声相悖，故在可预期的未来，其引起的投资争端将很难适用该机制。[①]

二、争端解决软法方式及其局限性

《圣地亚哥原则》作为无强制力、自愿遵守的多边规则，具有软法性质。作为母国与东道国之间妥协的产物，在限定了主权财富基金在公司治理、法律建构等方面的基本要求外，还发挥着有限的争端解决功能，可称为争端解决的软法路径。

1.《圣地亚哥原则》及其软法属性

2007 年 10 月，七国财长和央行行长会议呼吁国际组织分别就主权财富基金的投资行为和东道国的政策制定自愿遵守的国际标准。[②] 2008 年 3 月，美国财政部与新加坡和阿布扎比政府达成了九项原则。[③] 作为积极回应，IMF 在 2008 年召集相关国家成立了以其为秘书处的主权财富基金国际工作组（IWG-SWF，以下简称“工作组”），[④] 并于 2008 年 10 月发布《圣地亚哥原则》，2009 年 4 月，工作组发布《科威特宣言》。

《圣地亚哥原则》是在体认其在国际货币和金融体系中的重要作用基

---

① 在这一问题上，由于不同国家的国情、发展阶段以及文化传统不同，各国很难在这个对投资者的高标准上达成一致意见，况且即使在北美自由贸易区，三个成员国均在不同程度上对由其带来的负面影响存在疑虑。试想若基于这样的机制，在日前发生的谷歌事件中，中国的公共政策和公共利益会受到多大程度的挑战？从这个事件中，我们不无理由担心投资者母国存在将投资争端政治化的可能性。更为可疑的是，由于 NAFTA 的主导者美国对不同国家施行基于不同的文化理念（对英语盟友奉行同盟性质的康德文化，对欧洲大陆奉行以竞争代替战争的洛克文化，对其他国家奉行“眼中只有敌人”的霍布斯文化）的差别待遇，因而是否能将这种做法扩散至主权财富基金及其母国而一体适用，即便对美国来说也甚为可疑。有关国际政治中美国所坚持的三种文化的判断，参见赵汀阳：《天下体系的一个简要表述》，《世界经济与政治》2008 年第 10 期。

② 针对这一呼吁，与 IMF 相比，世界银行的反应有所不同，世界银行前行长佐利克认为主权财富基金的投资策略是国家决策（National Judgment）问题。Steven R. Weisman，“Rules Urged To Govern Investing by Nations”，*N.Y. Times*，Oct. 20，2007，at C1.

③ 主要内容包括：主权财富基金应建立在商业运作基础上，加强透明度，建立良好的公司治理架构，与其他商业主体平等竞争，遵守东道国的法律法规；与此同时，呼吁东道国政府反对保护主义，保持投资政策的可预测性和公平性，并在就涉及国家安全问题而采取行动时坚持比例原则。Treasury of U.S.A.，Policy Principles for SWF Investment and Recipient Countries。

④ IMF 特别申明不寻求“实际监管者”（De facto Supervisor）地位。

础上，由各方为保持和发展稳定开放的国际投资环境，避免金融保护主义而制定的一个自愿遵守的监管指引。该文件以 IMF《外汇储备管理指引》和 OECD《国有企业治理和透明度原则指引》为基础，从法律架构、治理结构和风险管理三个方面阐述了其应具备的制度基础设施和良好实践，其主要内容可归结为两点，即公开披露和“去政治化”。[①] 作为章程性质的文件，《科威特宣言》的主要内容是宣布工作组将成立一个非正式自愿参加的主权财富国际论坛，以加强合作与交流，促进《圣地亚哥原则》的适用。[②]

具言之，《圣地亚哥原则》对国际社会的主要关切都做出了回应，但考虑到其多样性，这种回应又非“一刀切”，而是制定出了若干基本标准作为最佳实践。[③] 其一，因担心主权财富基金本身既无股东监督又无须遵守西方投资基金遵守的透明度标准，故集中批评其低透明度和弱问责性。对此，第 6 条规定，为促进问责性和操作的独立性，应在责任和功能上进行清晰有效的区分。第 14 条和第 18 条就投资经理和第三方管理人的应用做出了规定，并鼓励披露职业投资人的应用情况。第 20 条规定，主权财富基金不得利用特殊信息或不正当影响参与竞争。其二，为缓解认为对其大规模投资可能导致金融动荡的风险的担忧，第 3 条规定，主权财富基金在进行对国内宏观经济政策有重大直接影响的行动时，应与该国财政和货币当局进行协调，以保证其行动不与整体宏观经济政策相悖。第 4 条规定，主权财富基金有义务披露资本充实、撤出和支出操作。其三，针对国家安全担忧，第 19 条规定，投资目标应是寻求财务回报的最大化。若有经济和财务政策之外的考虑，则应予以明示。

---

① 该原则对主权财富基金财务收益之外的目的并不禁止，但要求母国充分披露全部目的以及实现该目的的途径与策略。“IMF Says Concern over Wealth Funds must be Tackled”, available at http: //www.guardian.co.uk/feedarticle? id=7428392.

② IWG-SWF, “International Working Group of Sovereign Wealth Funds Presents the ‘Santiago Principles’ to the International Monetary and Financial Committee”, available at http: //www.iwg-swf.org/pr/swfpr0806.htm.

③ IWG-SWF, Sovereign Wealth Funds: Generally Accepted Principles and Practices (GAPP), Oct. 2008.

《圣地亚哥原则》具有软法属性,[①] 主要原因在于：其一,《圣地亚哥原则》不具有约束力。在《圣地亚哥原则》的序言中，工作组特别指出，“普遍接受的原则和做法是一套得到工作组成员支持的自愿性原则和做法，各成员已遵循或希望实行这些原则……普遍接受的原则和做法受制于政府间协议规定及法律和监管要求。所以，对于普遍接受的原则和做法中的每一条原则的实施，都要遵循适用的母国法律”，其“每一条都受制于母国法律、规定、要求和义务”。即《圣地亚哥原则》作为一种共识，在本质上是自愿性的，它不具备类似于各国国内法律和监管规定的强制力要素。其二,《圣地亚哥原则》具有一定的公共性。这一点主要体现在工作组构成上的广泛性及该文件创制方式上的协商性上。就前者而言，工作组由来自26个拥有主权财富基金的成员国组成,[②] 涵盖了几乎所有较大主权财富基金的母国。就后者而言，工作组曾就该文件的制定在华盛顿、新加坡和圣地亚哥等地分别召开会议展开协商，很多国家或国际组织也提出了相关意见，IMF也帮助展开了对主权财富基金的自愿调查。[③] 此外,《圣地亚哥原则》在诸多方面都是通过概括性或框架性地做出规定，以使得“处于任何

① 软法通常被认为是不具有国家强制约束力而能够间接产生实际效果的行为规范。在国际软法的概念提出后，与之对应，传统的国际法即条约和国际习惯被称为国际硬法。后来软法的概念被引入到国内法的研究中来，国内也有了软法、硬法之分，软法、硬法相应地成为国际软法、国内软法以及国际硬法、国内硬法的上位概念。其他两种定义包括：第一，软法是指国家之间的“非条约协议”(Non-treaty Arrangements)，这类协议的制定主体仍是国家，但是采用非条约的形式，即双方在签订该类协议时明确表示该协议不具有法律约束力，而仅仅依赖成员的自我约束。第二，软法指某一条约中不具有强制力的条款。这些条款给了成员方广泛的自由度，成员方可以自由选择是否受其约束。但有学者认为，这些条款包含在正式的条约中，其“自由度”是由具有法律拘束力的条约所赋予的，它们采取的也是条约的形式，把它们和条约分割开来是不合适的，用“软法”来描述此类现象容易造成误解，因而应该避免在这种情况下使用“软法”概念。用于泛指不具有法律约束力但可能产生实际效果的行为规则。这一观点不从制定主体，而是从形式和效力的角度界定国际软法，认为某一文件的制定者无论是国家还是非官方组织，只要这类文件具有行为规则的形式特征，不具有法律拘束力但客观上会对各国实践产生影响，那么它就是国际软法。Seidl-Hohenveldern，“Hierarchy of the Norms Applicable to International Investments”，in Heere ed.，International Law and Its Sources：Liber Amicorum Maarten Bos，Kluwer Law and Taxation Publishers，1988，pp. 147-148.

② 工作组成员国包括：澳大利亚、阿塞拜疆、巴林、博茨瓦纳、加拿大、智利、中国、赤道几内亚、伊朗、爱尔兰、韩国、科威特、利比亚、墨西哥、新西兰、挪威、卡塔尔、俄罗斯、新加坡、东帝汶、特立尼达和多巴哥、阿联酋和美国。工作组永久观察员包括：阿曼、沙特阿拉伯、越南、经济合作与发展组织和世界银行。

③ IMF，“Sovereign Wealth Funds：Current Institutional and Operational Practices”，Prepared by the IWG Secretariat in Collaboration with the Members of the IWG，Sept.15，2008，p. 24.

经济发展水平的国家都有潜力实施这些原则和做法”和“适应现有各类国家不同的体制、宪法和法律环境”。故成员国基本上都声称遵守该原则，具有一定的公共性或普适性。其三，《圣地亚哥原则》具有一定的规范性。其规范性体现在，它的各项原则的描述都是用“应当”（Shall）展开的，同时，第 24 条规定，要求定期对各国该原则的实施状况，“主权财富基金应参与或派代表参与该过程”。当然，如前述原因，这种规范性程度较诸国际条约时有一定差异。

2.《圣地亚哥原则》的争端解决功能及其局限性

《圣地亚哥原则》的出台反映了母国和东道国之间为了避免双输或负和博弈而达成的某种妥协，是试图利用软办法解决硬问题，或曰“以柔克刚”。在该原则的制定过程中，双方进行了多次协商。在此意义上，我们可以说，《圣地亚哥原则》本身就是从整体上化解潜在冲突的国际机制，具有争端解决的功能。该原则对主权财富基金在法律框架、治理结构和投资与风险管理框架这三个关键领域做出了原则性限定，进而成立常设的主权财富基金国际论坛，负责对原则的实施状况进行审议，促进《圣地亚哥原则》的传播和理解，也为主权财富基金及东道国提供信息交流与看法交流的平台。故作为软法性质的争端解决机制，《圣地亚哥原则》具有不同于硬法机制的个性特征，如创制方式和制度安排富有弹性、实施方式的非强制性、开放程度更高、更注重商谈论证、规范形态更多样、法律文本的叙事方式更灵活等。①

《圣地亚哥原则》的通过标志着一次主要源自新资本输出国的多边合作。但这种“以柔克刚”的进路在一定程度上也为有效化解风险带来了一定障碍。② 具体而言，主要障碍包括：

第一，过于注重主权财富基金而忽视其与东道国的关系。尽管《圣地亚哥原则》从名义上看是以主权财富基金母国为主制定的自律性规则，但该原则从倡导者到起草主体都是围绕欧美等发达国家及以其为中心的国际组织如欧盟、世界银行等展开的。同时，《圣地亚哥原则》主张将加诸东道国的规则制定权交由 OECD 来制定，而这些母国对此却无权参与。因而，

---

① 宋功德：《认真对待软法》，载罗豪才等《软法与公共治理》，北京大学出版社 2006 年版，第 52 页。

② 有学者建议将《圣地亚哥原则》硬法化，比如将其纳入 WTO 框架。Aaditya Mattoo and Arvind Subramanian，“Currency Undervaluation and Sovereign Wealth Funds：A New Role for the World Trade Organization”，Peterson Inst. for Int'l Econ. Working Paper，No. 08-2，2008，p. 7.

从本质上来看,《圣地亚哥原则》构成了东道国对它的单方面约束，或者说为判断主权财富基金进入国际市场制定了最低门槛。这种不平等的规则制定权与反向的经济实力格局之间存在一个颠倒或反向关系，再加上其软约束性质，从而将严重影响《圣地亚哥原则》的正当性与有效性。

第二，对合规情况缺乏计量比较的标准或基础。工作组为了让异质性显著的各主权财富基金适用同一个最低标准，在《圣地亚哥原则》中充斥了大量的需要再定义的不严谨或宽泛的用语，且无“定义”条款或支撑文件对它们做出限定。以第 1 条为例，该条要求其法律框架应是健全的(Sound)，显然，本条的对象是法律框架，核心要求是“健全的”，但如何界定“健全”呢？对此，或许没有国家会在涉及利益之争的国际场合承认本国相关的法律框架是不健全的。类似地，第 4 条要求主权财富基金应强化披露，但对标准化的披露方式和披露程度也未说明。一方面，我们有理由认为这种模糊可能是为了扩大其适用范围，以实现其最低标准而刻意为之；但在另一方面，这种建设性模糊很可能使其成为一句空文。

第三，缺少有效的激励结构。在《圣地亚哥原则》及工作组的后续行动中，并未对违反或遵守规定的行为给予惩罚或奖励，寄托于主权者的自律或相互间的协调。无论是国家还是主权财富基金，在国际市场上都可以视为一个精于计算的理性经济人，没有行之有效的奖惩，就没有严格充分的执行，它们势必采取策略行动，以获得最大利益。

第四，强调其所有者即母国政府的身份与作用。从内容来看,《圣地亚哥原则》将主权财富基金监管视为金融监管问题，从而将主权者尤其是母国政府引入到对主权财富基金的治理中来，以 IMF 及其制定的相关指导性文件为基础，强调母国政府在完善治理结构、促进国际金融稳定和防范金融保护主义中的责任。这种强化政府责任，而非将其视为独立的投资者的做法更多地从公法展开，从而就不得不坚持尊重主权者同意的基本立场。

综上所述，主要国际投资争端解决机制即“硬法”方式的基本特征是：第一，倾向于扩大对私人投资者的保护；第二，目标是保障投资者能够在争端解决中获得大致平等的地位；第三，为此而采取的路径是将东道国作为（准）私人投资者并依国际法规则（而非东道国）甚或善意原则裁判；第四，积极尝试强化解决机制的司法性或强制性；第五，在适用事项和适用主体上存在扩张解释或界定的趋势。笔者将这些机制统称为“基于私主体的硬法路径”，该路径的理想图景是将私法原则加诸东道国，或者说私法化主权者。即便是在缔约方主要是主权国家的 WTO- DSU 中，也主要是通过签订私主体协议的性质完成的，政治因素在争端解决中发挥的作用十分有限。

与之相对，《圣地亚哥原则》体系沿着“基于主权者的软法路径”而展开，其基本特征是：第一，认可主权财富基金中政府的作用，并以主权国家为切入点，强调其在完善治理结构、促进国际金融稳定和防范金融保护主义中的责任；第二，主要内容以 IMF 及其制定的相关指导性文件为基础，更多地从公法角度展开，采取这种做法的基础是将主权财富基金及其投资行为视为金融监管中的具体问题之一；第三，强调软法属性，在最大程度上将主权财富基金的母国聚集或团结在一起，并在此基础上进行制度化或机制化的努力；第四，基本立场是对主权者同意的尊重，故将规则的效力实现寄托于主权者的自律或相互间的协调。

由此可见，当前国际投资争端解决机制潜在地以资金的所有权性质（即“身份”）作为判断适用何种具体化解机制的标准和依据。这与前述的官方资金与私人资金相互隔离的局面是高度一致的：主权性资本的流动发生在各国的央行和 IMF 之间，对其中存在的问题依金融监管的思路加以处理；私人资本的流动及其争端化解在很大程度上是对国内法意义上的私法秩序的模仿。这两个系统公私分明，并行不悖，公事公办、私事私办，“鸡犬之声相闻而鲜少交通往来”。故不难理解学者们将主权财富基金的问题诉诸传统，在成规中寻找答案，故给出的方案通常限于在两种模式做出选择。前述论证已表明这样的做法并不能很好地化解其引发的投资争端，且与我们最初的判断即主权财富基金及其投资既是国际资本自由流动的问题，也是国际金融监管问题存在差异。对此，笔者提出了第三条道路，即在软硬结合的基础上强化公私合作，以建立与主权财富基金及其投资相适应的争端解决机制。

三、双峰式主权性投资争端模式的构建

如前所述，主权财富基金的崛起打破了曾经被视为天经地义的区隔：政府与市场、主权管制与商业行为、外汇储备与私人资本、央行与机构投资者、公法与私法等，这种突破在客观上就要求对法律的原有格式化安排加以重构，以使其更符合现实的需要。

它本身所具有的金融机构特性使得我们有必要将其置于金融监管的框

架之下，而其投资本身的跨境特性又使得单个母国或东道国难以实现有效监管。故在总体上，应将主权财富基金置于金融监管理事会框架下加以监管，以《圣地亚哥原则》为基本参照，以遵守或解释为基本模式，以国际私法争端解决为最后手段。

1. 信息披露的相机性监管

透明度是市场机制有效运作的基本前提，也是建立互信和有效问责机制的重要条件。投资过程中的透明度缺乏问题是主权财富基金问题的关键问题之一，大规模的隐秘投资无论是对东道国国家安全和竞争秩序，还是对母国公共资产的安全都构成了重大隐患。它所引发的一系列担忧从本质上都可视为信息不对称所致。[①]

因而，考虑到主权财富基金的多样性与透明度的重要性，简单地采取“一刀切”的强制性规定并非现实可行的选择，如何选定统一明确的目标或标准并非短期就能做到的事情，而且这么做的必要性也有进一步探讨的余地。

遵守或解释模式（Comply or Explain）是指仅设定一个监管基准，被监管者可以选择遵守，也可以选择不遵守而选择向监管主体详细说明不遵守的理由。进而，这种模式要求：其一，不允许什么都不做，即既不遵循也不解释；其二，若对主权财富基金的解释不满意，则有权采取救济措施。因信息披露是对公众开放的，股东和其他人也都可以核实遵守的程度，从而，此模式就间接促使它须对其不遵守的行为提供正当理由。

遵守或解释模式的优点在于：第一，可以保持规则适用的灵活性，避免“一刀切”或“单选模式”（Box-ticking）或强制措施的不足。过于刚性的治理规则并不必然带来良好的绩效，这个教训可以从美国“萨班斯—奥克斯利法案”中的404条款所带来的不良后果总结出来。[②] 这种灵活性源

① Anthony Wong，“Sovereign Wealth Funds and the Problem of Asymmetric Information：The Santiago Principles and International Regulations”，34 *Brook. J. Int'l L.* 1081，2009，p. 1087.

② 2002年安然、世通丑闻发生后，美国通过了“萨班斯—奥克斯利法案”，其中“404条款”要求美国的上市公司必须建立有效的内控系统，否则要追究造假公司高管的刑责。学术界普遍认为此条款过于严苛，因为其缺乏灵活性，未考虑到有时候上市公司有很正当的理由不遵循这些规则。“萨班斯—奥克斯利法案”的出台使外国公司在美国上市成本大幅攀升，大大降低了美国资本市场的吸引力。一个显著对比是，1999年美国股市中退市公司仅30家，2004年已升至135家，尽管不排除由于其他原因而导致公司转换上市地点，但“萨班斯—奥克斯利法案”的影响仍不容忽视。Luca Enriques，Bad Apples，“Bad Oranges：A Comment From Old Europe on Post-Enron Corporate Governance Reforms”，38 *Wake Forest L. Rev.* 912，2003，p. 1003；Theodor Baums and Kenneth E. Scott，“Taking Shareholder Protection Seriously? Corporate Governance in the United States and Germany”，53 *Am. J. Comp. L.* 51，2005，p. 59.

于监管主体鼓励被监管机构领会并遵守规则的“精神”，而不仅是字面规定，并赋予后者根据实际情形做出变通的权利。这种做法在微观上看有利于促进被监管者与监管者间的信任关系，在宏观上则是国际规则能够兼顾或“同情”不同国家的国情，使规则得到更好的贯彻。第二，可以避免思路僵化和行政意志。传统上，国际金融监管以七国集团为首的发达国家主导全球金融监管规则的制定与实施，形成“唯‘美’（国）主义”、[①]圈内讨论和“群体极化”现象，使得决策缺乏整体性和多元化考虑，在各国间相互依赖、不断加深风险的全球化流动背景下，很难保证此框架的可持续性和有效性。[②]遵守或解释模式在很大程度上规避了权力的专断，将更多的决策权交给了企业，使市场在最大限度上发挥作用，允许利益相关人进行高水平的自律，促进被监管者、监管者及其他利益相关者共担责任的信念。

此外，对遵守或解释模式我们须认识到：第一，该模式的自愿性质是有前提的。遵守或解释模式为如何具体实施规则上提供了不同的可能，即要么遵守要么解释，但却不能既不遵守也不解释。第二，该模式的实施机制包括市场纪律和监管约束。监管者需要设计出适当的机制避免既不遵守也不解释情形的出现，并对合规性的判断标准与解释的充分性及它们的时限做出明确的规定，在此基础上，借助声誉机制和市场纪律受到制约。第三，遵循并不优于解释。被监管者应表明它们未能遵守是经过深思熟虑的，并对其加以合理充分的说明，在此情形下，不应认为遵循就好过解释，否则就会导致变相的单选模式，带来虚假的安全感甚至双输的局面。若监管者认为有些规则业已被证实为适当且应遵守的，就宜直接将其制定为强制性规范。

该模式最先在德国《公司治理法典》中被使用，该法典要求创造性地使用了“遵守或解释”模式，即每家上市公司或遵循法典的最佳行为建议，或对某条款加以解释。德国“公司治理法典政府委员会”认为，采取

---

① 罗培新：《美国金融监管的法律与政策困局之反思——兼及对我国金融监管之启示》，《中国法学》2009 年第 3 期。

② 群体极化（Group Polarization）是指在群体中进行决策时，人们往往会比个人决策时更倾向于冒险或保守，向某一个极端偏斜，从而背离最佳决策。有关全球金融治理中的群体极化现象，参见 Andrew Baker，“Global Financial Governance and Theories of Group Polarization”，Paper Presented at Conference：*Pathways to Legitimacy? The Future of Global and Regional Governance*，10th Anniversary of CSGR，2nd Annual Meeting of GARNET，University of Warwick 17-19 Sept. 2007.

“遵守或解释”模式既兼顾了不同上市公司自身不同的治理环境，又可顾及境内与海外同时上市的公司的区域治理差异，从而优于以萨班斯法案为代表的强制性模式。[①] 英国《公司治理联合准则》以及欧盟相继采用了此模式。[②] 有些组合投资者如英国对冲基金标准理事会（Hedge Fund Standards Board）也依照这一模式制定了行业自律标准，目前已有 54 家业内公司签署加入该标准。[③] 当然，这也为主权财富基金的国际监管提供了一个上佳的借鉴思路。

在主权财富基金的背景下，应将《圣地亚哥原则》作为一个基准，每年由监管者对其合规或遵守状况做出评估。另一个改进的意见是，考虑到《圣地亚哥原则》在用语上的模糊性，监管者应考虑效仿巴塞尔银行监管委员会推行 《有效银行监管核心原则》的基本做法，针对该原则，制定《圣地亚哥原则实施细则》，在其中列明最佳做法和基本做法，并依情势做出修改。

2. 金融稳定理事会作为公共性主权财富基金的争端解决机构

如果说在一个国家内部，金融系统的流动性供给是呈金字塔形状的，则央行就处在这个金字塔的峰顶，是流动性的最终供给者，而注册银行是倒数第二个贷款人，处于第二个层级，而非银行金融机构在第三个层级。那么在全球层面上，我们可以发现目前并不存在真正意义上的最后贷款人，因为 IMF 本身主要只是作为早期预警系统，其有限的资本并不足以充当最后贷款人的角色，甚至东亚诸国正是因为在 20 世纪 90 年代金融危机中认识到这一点才积极积累外汇储备而加强自保。从这个意义上来说，在第二代布雷顿森林体系下，它有意无意地扮演了最后贷款人的部分功能，成为维护国际金融体系稳定的重要力量，[④] 然而这对母国而言意味着巨大

---

① 彭真明、陆剑：《德国公司治理立法的最新进展及其借鉴》，《法商研究》2007 年第 3 期。

② Sridhar Arcot, Valentina Bruno and Antoine Faure-Grimaudy, “Corporate Governance in the UK: Is the Comply or Explain Approach Working?”, *International Review of Law and Economics*, Vol.30, Issue 2, 2010, p. 197.

③ HFSB, “Who has Signed up to the Process of the HFSB Best Practice Standards?”, available at http: //www.hfsb.org/? section=10567.

④ 据报道，美国高盛公司组织多达 200 亿美元的中国资金向希腊帮助债务重组，最后，欧盟承诺帮助希腊。金融危机后，各国政府负债大幅度提高，拥有 24000 亿美元外汇储备的中国被不少国家希望承担最后贷款人角色。中国也部分地履行这种功能，例外于近两年多次借钱给困难国家，最多借给俄罗斯和巴西近 500 亿美元，并购买 500 亿美元 IMF 债券，增加 IMF 最后贷款人能力；在某种程度上，持有 8000 亿美元国债的中国也是美国最后贷款人。

的亏损，因为它的出现并不能解决长期存在的金融全球化与金融监管条块分割之间的摩擦，全球任何一个国家的监管机构都无法单独完成此使命，建立一个涵盖整个系统的宏观监管体系变得越来越迫切，这正是2008年以来的金融危机带来的最重要教训，各国对这一问题的共识有助于日后提高彼此之间的合作和协调。

为此，二十国集团伦敦峰会决定成立金融稳定理事会来代替金融稳定论坛（Financial Stability Forum），并由其识别和预警金融体系中存在的问题，促进各国加强金融体系监管和监管协调，对现有监管体系进行改造，构建全球金融体系的监管原则框架。2009年6月，金融稳定理事会正式运行，其成员机构包括G20所有成员、金融稳定论坛原有成员、西班牙和欧盟委员会。通常认为，金融稳定理事会在刚开始的主要作用在于协调制定和执行标准，并无实际监管约束力。

但从长期来看，因获得了二十国集团的支持，金融稳定理事会可能成为世界性的金融监管者或国际金融监管的主要协调者。较此前的国际金融架构，金融稳定理事会无论在输入正当性还是在输出正当性都有长足进步，特别是在成员构成上，金融稳定理事会中有一半以上的成员国都设有主权财富基金，而另外很多国家则是为主权财富基金所青睐的东道国，作为在世界经济中具有重要地位的经济体，这种相关性使得在它们之间达成共识的效率和效力都会更高，有助于克服IMF自身的结构性缺陷。

3. 分类规制：以市场投资者和系统重要性测试为基准

针对主权财富基金在组织形式和重要性上的巨大差异，可以考虑在国际层面按照两个原则对主权财富基金加以区分，并采取不同的监管方式（见图5-1）。基本思路是，由金融稳定理事会来制定市场投资者和系统重要性的判断标准，并由其来做出判定。金融稳定理事会仅对那些不符合市场投资者要求但具有系统重要性的主权财富基金加以监管，而由国际私法机制即双边或多边机制来解决其他类别的主权财富基金，包括：其一，既满足市场投资者标准也具有系统重要性的主权财富基金；其二，满足市场投资者要求但不具有系统重要性的主权财富基金；其三，既不满足市场投资者标准也不具有系统重要性的主权财富基金。由此可见，这里的两个标准并非平行或并列，而是一个双层设计，即首先进行市场投资者测试，然后进行系统重要性测试。

（1）市场投资者测试。市场投资者测试是指主权财富基金应满足《圣

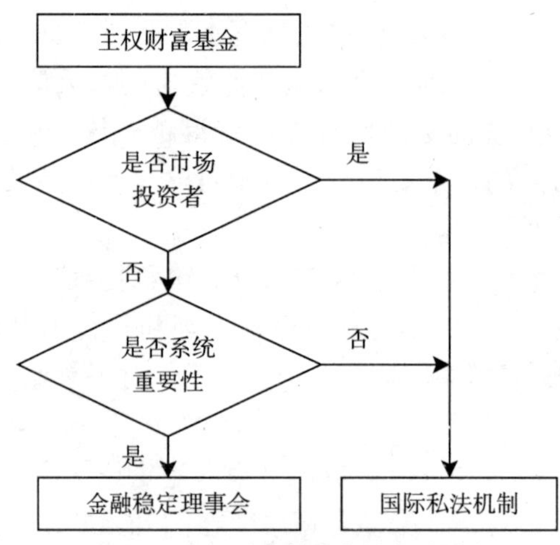

图 5-1　主权财富基金争端解决流程

地亚哥原则》所提出的在法律框架、目标以及与宏观经济政策的协调；体制框架和治理结构；投资和风险管理框架这三方面的要求。对此，前面已提及现有《圣地亚哥原则》用语比较模糊，故金融稳定理事会有必要对此加以细化，应制定一个基本尺度，凡是满足该尺度的，均应视为通过了市场投资者测试。在这个设计中，市场投资者要求应被视为整个监管或争端解决体制的基本要求或门槛。

市场投资者测试借鉴自欧盟在防范成员国为本国金融机构尤其是银行提供国家补贴从而影响中性的竞争秩序而采取的“私人投资者测试”。[①] 该测试要求国家对银行的投资或注资决策是基于长期的收益率而做出。换言之，当国家试图对本国银行重组或注资时就必须首先表明，国家的这种介入或干预可以获得正常资本利得，即市场经济中私人投资者均能接受的收益。这就要求银行援助措施必须以国家提供给信用机构的资金条件与私人投资者在正常的市场环境下可能提供给类似机构的资金的条件之间的差别为依据而展开。尽管国家可以规定要求对处于困境中的银行采取强制性再融资，但是一旦不符合私人投资者假设，这种再融资措施就构成了国家补贴。从而将国家补贴本国银行限制在最低程度上。[②]

---

① EU Commission，XXXth Report on Competition Policy 2000，par. 304.

② 因为成员国完全可以通过为银行的贷款业务提供担保，而实现对本国企业的间接补贴，从而与欧盟建立共同市场的宗旨相悖。Article 87 of EC Treaty.

二者的不同在于，欧盟的“私人投资者”测试仅是从企业投融资的角度来判断国家投资或担保是否构成国家补贴，其关注的核心是“合理利润”和“理性投资者”，[①] 而笔者主张的“市场投资者”测试不仅要看是否有合理正常的收益，更为重要的是看其治理结构、透明度等是否与《圣地亚哥原则》相一致。若相一致，则可认为该主权财富基金是一个通常意义上的市场投资者，只需要接受正常的市场纪律和监管约束，在发生投资争端时则只需要当事人依双边或多边国际规则或协议予以处理即可，而无须施以特别的监管措施。

（2）系统重要性的判定。传统上，只有主要大银行才被认为是系统相关的，但危机表明其他非银行金融中介机构也可能具有系统重要性，其倒闭可能导致不稳定的影响，故被列为当前金融监管改革的首要方面。[②] 对于系统重要性，几乎没有国家做正式定义，但在实践中，若一个机构、市场或金融工具出现故障或倒闭造成普遍的灾难，或引发风险的迅速传播，我们就称其具有系统重要性。评估是否具有系统重要性的主要标准是该机构或金融工具对金融体系和实体经济产生了巨大负面影响，具体而言又可分为三个指标：其一，规模，即单个机构对整个体系运行的重要性会随着该机构提供的金融服务的数量增加而增加；其二，缺乏互补性，所谓互补性是在机构或市场失败的情况下其他金融机构能够提供同类金融服务的程度，当在发生市场失败事件时，其他机构提供系统或类似金融服务越困难，该机构就越重要；其三，关联性，即机构间的联系。[③]

在主权财富基金国际监管的背景下，我们同样可以将这些标准加诸主权财富基金之上，同时再添加上另一个指标，即基金管理资产占全球外汇储备总量的比重。

---

① European Economic and Marketing Consultants，“State Aid and the More Economics Based Approach”，Competition Competence Report，4/ 2005，p. 12.

② IMF 在金融监管改革强调了五个优先领域：将监管范围扩大到包括具有系统重要性的机构和活动，防止过高杠杆率和减轻顺周期性，解决市场纪律和信息缺口问题，改善跨境和跨职能监管，以及加强系统流动性管理。IMF，Global Financial Stability Report（2009）.

③ 在 IMF 对 27 家央行，包括 G20 集团、金融稳定理事会成员和国际重要银行的母国，巴塞尔银行监管委员会（BCBS），国际保险监管协会（IAIS）和国际证监会组织（IOSCO）的调查显示，被调查国家都没有一个法律上的或者正式的关于系统重要性的定义。有些国家认为在对冲基金和私募股权企业不具有系统重要性。IMF，BIS & FSB，*Guidance to Assess the Systemic Importance of Financial institutions*，Markets and Instruments，2013，p. 19.

金融稳定理事会应对不符合市场投资者标准但又具有系统重要性的主权财富基金直接采取监管措施，我们会看到，这类主权财富基金实际上就是那些由各国央行或金融管理当局直接参与商业活动或进行投资的主权财富基金。它们因为在组织形式、经营目标或其他因素上不被称为私人投资者，这就意味着若强行采取国际私法措施极易引发国际政治争端或相互报复。由金融稳定理事会监管的好处是有利于规避此局面的出现，避免给全球金融稳定带来不良后果。

同时，金融稳定理事会因其效率和民主性而更容易采取以下措施：其一，加强信息共享安排可以帮助其他国家的评估活动。有用的信息包括：国内的指标和对外国主体在当地市场的网络分析，关于跨境金融集团的风险暴露。若评估结果要用于金融危机决策时，国内参与信息共享安排的机构应扩大到央行，甚至可能要包括财政部门。其二，联合评估系统重要性，可以用于那些在单个国家未被认为是有系统重要性的，但在地区或全球范围内被认为有重要性。其三，全球或地区性的评估，在全球或地区层面由全球或地区主体主导的评估，由国家监管当局负责实施评估结果，来区分出那些因合作缝隙而被各国评估过滤掉的机构。

（3）争端解决的“去政治化”。在国际监管与争端解决问题上，我们应坚持以市场化解决机制为主要手段，以监管手段为辅助方式。如果它满足了《圣地亚哥原则》的基本要求，就可以将其视为市场投资者，或针对那些不具有系统重要性的主权财富基金，都将它们与其他的组合投资者一视同仁，而不予以特别的监管。当然，金融稳定理事会也有责任约束东道国不对其施以特殊监管规定。

值得注意的是，笔者提供的争端解决机制设计中实际上仅要求由金融稳定理事会对那些未能满足市场投资者要求，同时又具有系统重要性的主权财富基金加以监管。理由包括：

第一，这是金融监管比例原则的体现。既然主权财富基金的投资在特征上与普通的机构投资者并无二致，那么无论是在国内还是在国际层面上对它们投资活动的干预都应坚持公平公正以及在最低程度实施。在此框架中，市场投资者测试就相当于要求母国政府与主权财富基金之间保持商业关系或一臂之遥（An Arm's Length），在国际法上就是要求将政府的公共管理行为与政府的商业行为区隔开来，这种区隔最直接体现就是要求其以独立法人的形式出现，保证其具有独立的责任能力。一旦实现了这些区隔，前述的争端解决机制便都可以在多边框架下适用主权财富基金，或可依东道国与母国间的协定适用之。这一做法体现了对金融实践与金融监管相适应或相对称的要求。

第二，这是对主权财富基金有限的负外部性的反映。如前所述，尽管主权财富基金未使用金融杠杆，但在投资策略上其与一般的机构投资者的差别并非十分明显。考虑到国际社会在实际上尚未对对冲和私募基金实施有效的监管规定，尚无充足的理由要求施以特殊监管。为此，母国应认同这两类投资者在投资组合上的相似性，并基于此要求对同类监管者做同等的监管。与此同时，我们还须认识到，对冲和私募基金引发问题的根源之一即其高杠杆率，而主权财富基金并无此问题，故当金融稳定理事会或其他国际监管机构针对高杠杆率而采取的监管措施也就缺乏足够的理由加诸主权财富基金。这里强调对它的监管措施应只是对对冲和私募基金监管措施的一个子集。

第三，这是主权财富基金在国际金融体系中地位的体现。主权财富基金聚集了雄厚的资金实力，在一定程度上具备了影响全球金融稳定的潜在能力。东道国在扮演国际收支不平衡中债务人的同时，也是国际资本在盈利性、流动性和安全性之间达成均衡的重要场所。也即，母国与东道国之间存在高度的相互依赖关系。从这个角度看，主权财富基金的投资具有宏观经济意义，在国际金融大格局中扮演着资金流动转向器以及准最后贷款人的角色。故有必要对那些具有系统重要性的主权财富基金施以特别约束，发生争端时在金融稳定理事会的框架下解决。

结　语

在 2007 年秋天中投成立后，欧美国家的政治家、监管者和学者次第掀起探讨主权财富基金问题的热潮。一时间所谓的跨国国有化、国家资本主义的崛起、普遍所有权、新法西斯主义等时髦而耸人听闻的新词充斥在媒体上。当全球金融危机陷入最为深重之时，主权财富基金的“纾危解困”使得西方世界大有噤声的迹象，曾经的危世警（谣）言纷纷落空，昔日啧有烦言的欧美诸国对主权财富基金复又笑意盈盈。主权财富基金“抄底”抄到半山腰，勃然兴而蔫然萎，只留下母国声声叹。

尽管我们强调主权财富基金的兴起有着深刻的政治、经济背景，但的确，对它的规制首先是母国而非东道国要直面的问题。对母国而言，其中又内含着两个重要的议题：其一，货币的民族主义与国际金融秩序的关系；其二，政府与市场的边界。

货币民族主义与国际金融秩序之间的冲突是主权财富基金形成的根由，尽管这一冲突一直为东道国有意无意地忽视。其兴起源于超额外汇储备的持有成本过高，尤其是投资美国长期国债的实际收益率为零甚或为负，而这源于世界储备货币的过度发行和全球生产力的不均衡或不对称发展。因此，母国不得不就主要的储备货币发行国即美国的不负责任行为采取适应性调整，主权财富基金因而形成。母国的动机极为单纯，即既要积累储备以自保，又不甘心接受国际铸币税的盘剥，而试图融入到东道国的体系中，以部分地实现全球资本利得的公平分配。其用意无可厚非，其结局令人扼腕。至少在当下看，母国在目前国际经济和货币体系中挣扎的结果无非让损失的方式与形态“改头换面”：原有的利息损失变成了投资亏损。东道国更在意识形态和国家安全的旗帜下，以“莫须有”的理由对主权财富基金的投资施以种种限制，与此同时，却对拥有高杠杆率并诱发全球危机的对冲和私募基金等机构投资者放任自流。

政府与市场的边界模糊则说明了主权财富基金经营失败的原因。为什么欧美“借钱”投资的机构投资者可以赚得盆满钵满，而背倚外汇储备的主权财富基金却亏得一片愁云惨雾？学者们对此解读甚多，相比政治干预不当、投资组合建构错误、经验和人才欠缺等，不一而足。然而，它们之间最根本的差别还是在于公、私之间，即政府与市场的关系应当如何恰切得当地予以安排。这种安排意谓两点：第一点是母国已然参与市场，则须将其股东角色和其监管者角色区分开来，各就其道，各循其规，并行不悖。也即所有权和经营权两相分离，属于公司治理的经典问题。此一进程若仅止于此，则主权财富基金规制实属陈词滥调，与国有企业监管实际并无二致。于是，我们必须考虑到第二点，即全球化背景下的公、私竞争问题。曾经对此做出精辟阐述的古典经济学家和法学家们都生存在国家体系中，或曰领土陷阱中，即国家以领土为界成为默认的社会经济关系和政治文化关系静态而自闭的地理容器和权力容器。在此环境下，无论是经济人还是法治人在本质上都被简约为原子人，他们处在同一个市场，共享同一个社会，遵守同一个法律体系，国际间的交往是例外而非常规，是补充而非主体。通常所指的政府与市场的关系也在此假定下铺陈开来，实则指“本国”政府与“本国”市场的关系。但是，当国家成为另一个市场的参与者即成为“市场国家”，也即外国政府和本国市场成为“对手”时，原有的假定与结论莫不备受考验，而这才是真正的危机所在。

作为上述两个议题的具体表征，主权财富基金引起了全球投资格局的结构性调整。传统的国际投资格局是公私分离，从北到南流向单一；以主权财富基金为代表，将投资格局逐渐扭转为公私混杂、南北对流。过往私人投资者携外交保护权和“炮舰政策”撞击落后的殖民地或弱国的场景，被当今以官方资本为背景的投资者借道业已高度自由化和部分全球化的投资途径、突入传统资本输出国的金融与商品市场所取代。相应地，这也引起了传统上井然有序的争端发生焦点和争端处理方式、税收分配以及投资规制的纠结混乱。

作为对公共问题的价值判断、政策因应和组织技术，法律——无论是国内法还是国际法，面临这些不乏本体论意义的变革均有调整的必要性和重要性，而这便是本研究得以展开的基础。笔者将论述重心落实到规制机制的完善，并秉持渐进调适的进路和母国视角，提出了有限修补的方案。

简言之，欲实现主权财富基金的有效规制，就应当在以下两点着力：其一，主权财富基金规制的目标是以制度化手段解决其带来的风险，以防止保护主义的出现，维护开放自由的贸易体系和资本流动格局。主权财富基金规制的基础是现有监管体系及其本身的“去政治化”，即母国以私人投资者为参照建构其公司治理架构，东道国依与私人投资者同等严格的标准规制之，国际法避免对其实施歧视性待遇。主权财富基金应被界定为“初始资本源于外汇资产的，为获得超出无风险回报率的，政府所有的投资工具或资本集合”，从而与国有企业、央行等区别开来。

其二，主权财富基金有效规制应当按照“三步走”的策略予以推进。母国应当采取先动策略，以提高自生能力为核心强化其公司治理结构，此前应当实现其经营目标的一元化，设计有效的绩效评估机制和市场化的激励结构；在此基础上，建立“委托人—出资人—经营者”的三人治理结构，尤其是要增强权力机构在公司治理中的监督和审计作用。进一步看，母国应当厘清其主权财富基金出资人角色和本国市场监管者角色，加强金融稳健性与竞争有效性监管，同时，采取积极措施对适格的海外投资实施外交保护。在母国完成第一步后，东道国应梳理本国的规制体系，去除对主权财富基金的歧视性规定，就国家安全审查和关键基础设施保护制度做出明确的指引，特别是应按照“单独实体排除加行为性质”标准审查主权财富基金的行为，以判断其是否构成主权豁免之例外。由此，实现母国和东道国在规制问题上的“双向去政治化”。第三步是根据主权财富基金的特性修改完善相关国际法规则。笔者建议，对投资定义进行扩张性解释以将其纳入到现有国际投资法框架中，基于税收信息共享机制建立国际税法规制体系，以市场投资者地位和系统重要性测试相结合的标准来对其分类规制，即由金融稳定理事会仅监管那些不符合市场投资者要求但具有系统重要性的主权财富基金，而以国际私法机制即双边或多边机制来解决其他类别的主权财富基金。

参考文献

一、中文部分

（一）论文类

M. 希尔夫：《权力、规则和原则——哪一个是 WTO/GATT 的法律导向？》，朱益宇译，《环球法律评论》2001 年第 2 期。

蔡从燕：《外国投资者利用国际投资仲裁机制新发展反思——国际法实施机制与南北矛盾的双重视角》，《法学家》2007 年第 3 期。

常健：《外汇储备注资国有商业银行的法律分析》，《法律科学》2004 年第 4 期。

常健、汪灏：《论外汇储备经营的法律规制——以外汇储备注资国有金融机构为视角》，《上海金融》2005 年第 10 期。

陈仲民：《机构投资者与公司治理结构》，吉林大学博士学位论文，2005 年。

丛中笑：《税收国家及其法治构造》，《法学家》2009 年第 5 期。

崔威：《外商投资二元课税模式及其政策取向》，《中外法学》2008 年第 6 期。

邓瑞平、詹才锋：《论主权财富基金的运行、功能及其规制体系》，《暨南学报（哲学社会科学版）》2008 年第 5 期。

董箫、吴向荣：《试论对我国海外投资的外交保护》，《河北法学》2007 年第 10 期。

对外经济贸易大学金融学院主权财富基金研究课题组：《主权财富基金透明度的选择》，《国际商务》2008 年第 4 期。

郭雳：《中投：主权财富基金的控股公司路径》，《中外法学》2009 年第 4 期。

黄进、杜焕芳：《国家及其财产管辖豁免立法的新发展》，《法学家》2005 年第 6 期。

江国青：《〈联合国国家及其财产豁免公约〉——一个并不完美的最好结

果》，《法学家》2005 年第 6 期。

江翔宇：《略论履行金融国资出资人职能机构之选择》，《东方法学》2008 年第 6 期。

李虹：《主权投资基金的法律属性及其监管》，《政治与法律》2008 年第 7 期。

李虹、陈文君：《主权财富基金投资所得的税收处理与国际协调》，《重庆大学学报（社会科学版）》2013 年第 2 期。

李虹、陈文君、杨文云：《主权财富基金的投资行为特征与监管完善》，《金融与经济》2009 年第 11 期。

李鹏：《机构投资者与金融市场稳定》，厦门大学博士学位论文，2008年。

李曙光：《论〈企业国有资产法〉中的“五人”定位》，《政治与法律》2009 年第 4 期。

李晓丹：《国有资本经营预算管理与监管体系探讨》，《中南财经政法大学学报》2006 年第 5 期。

李振军：《有效竞争概念的新界定》，《兰州学刊》2007 年第 6 期。

黎四奇：《ICSID、MIGA、WTO 争端解决机制评述》，《云梦学刊》2004 年第 7 期。

林毅夫、刘培林：《自生能力和国企改革》，《经济研究》2001 年第 9 期。

林毅夫：《发展战略、自生能力、经济收敛》，《经济学（季刊）》2002 年第 1 卷第 2 期。

林毅夫：《自生能力、经济转型与新古典经济学的反思》，《经济研究》2002 年第 12 期。

刘剑文、郭维真：《论我国财政转型与国有资本经营预算制度的建立》，《财贸研究》2007 年第 2 期。

刘宁元：《论保护有效竞争的基本方法》，《河北法学》2004 年第 12 期。

刘守刚：《财政类型与现代国家构建——一项基于文献的研究》，《公共行政评论》2008 年第 1 期。

刘守刚、刘雪梅：《从家财型财政到公财型财政——中国财政转型的案例分析》，《山东经济》2009 年第 7 期。

刘笋：《从多边投资协议草案看国际投资多边法制的走向》，《比较法研究》2003 年第 2 期。

刘旺洪：《国家与社会：法哲学研究范式的批判与重建》，《法学研究》2002 年第 6 期。

吕明、叶眉：《主权财富基金信息透明度问题研究》，《广东金融学院学报》2008年第9期。

吕世伦、郑国生：《“从身份到契约”公式引发的法律思考》，《中外法学》1996年第4期。

罗培新：《美国金融监管的法律与政策困局之反思——兼及对我国金融监管之启示》，《中国法学》2009年第3期。

马新民：《〈联合国国家及其财产管辖豁免公约〉评介》，《法学家》2005年第6期。

欧阳淞：《国有资本经营预算制度的几个基本问题》，《法学家》2007年第4期。

彭真明、陆剑：《德国公司治理立法的最新进展及其借鉴》，《法商研究》2007年第3期。

秦晖：《权力、责任与宪政：关于国家“大小”问题的理论与实践》，《二十一世纪》2003年12月。

宋功德：《认真对待软法》，载罗豪才等《软法与公共治理》，北京大学出版社2006年版。

宋玉华、李锋：《主权财富基金的新型“国家资本主义”性质探析》，《世界经济研究》2009年第4期。

单飞跃、唐翔宇：《经济宪政：宪政与经济关系新解读》，《求索》2006年第6期。

单文华：《从“南北矛盾”到“公私冲突”：卡尔沃主义的复苏与国际投资法的新视野》，《西安交通大学学报（社会科学版）》2008年第4期。

史树林：《论主权财富基金的法律问题》，《中央财经大学学报》2008年第5期。

孙南申：《国际投资法体系下的跨国公司法律规制》，《东方法学》2008年第3期。

孙宪忠：《物权法应采纳“一体承认、平等保护”的原则》，《法律科学》2006年第4期。

王建平：《纳税人权利理念与“政府—纳税人”关系的转型》，《涉外税务》2008年第4期。

王全兴、管斌：《市场化政府经济行为的法律规制》，《中国法学》2004年第1期。

王曦、舒元：《有关外汇储备注资的学理与法理问题辨析》，《学术研究》2005年第5期。
汪洋：《国际法制的艰难演进——简析WTO争端解决机制》，《当代法学》2002年第9期。
谢平、陈超：《论主权财富基金的理论逻辑》，《经济研究》2009年第2期。
谢平、陈超、柳子君：《主权财富基金、宏观经济政策协调与金融稳定》，《金融研究》2009年第2期。
解植春：《国有金融企业"所有者缺位"问题探讨》，《福建论坛（人文社会科学版）》2005年第11期。
解正山：《主权财富基金投资法律环境新变化——评IMF"圣地亚哥原则"》，《江西财经大学学报》2009年第3期。
徐慧泉、杨朝君：《中央汇金模式下的金融国有资产监管体系建设》，《上海金融》2005年第5期。
徐孟洲、贾剑飞：《论国有资本经营预算制度的法理基础与法价值》，《政治与法律》2009年第4期。
叶兴平：《WTO体系内制定投资规则的努力——历史、现状与展望》，《现代法学》2004年第2期。
余劲松：《公司的外交保护》，《政法论坛》2008年第1期。
余菁：《走出国有企业理论纷争的丛林》，《中国工业经济》2008年第1期。
余永定：《国际货币体系改革和中国外汇储备资产保值》，《国际经济评论》2009年第5期。
余永定：《美国经济再平衡视角下中国面临的挑战》，《国际金融研究》2010年第1期。
余云辉、骆德明：《谁将掌控中国的金融》，《财经科学》2005年第6期。
曾文革、安稳：《论中投公司法律监管的问题与对策》，《云南大学学报（法学版）》2009年第5期。
张纯威：《美元本位、美元环流与美元陷阱》，《国际金融研究》2008年第6期。
张鸣：《"国进民退"是一条死胡同》，《炎黄春秋》2009年第9期。
张乃根：《国家及其财产管辖豁免对我国经贸活动的影响》，《法学家》2005年第6期。
张乃根：《试析〈国家责任条款〉的"国际不法行为"》，《法学家》2007年第3期。
张明坤：《论主权财富基金的监管》，《政治与法律》2008年第7期。
张馨：《税收价格论：理念更新与现实意义》，《税务研究》2001年第6期。
章毅：《法律调整视野下的中国主权财富基金》，《学术界》2008年第6期。
赵玲：《中国投资公司的法律解释》，《国际商务》2008年第5期。
赵汀阳：《天下体系的一个简要表述》，《世界经济与政治》2008年第10期。
赵汀阳：《从国家、国际到世界：三种政治的问题变化》，《哲学研究》2009年第1期。
赵维田：《论GATT/WTO解决争端机制》，《法学研究》1997年第3期。
郑顺炎：《论我国外汇储备及外汇管理条例》，《中外法学》1998年第3期。
周其仁：《公有制企业的性质》，《经济研究》2000年第11期。
邹立刚：《试论国际法上的用尽当地救济规则》，《法学研究》1994年第5期。

（二）著作类

安东尼奥·卡塞斯：《国际法》，蔡从燕等译，法律出版社2009年版。
陈安主编：《国际投资争端仲裁——“解决投资争端国际中心”机制研究》，复旦大学出版社2001年版。
道格拉斯·诺思：《经济史上的结构和变革》，厉以平译，商务印书馆2007年版。
蒂莫西·希利尔：《国际公法原理》，曲波译，中国人民大学出版社2006年版。
杜焕芳：《国际民商事司法与行政合作研究》，武汉大学出版社2007年版。
龚刃韧：《国家豁免问题的比较研究》，北京大学出版社2005年版。
哈贝马斯：《公共领域的结构转型》，曹卫东等译，学林出版社1999年版。
黑格尔：《法哲学原理》，商务印书馆1961年版。
黄进主编：《国际私法》，法律出版社2005年第2版。
卡尔·施米特：《政治的概念》，刘宗坤等译，上海人民出版社2004年版。
杰里·辛普森：《大国与法外国家：国际法律秩序中不平等的主权》，朱利江译，北京大学出版社2008年版。
金自宁：《公法/私法二元区分的反思》，北京大学出版社2007年版。
经济合作与发展组织：《国有企业公司治理：对OECD成员国的调查》，李兆熙、谢晖译，中国财政经济出版社2008年版。
劳特派特修订：《奥本海国际法（上卷）》，王铁崖、陈体强译，商务印书馆

1971 年版。
李浩培:《国际法的概念和渊源》, 贵州人民出版社 1994 年版。
李寿平:《现代国际责任法律制度》, 武汉大学出版社 2003 年版。
李万强:《〈华盛顿公约〉裁决撤销理由的理解适用》,《仲裁研究》第十一辑, 法律出版社 2007 年版。
琳达·维斯、约翰·霍布森:《国家与经济发展: 一个比较及历史性的分析》, 黄兆辉、廖志强译, 吉林出版集团 2009 年版。
林毅夫:《经济发展与转型: 思潮、战略与自生能力》, 北京大学出版社 2008 年版。
刘剑文主编:《国际税法学》, 北京大学出版社 2004 年版。
刘俊海:《现代公司法》, 法律出版社 2008 年版。
柳剑平:《当代国际经济关系政治化问题研究》, 人民出版社 2002 年版。
鲁文·阿维—约纳:《国际法视角下的跨国征税》, 熊伟译, 法律出版社 2008 年版。
罗朗·柯恩—达努奇:《世界是不确定的》, 吴波龙译, 社会科学文献出版社 2009 年版。
路易斯·亨金:《国际法——政治与价值》, 张乃根译, 中国政法大学出版社 2005 年版。
乔治·霍兰·萨拜因:《政治学说史》, 刘山等译, 商务印书馆 1986 年版。
乔万尼·阿瑞吉:《亚当·斯密在北京: 21 世纪的谱系》, 路爱国、黄平译, 社会科学文献出版社 2009 年版。
让·博丹著, 朱利安·富兰克林编:《主权论》, 李卫海、钱俊文译, 北京大学出版社 2008 年版。
塞缪尔·亨廷顿:《变化社会中的政治秩序》, 王冠华等译, 上海人民出版社 2008 年版。
尚塔尔·墨菲:《政治的回归》, 王恒、臧佩洪译, 江苏人民出版社 2008 年版。
邵沙平主编:《国际法院新近案例研究》, 商务印书馆 2006 年版。
苏珊·斯特兰奇:《国家与市场》, 杨宇光等译, 上海人民出版社 2006 年版。
托马斯·伯根索尔、肖恩·墨菲:《国际公法》, 黎作恒译, 法律出版社 2005 年版。
约斯特·鲍威林:《国际公法规则之冲突——WTO 法与其他国际法规则如何

联系》，周忠海等译，法律出版社 2005 年版。

王铁崖主编：《国际法》，法律出版社 1995 年版。

沃尔夫刚·格拉夫·魏智通主编：《国际法》，吴越、毛晓飞译，法律出版社 2002 年版。

小查尔斯·梅里亚姆：《卢梭以来的主权学说史》，毕洪海译，法律出版社 2006 年版。

唐贤兴：《民主与现代国家的成长》，复旦大学出版社 2008 年版。

严若森：《中国经济转轨中的国有企业重构》，人民出版社 2008 年版。

姚梅镇主编：《国际投资法成案研究》，武汉大学出版社 1989 年版。

杨泽伟：《国际法析论》，中国人民大学出版社 2003 年版。

叶兴平等：《多边国际投资立法：经验、现状与展望》，光明日报出版社 2008 年版。

伊恩·布朗利：《国际公法原理》，曾令良等译，法律出版社 2003 年版。

俞沂暄：《国家特性与世界秩序》，时事出版社 2009 年版。

约翰·杰克逊：《国家主权与 WTO：变化中的国际法基础》，赵龙跃等译，社会科学文献出版社 2009 年版。

约瑟夫·凯米莱里、吉米·福尔克：《主权的终结》，李东燕译，浙江人民出版社 2001 年版。

赵秀文、谢菁菁主编：《国际商事仲裁法参考资料》，中国人民大学出版社 2006 年版。

赵维田：《世贸组织的法律制度》，吉林人民出版社 2000 年版。

詹姆斯·梅奥尔：《民族主义与国际社会》，王光忠译，中央编译出版社 2009 年版。

张颢瀚、张明之、王维：《从经营国有企业到管理国有资产》，社会科学文献出版社 2005 年版。

张乃根：《国际法原理》，中国政法大学出版社 2002 年版。

张卓元、郑海航主编：《中国国有企业改革 30 年回顾与展望》，人民出版社 2008 年版。

曾令良、饶戈平主编：《国际法》，法律出版社 2005 年版。

中共中央马克思恩格斯列宁斯大林著作编译局编：《马克思恩格斯全集》第 1 卷，人民出版社 1995 年版。

周仲飞：《银行法研究》，上海财经大学出版社 2010 年版。

（三）其他类

中投：《2008年年度报告》。

余永定：《反思双顺差》，《21世纪经济报道》2006年7月23日。

财政部：《政府性基金管理暂行办法》（财综［2010］80号），2010年9月10日。

新华社：《经国务院批准中国投资有限责任公司于29日成立》，2007年10月30日。

国务院发展研究中心企业研究所课题组：《国有金融企业改革》，《经济要参》2009年第30期。

南方报网：《中投68亿美元投资大摩两年亏损超60亿元人民币》2010年9月2日。

季卫东：《杂谈“有产政府”思路对税制的影响》，法律思想网，2006年12月22日。

芦龙军：《全球十大银行排行榜上 大银行市值排名一年内巨变》，《中国证券报》2009年9月14日。

吴晓波：《当政府成为“经济组织”》，英国《金融时报》中文网，2010年7月1日。

天则经济研究所：《国进民退已不是个别现象 蕴含极大风险》，《第一财经日报》2009年10月28日。

二、英文部分

（一）论文类

Aaditya Mattoo and Arvind Subramanian, "Currency Undervaluation and Sovereign Wealth Funds: A New Role for the World Trade Organization", Working Paper 08-2 of Peterson Institute for International Economics, 2008.

Adrian Blundell-Wignall et al., "Sovereign Wealth and Pension Fund Issues", *Financial Market Trends*, 2008.

Afshin Mehrpouya et al., "An Analysis of Proxy Voting and Engagement Policies and Practices of the Sovereign Wealth Funds", IRRCi SWF Report, Oct. 2009.

Alexander Loke, "Sending the Right Signals on Corporate Liability for Employee Insider Trading", *Singapore Journal of Legal Studies*, 2005.

Alexis Leondis and Margaret Collins, "Spending Bonus Cash Becomes Risky as Clawback Rules Increase", *Bloomberg*, Jan. 08, 2010.

Amy D. Keller, "Sovereign Wealth Funds: Trustworthy Investors or Vehicles of Strategic Ambition?", *Georgetown Journal of Law & Public Policy*, Vol. 7, No. 1, 2008.

Andrew Baker, "Global Financial Governance and Theories of Group Polarization", Paper Presented at Conference: *Pathways to Legitimacy? The Future of Global and Regional Governance*, 10th Anniversary of CSGR, 2nd Annual Meeting of GARNET, University of Warwick, Sep. 17-19, 2007.

Andrew Critchlow, "ADIA's Wounded Pride Over Citi", *The Wallstreet Journal*, Dec. 18, 2009.

Andrew Lomax, "Sovereign Wealth Funds: The New Wealth of Nations", *Fleet Street Letter*, Aug. 31, 2007.

Andrew Rozanov, "Who Holds the Wealth of Nations", *Central Banking Journal*, Vol. 15, No. 4, 2005.

Andrew Rozanov, "What is 'Sovereign Wealth' Anyway? On Definitional Challenges of Dealing with SWFs", paper presented on the conference of *Sovereign Wealth Funds: Governance and Regulation* by the National University of Singapore Law School and Asian Society of International Law, Sept.10, 2009.

Andrei Shleifer, "State versus Private Ownership", *The Journal of Economic Perspective*, Vol. 12, No. 4, 1998.

Anne-Marie Slaughter, "Sovereignty and Power in a Networked World Order", 40 *Stan. J Int'l L.* 259, 2004.

Anthony Wong, "Sovereign Wealth Funds and the Problem of Asymmetric Information: The Santiago Principles and International Regulations", 34 *Brook. J. Int'l L.* 1081, 2009.

Arina Popova, "We don't Want to Conquer You; We Have Enough to Worry about: The Russian Sovereign Wealth Fund", 118 *Yale L.J. Pocket Part*

109, 2008.

Arthur Cockfield, "Protecting Taxpayer Privacy Rights Under Enhanced Cross-Border Tax Information Exchange: Toward a Multilateral Taxpayer Bill of Rights", *University of British Columbia Faculty of Law Working Paper*, No. 2008, 2008.

Arvind Subramanian and Aaditya Mattoo, "Currency Undervaluation and Sovereign Wealth Funds: A New Role for the World Trade Organization", Working Paper, No. 142, Center for Global Development, 2008.

Australian Government, Australian Government Competitive Neutrality Guidelines for Managers, Feb. 2004.

Australian Government, Clarifying The Taxation of Foreign Government Investments, Nov. 4, 2009.

Avendano, R. and J. Santiso, A Regulatory Benchmark for Institutional Investments? Assessing Sovereign Wealth Funds' Financial Rationale, paper presented on the conference of *Sovereign Wealth Funds: Governance & Regulation* by the National University of Singapore Law School and Asian Society of International Law, Sept. 10-11, 2009.

Barbara Crutchfield George, Lynn V. Dymally and Maria K. Boss, The Opaque and Under-Regulated Hedge Fund Industry: Victim or Culprit in the Subprime Mortgage Crisis? *New York University Journal of Law and Business*, Vol. 3, No. 2, 2009.

Bart De Meester, "International Legal Aspects of Sovereign Wealth Funds: Reconciling International Economic Law and the Law of State Immunities with a New Role of the State", 6 E.B.L. Rev. 20, 2009.

Barton Legum, "Defining Investment and Investor: Who is entitled to Claim?", 22 *Arb. Int'l* 521, 2006.

Bengt Holmstrom and Paul Milgrom, "Multitask Principal-Agent Analysis: Incentive Contracts, Asset Ownership, and Job Design", *Journal of Law, Economics and Organization*, 7 (Special Issue), 1991.

Bernardo Bortolotti et al., "Sovereign Wealth Fund Investment Patterns and Performance", Fondazione Eni Enrico Mattei Working Papers, 2009.

Brad Setser and Rachel Ziemba, "Understanding the New Financial Superpower-

The Management of GCC Official Foreign Assets", RGE Monitor, 2007.

Bruce Winfield Bean, "Attack of the Sovereign Wealth Funds: Defending the Republic from the Threat of Sovereign Wealth Funds?", Michigan State University College of Law Legal Studies Research Paper, No. 08-01, 2010.

Carlos G. Garcia, "All the Other Dirty Little Secrets: Investment Treaties, Latin America, and the Necessary Evil of Investor-State Arbitration", 16 *Fla. J. Int'l L.* 301, 2004.

Carlos Ramirez and Ling Hui Tan, "Singapore Inc. Versus the Private Sector: Are Government-Linked Companies Different?", *IMF Staff Papers*, Vol. 51, No. 3, 2004.

Charles Roxburgh, Susan Lund et al., "Debt and Deleveraging: The Global Credit Bubble and its Economic Consequences", McKinsey Global Institute Report, Jan. 2010.

Choon Yin Sam, "Corporate Governance Reforms in the Post-1997Asian Crisis: Is There Really a Convergence to the Anglo-American Model?", *Global Economic Review*, Vol. 36, No. 3, 2007.

Christoph Schreuer, "ICSID Annulment Revisited", 30 Legal Issues of Economic Integration 2, 2003.

Dani Rodrik, "The Social Cost of Foreign Exchange Reserves", Paper Prepared for Presentation at the American Economic Association Meetings in Boston, Jan. 2006.

Daniel Price, "An Overview of the NAFTA Investment Chapter: Substantive Rules and Investor/State Dispute Settlement", 27 *Int'l Law.* 727, 1993.

David Hall, "The False Panacea of International Agreements for U.S. Regulation of Sovereign Wealth Funds", 5 *B.Y.U. Int'l L. & Mgmt. Rev.* 137, 2008.

David E. Gohlke, "Clearing the Air or Muddying the Waters? Defining 'A Direct Effect in the United States' Under the Foreign Sovereign Immunities Act after Republic of Argentina V. Weltover", 18 *Hous. J. Int'l L.* 261, 1995.

David Hume, "Of the Jealousy of Trade", in Eugene F. Miller ed., Essays,

Moral, Political, and Literary, 327-2, 1752, quoted from Paul Rose, Sovereigns as Shareholders, footnote 2.

David Walker, "Counting the Cost: Full Cost Comparison between Public Service Providers", CBI Brief, Jun. 2008.

Dewenter, K. and P.H. Malatesta, "State-owned and Privately-owned Firms: An Empirical Analysis of Profitability, Leverage, and Labour Intensity", *American Economic Review*, Vol. 91, 2000.

Diana Farrell and Susan Lund, "The New Role of Oil Wealth in the World Economy", McKinsey Global Institute Report, Jan. 2008.

Donghyun Park and Gemma B. Estrada, "Are Developing Asia's Foreign Exchange Reserves Excessive? An Empirical Examination", ADB Economics Working Paper Series, No. 170, 2009.

Edwin M. Truman, "A Scoreboard for Sovereign Wealth Funds", *Presented at the Conference on China's Exchange Rate Policy*, Oct. 19, 2007.

Edwin M.Truman, "Sovereign Wealth Fund Acquisitions and Other Foreign Government Investments in the United States: Assessing the Economic and National Security Implications", Testimony before the Committee on Banking, Housing and Urban Affairs, United States Senate, Nov. 14, 2007.

Edwin M. Truman, "A Blueprint for Sovereign Wealth Fund Best Practices", Peterson Institute for International Economics Policy Brief 8-3, 2008.

Eric Langland, "Misplaced Fears Put to Rest: Financial Crisis Reveals the True Motives of Sovereign Wealth Funds", 18 *Tul. J. Int'l & Comp. L.* 263, 2009.

Eric Le Borgne and Paulo Medas, "Sovereign Wealth Funds in the Pacific Island Countries: Macro-Fiscal Linkages". IMF Working Paper, WP/07/297, 2007.

European Economic and Marketing Consultants, "State Aid & the More Economics Based Approach", Competition Competence Report, 4/ 2005.

Eyal Benvenisti and George Downs, "The Empire's New Clothes: Political Economy and the Fragmentation of International Law", 60 *Stan. L. Rev.* 101, 2007.

Financial Stability Forum, FSF Principles for Sound Compensation Practices, 2009.

Friedrich Wu and Arifin Seah, "Would China's Sovereign Wealth Fund Be a Menace to the USA?", *China & World Economy*, Vol. 16, Issue 4, 2008.

Gary Jay Greener, "The Commercial Exception to Foreign Sovereign Immunity: To Be Immune or Not to Be Immune? That Is the Question", 15 *Loy. L. A. Int'l & Comp. L.J.* 173, 1992.

Gerald Lyons, "State Capitalism: The Rise of Sovereign Wealth Funds", Testimony before the Committee on Banking, Housing and Urban Affairs, United States Senate, Nov. 14, 2007.

Gordon Clark and Ashby Monk, "Government of Singapore Investment Corporation: Insurer of Last Resort and Bulwark of Nation-State Legitimacy", *The Pacific Review*, Vol. 23, Issue 4, 2010.

Grant Kirkpatrick, "The Corporate Governance Lessons from the Financial Crisis", *Financial Market Trends*, OECD, Feb. 2009.

Gregory Chin and Eric Helleiner, "China as a Creditor: A Rising Financial Power?", 2 Journal of International Affairs 61, 2008.

Helmut Reisen, "How to Spend It: Sovereign Wealth Funds and the Wealth of Nations", *OECD Development Centre Policy Insights*, Feb. 2008.

Hong Li, "China Investment Corporation: A Perspective on Accountability", *The International Lawyer*, Vol.43, 2009.

Hong Li, "Depoliticization and Regulation of Sovereign Wealth Funds: A Chinese Perspective", 1 *Asian Journal of International Law* 142, 2010.

IFSL, Sovereign Wealth Funds 2010, Mar. 2010.

IMF, BIS and FSB, Guidance to Assess the Systemic Importance of Financial institutions, Markets and Instruments: Initial Considerations - Background Paper, 2009.

Institute of International Finance, *Final Report of the IIF Committee on Market Best Practices: Principles of Conduct and Best Practice Recommendations*, Dec. 2008.

IWG-SWF, *Sovereign Wealth Funds: Generally Accepted Principles and*

Practices (*GAPP*), Oct. 2008.

Jason Kotter and Ugur Lel, "Friends or Foes? Target Selection Decisions and Performance Effects of Sovereign Wealth Funds", FRB International Finance Discussion Paper, No. 940, 2009.

Javier Santiso, "Sovereign Development Funds", OECD Development Centre Policy Insights, Apr. 2008.

Jeffrey Colon, "Financial Products and Source Basis Taxation: U.S. International Tax Policy at the Crossroads", 1999 *U. Ill. L. Rev.* 775, 1999.

Jehiel Zif, "Managerial Strategic Behavior in State-Owned Enterprises—Business and Political Orientations", *Management Science*, Vol. 27, No. 11, 1981.

Jennifer Cooke, "Finding the Right Balance for Sovereign Wealth Fund Regulation: Open Investment vs. National Security", 3 *Colum. Bus. L. Rev.* 728, 2009.

Jenik Radon, "Sovereignty: A Political Emotion, Not a Concept", 40 *Stan. J Int'l L.* 195, 2004.

Joe Kirwin, "Cross-Border Savings Tax Negotiations Between EU, Switzerland to Begin", Daily Tax Rep., Jun. 18, 2002.

Joel Slawotsky, "Sovereign Wealth Funds and Jurisdiction under the FSIA", 11 *U. Pa. J. Bus. L.* 967, 2009.

Joel Slawotsky, "Sovereign Wealth Funds as Emerging Financial Superpowers: How U.S. Regulators Should Respond", 40 *Geo. J. Int'l L.* 1239, 2008.

John Agnew, "The Territorial Trap: The Geographical Assumptions of International Relations Theory", *Review of International Political Economy*, Vol.1, 1994.

John Zysman and Eileen Doherty, "The Evolving Role of the State in Asian Industrialization", *Alfred P. Sloan Foundation Working Paper*, *No.* 84, 1995.

Joshua Aizenman and Jaewoo Lee, "Financial versus Monetary Mercantilism: Long-run View of Large International Reserves Hoarding", IMF Working Paper, 06/280, 2006.

J. Paulsson, "Arbitration Without Privity", 10 ICSID Rev. 232, 1995.

Karen Litfin, "Sovereign in World Ecopolitics", *Mershon International Studies Review*, Vol. 41, No. 2, 1997.

Katharina Pistor, "Sovereign Wealth Funds, Banks and Governments in the Global Crisis: Towards a New Governance of Global Finance?", *E.B.O.R.*, Vol.10, Issue 3, 2009.

Larry Catá Backer, "The Private Law of Public Law: Public Authorities as Shareholders, Golden Shares, Sovereign Wealth Funds, and the Public Law Element in Private Choice of Law", *Tu. L. Rev.*, Vol. 82, No. 1, 2008.

Larry Catá Backer, "Sovereign Investing in Times of Crisis: Global Regulation of Sovereign Wealth Funds, State Owned Enterprises and the Chinese Experience", *Transnational Law and Contemporary Problems*, Vol. 19, No. 1, 2009.

Larry Catá Backer, "Sovereign Wealth Funds as Regulatory Chameleons: The Norwegian Sovereign Wealth Funds and Public Global Governance Through Private Global Investment", 41 *Geo. J. Int'l L.*2, 2009.

Lawrence H. Summers, "The United States and the Global Adjustment Process", Speech at the Third Annual Stavros S. Niarchos Lecture at Institute for International Economics, Mar. 23, 2004.

Lorenzo Sasso, "New Trends in China's Foreign Investment Strategy", *International Spectator*, Vol. 42, No. 3, 2007.

Luca Enriques, Bad Apples, "Bad Oranges: A Comment From Old Europe on Post-Enron Corporate Governance Reforms", 38 *Wake Forest L. Rev.* 912, 2003.

Mark Plotkin, "Foreign Direct Investment by Sovereign Wealth Funds: Using the Market and the Committee on Foreign Investment in the United States together to Make the United States more Secure", 118 *Yale L.J. Pocket Part* 104, Nov. 17, 2008.

Margot C. Wuebbels, "Commercial Terrorism: A Commercial Activity Exception Under s 1605 (A) (2) of the Foreign Sovereign Immunities Act", 35 *Ariz. L. Rev.* 1123, 1993.

Martin Feldstein, "A Self-Help Guide for Emerging Markets", Foreign Affairs, Mar/Apr., 1999.

Martin Weiss, "Sovereign Wealth Funds: Background and Policy Issues for Congress", CRS Report, RL34336, 2009.

Michael Keen & Jenny Ligthart, "Information Sharing and International Taxation: A Primer", International Tax and Public Finance, 13: 1, 2006.

Michael Knoll, "Taxation and the Competitiveness of Sovereign Wealth Funds: Do Taxes Encourage Sovereign Wealth Funds to Invest in the United States?", 82 *S. Cal. L. Rev.* 1, 2009.

Michael Welch, "Fragmented Power and State-Corporate Killings: A Critique of Blackwater in Iraq", *Crime*, *Law and Social Change*, Vol. 51, No. 3-4, Nov. 2008.

Milner Helen, "The Assumption of Anarchy in International Relations Theory: A Critique", *Review of International Studies*, Vol. 17, Jan. 1991.

Miracky, William, Davis Dyer, Victoria Barbary, Veljko Fotak and William Megginson, "Sovereign Wealth Fund Investment Behavior", Monitor Group, Jul. 2008.

M. Mofidi, "The Foreign Sovereign Immunities Act And The Commercial Activity Exception: The Gulf Between Theory And Practice", *5 J. Int'l Legal Stud.* 95, 1999.

Narjess Boubakri and Jean-Claude Cosset, The Financial and Operating Performance of Newly Privatized Firms: Evidence from Developing Countries, *Journal of Finance*, Vol. 58, 1998.

National Rural Health Alliance, "Community Service Obligations: Meaning, Impact and Application", Rural Health Information Paper, No. 3, 1998.

Nicholas Brooks, "China's New Sovereign Wealth Fund: Implications for Global Asset Markets", Henderson Insight, Jul. 2007.

Nuno G. Fernandes, "Sovereign Wealth Funds: Investment Choices and Implications around the World", EFA 2009 Bergen Meetings Paper, Aug. 2009.

Olivia S. Mitchell, John Piggott& Cagri Kumru, "Managing Public Investment Funds: Best Practices and New Challenges", NBER Working Paper, No.

W14078, 2008.

Oscar M. Garibaldi, "Carlos Calvo Redivivus: The Rediscovery of the Calvo Doctrine in the Era of Investment Treaties", Proc. of the 57th Ann. Inst. on Oil & Gas Law, 2006.

Paolo Subacchi, "Asian & Gulf Sovereign Wealth Funds: A Tale of Two Continents", in John Nugée and Paola Subacchi eds., The GCC Region: A New Hub of Global Financial Power?, Royal Institute of International Affairs London, 2008.

Patrick Keenan, "Sovereign Wealth Funds and Social Arrears: Should Debts to Citizens be Treated Differently than Debts to other Creditors?", 49 *Va. J. Int'l L.* 431, 2009.

Patrick Keenan and Christiana Ochoa, "The Human Rights Potential of Sovereign Wealth Funds", 40 *Geo. J. Int'l L.* 1151, 2010.

Paul Rose, "Sovereigns as Shareholders", 87 N.C. L. Rev. 83, 2008.

Paul Rose, "Sovereign Wealth Funds: Active or Passive Investor", 118 *Yale L.J. Pocket Part* 104, 2008.

Paul W. Kahn, "The Question of Sovereignty", 40 *Stan. J. Int'l. L.* 259, 2004.

Pavlos Eleftheriadis, "Law and Sovereignty", Oxford Legal Studies Legal Research Paper Series, No. 42/2009, 2009.

Peter Bisson, Rik Kirkland & Elizabeth Stephenson, "The Market State", Mckinsey Quarterly, Jun. 2010.

Peter Stein, "Lessons From Singapore on Bank Bonuses", *The Wall Street Journal*, Jan. 23, 2010.

Philip D. Wooldridge, "The Changing Composition of Official Reserves", BIS Quarterly Review, Sept. 2006.

PwC Japan Tax Newsletter, Taxation of Sovereign Wealth Funds in Japan, Special Edition: Sept. 2009.

Ravi Ramamurti, "Performance Evaluation of State-Owned Enterprises in Theory and Practice", *Management Science*, Vol. 33, 1987.

Reuven S. Avi-Yonah, "Globalization, Tax Competition, and the Fiscal Crisis of the Welfare State", 113 *Harv. L. Rev.* 1573, 2000.

Richard Epstein and Amanda Rose, "The Regulation of Sovereign Wealth

Funds: The Virtues of Going Slow", 76 *U. Chi. L. Rev.* 111, 2009.

Robert Keohane, "Governance in a Partially Globalized World", *American Political Science Review*, Vol. 95, 2001.

Robert Kimmitt, "Public Footprints in Private Markets: Sovereign Wealth Funds and the World Economy", *Foreign Affairs*, Jan./Feb. 2008.

Roland Beck and Michael Fidora, The Impact of Sovereign Wealth Funds on Global Financial Markets, ECB Occasional paper series, No. 91, 2008.

Rolando Avendano and Javier Santiso, "A Regulatory Benchmark for Institutional Investments? Assessing Sovereign Wealth Funds' Financial Rationale", paper presented on the conference of "Sovereign Wealth Funds: Governance & Regulation" by the National University of Singapore Law School and Asian Society of International Law, Sept. 10–11, 2009.

Roman Frydman, Cheryl Gray and Marek Hessel, Private Ownership and Corporate Performance: Some Lessons from Transition Economics, World Bank Policy Research Working Paper, No. 1830, 1997.

Ronald Gilson and Curtis Milhaupt, "Sovereign Wealth Funds and Corporate Governance: A Minimalist Response to the New Mercantilism", 60 *Stan. L. Rev.* 1353, 2008.

Russell Green and Tom Torgerson, "Are High Foreign Exchange Reserves in Emerging Markets: A Blessing or a Burden?", *Office of International Affairs Occasional Paper*, No. 6, 2007.

Seidl-Hohenveldern, "Hierarchy of the Norms Applicable to International Investments", in Heere ed., International Law and Its Sources: Liber Amicorum Maarten Bos, Kluwer Law and Taxation Publishers, 1988.

Shai Bernstein et al., "The Investment Strategies of Sovereign Wealth Funds", Harvard Business School Working Paper, 2008.

Shams Butt et al., "Sovereign Wealth Funds: A Growing Force in Corporate Finance", *Journal of Applied Corporate Finance*, Volume 20, Issue 1, 2008.

Simon Chesterman, "The Turn to Ethics: Disinvestment from Multinational Corporations for Human Rights Violations – The Case of Norway's Sovereign Wealth Fund", 23 *Am. U. Int'l L. Rev.* 577, 2008.

Simon Johnson, "The Rise of Sovereign Wealth Funds", *Finance and Development*, Vol. 44, No. 3, 2007.

Sir John Gieve, "Sovereign Wealth Funds and Global Imbalances", *Bank of England Quarterly Bulletin*, 2008 Q2.

Sridhar Arcot, Valentina Bruno and Antoine Faure-Grimaudy, "Corporate Governance in the UK: Is the Comply or Explain Approach Working?", *International Review of Law and Economics*, Vol.30, Issue 2, 2010.

Stephen Jen, "The Definition of a Sovereign Wealth Fund", Morgan Stanley Research Global, Oct. 26, 2007.

Stephen Jen and Charles St-Arnaud, "Tracking the Tectonic Shift in Foreign Reserves and SWFs", *Morgan Stanly Research Global*, 2007.

Stephen Jen and David K. Miles, "Sovereign Wealth Funds and Bond and Equity Prices", *Morgan Stanley Research Global*, 2007.

Stephen Sosnick, "A Critique of Concepts of Workable Competition", 72 *Quarterly Journal of Economics*, 380, 1958.

Suzanne Walsh, "Taxation of Cross-Border Interest Flows: The Promises and Failures of the European Union Approach", 37 *Geo. Wash. Int'l L. Rev.* 251, 2005.

Sven Behrendt, "When Money Talks: Arab Sovereign Wealth Funds in the Global Public Policy Discourse", Carnegie Paper, No. 12, 2008.

Theodor Baums and Kenneth E.Scott, "Taking Shareholder Protection Seriously? Corporate Governance in the United States and Germany", 53 *Am. J. Comp. L.* 51, 2005.

Thomas Lee, "Making Sense of the Eleventh Amendment: International Law and State Immunity", 96 *Nw. U. Rev.* 233, 2002.

Veljko Fotak, Bill Megginson and Hui Li, "Sovereign Wealth Fund Losses in Listed Firm Stock Investments", in *Weathering the Storm Sovereign Wealth Funds in the Global Economic Crisis of 2008*, in William Miracky a Bernardo Bortolotti eds. Monitor Group, 2009.

Victor Fleischer, "A Theory of Taxing Sovereign Wealth", 84 *N.Y.U. L. Rev.* 440, 2009.

Walter Hellerstein, "Jurisdiction to Tax Income and Consumption in the New

Economy: A Theoretical and Comparative Perspective", 38 *Ga. L. Rev.* 1, 2003.

Wei Cui, "Is Section 892 the Right Place to Look for a Response to Sovereign Wealth Funds?", *Tax Notes*, Vol. 123, p. 1237, 2009.

William C. Hoffman, "The Separate Entity Rule in International Perspective: Should State Ownership of Corporate Shares Confer Sovereign Status for Immunity Purposes?", 65 *Tul. L. Rev.* 535, 1991.

William L. Megginson, " Bernardo Bortolotti, Veljko Fotak and William Miracky, Sovereign Wealth Fund Investment Patterns and Performance", FEEM Working Paper, No. 22, 2009.

William W. Burke-White and Andreas Von Staden, "Investment Protection in Extraordinary Times: The Interpretation and Application of Non-Precluded Measures Provisions in Bilateral Investment Treaties", 48 *Virginia Journal of International Law* 307, 2007.

Yair Aharoni, "Performance Evaluation of State-Owned Enterprises: A Process Perspective", *Management Science*, Vol. 27, No. 11, 1981.

Yvonne Lee, "A Reversal of Neo-Colonialism: The Pitfalls and Prospects of Sovereign Wealth Funds", 40 *Geo. J. Int'l L.* 1103, 2010.

Zhao Feng, "How Should Sovereign Wealth Funds be Regulated?", 3 *Brook. J. Corp. Fin. & Com. L.* 483, 2009.

(二) 著作类

Daniel W. Drezner, *All Politics Is Global: Explaining International Regulatory Regimes*, Princeton University Press, 2007.

Francisco Orrego Vicuña, *International Dispute Settlement in an Evolving Global Society*, Cambridge University Press, 2004.

Friedrich A. Hayek, *Monetary Nationalism and International Stability*, A. M. Kelley, 1989.

GAO, Laws and Policies Regulating Foreign Investment in 10 Countries, GAO-08-320, 2008.

Gerard Caprio, Jonathan Fiechter, Robert E. Litan & Michael Pomerleano eds., *The Future of State-Owned Financial Institutions*, Brookings Institution Press, 2005.

Giorgio Agamben, *Homo Sacer: Sovereign Power and Bare Life*, Stanford University Press, 1995/1998.

Hazel Fox, *The Law of State Immunity*, Oxford University Press, October 2008.

IMF, Global Financial Stability Report: Market Developments and Issues, Apr. 2007.

IMF, Sovereign Wealth Funds-A Work Agenda, Feb. 29, 2008.

IMF, "Sovereign Wealth Funds: Current Institutional and Operational Practices", Prepared by the IWG Secretariat in Collaboration with the Members of the IWG, Sept. 15, 2008.

IMF, Global Financial Stability Report, Apr. 2010.

James Hoge, "A Global Power Shift in the Making", Foreign Affairs, Jul./Aug., 2004.

Jennifer Johnson-Calari & Malan Rietveld eds., *Sovereign Wealth Management, Central Banking Publications*, 2007.

John Dondaldson, *International Economic Relations: A Treatise on World Economy and World Politics*, Longmans, Green and Co., 1928.

Malcolm D. Evans, *International Law*, Oxford University Press, 2003.

Mark Bourrie, *Canadian Business: Complains about NAFTA*, Inter Press Service, Mar. 22, 1999.

Michael J. Whincop, *Corporate Governance in Government Corporations*, Ashgate Publishing, 2004.

OECD, *Guidelines for the Corporate Governance of State-Owned Enterprises*, 2004.

OECD, *Regulating Market Activities by the Public Sector*, DAF/COMP (2004) 36, 2004.

OECD, *Corporate Governance of State-Owned Enterprises: A Survey of OECD Countries*, 2005.

OECD, *Netherlands-Report on Competition Law and Institutions (2004)*, DAF/COMP (2005) 10.

OECD, *OECD Declaration on Sovereign Wealth Funds and Recipient Country Policies*, Apr. 2008.

OECD, *National Treatment for Foreign-Controlled Enterprises*, Jul. 2009.

OECD, *Security-related Terms in International Investment Law and in National Security Strategies*, May 2009.

OECD, *Discussion Draft on the Application of Tax Treaties to State-Owned Entities*, Including Sovereign Wealth Funds, Nov. 2009.

Office of the President, The National Strategy for the Physical Protection of Critical Infrastructure and Key Assets, 2003.

Olivier Jeanne and Romain Ranciere, "The Optimal Level of International Reserves for Emerging Market Economies: Formulas and Applications", IMF Research Department Mimeo, 2005.

R. Doak Bishop, James Crawford, William Michael Reisman, *Foreign Investment Disputes: Cases, Materials, and Commentary*, Kluwer Law International, 2005.

Rudolf Dolzer & Christoph Schreuer, *Principles of International Investment Law*, Oxford University Press, 2008.

Rudolf Goldscheid, "A Sociological Approach to Problems of Public Finance", in R.A. Musgrave and A.T. Peacock eds., *Classics in the Theory of Public Finance*, 6th Edition, Martin's Press, 1996.

Saul Estrin, State Ownership, Corporate Governance and Privatisation, *in Corporate Governance, State-Owned Enterprises and Privatisation*, OECD, 1998.

Thomas Franck, Legitimacy in the International System, 82 *Am. J. Int'l L.* 705, 1988.

UNCTAD, Comprehensive Study of the Interrelationship between Foreign Direct Investment (FDI) and Foreign Portfolio Investment (FPI), United Nations, UNCTAD/GDS/DFSB/5, Jun. 23, 1999.

UNCTAD, Scope and Definition, New York and Geneva, 1999.

（三）其他类

A. Dorresteijn, I. Kuiper and G. Morse, European Corporate Law, 1994.

Andrew Ang, William N. Goetzmann & Stephen M. Schaefer, Evaluation of Active Management of the Norwegian Government Pension Fund-Global, 2009.

Arina Popova, "We don't Want to Conquer You; We Have Enough to Worry about: The Russian Sovereign Wealth Fund", 118 *Yale L.J. Pocket Part* 109, 2008, p. 115.

Article 2, Kuwait Investment Authority Law (Law No.47/1982).

Article 96.1, 96.2, Budget code of the Russian Federation, Chapter 13.1.

Article 1, Articles of Incorporation of Korea Investment Corporation (Amended on February 7, 2007).

Ashby Monk, "Recasting the Sovereign Wealth Fund Debate: Trust, Legitimacy, and Governance", May 1, 2008, http: //ssrn.com/abstract=1134862.

Bank of England, "The Role of Macroprudential Policy", Discussion Paper, 2009.

Barcelona Traction, 1970 I.C.J. Reports, 1970.

Bernardo Bortolotti, Veljko Fotak, William L. Megginson, & William Miracky, CBI and the Serco Institute, "A Fair Field and No favours: Competitive Neutrality in UK Public Service Markets", CBI Policy Brief, 2006.

Christopher Cox, "The Rise of Sovereign Business", lecture at Gauer Distinguished Lecture in Law and Policy at the American Enterprise Institute Legal Center for the Public Interest, Dec. 5, 2007.

Clay Lowery, "Remarks on Sovereign Wealth Funds and the International Financial System" (Jun. 21, 2007), http: //www.treas.gov/press/release/hp471.htm.

"Community Service Obligations – Some Definitional, Costing and Funding Issues", prepared by the Industry Commission in conjunction with the Steering Committee on National Performance Monitoring of Government Trading Enterprises, Apr. 1994.

Deloitte Research, "Insurance Firms: The Missing Link in the Sovereign Wealth Fund Acquisition Spree", 2008.

Department of Homeland Security, The 2009 National Infrastructure Protection Plan, 2009.

Dewenter, Kathryn, Xi Han and Paul Malatesta, "Firm Values and Sovereign Wealth Fund Investments, Working Paper", University of Washington and

Tsinghua Working Paper Series, 2008.

Draft Articles on Responsibility of States for Internationally Wrongful Acts with Commentaries, 2001.

"Doha WTO Ministerial 2001: Ministerial Declaration", WT/MIN (01) /DEC/1, Para. 40, Nov. 20, 2001.

Dow Jones Newswires, "Australia Tax Office: Private Equity Capital Gains May Be Taxable", Dec. 16, 2009.

EU Commission, XXXth Report on Competition Policy 2000.

Financial Times, State Oil Groups Call on Delhi to Join Assets Race, Mar. 18, 2010.

FIRB, "Guidelines for Foreign Government Investment Proposals", http://www.firb.gov.au/content/direct.asp.

George Soros, "Hedge Funds and Dynamic Hedging", Testimony to U.S. House of Representatives Committee on Banking, Finance, and Urban Affairs, Apr. 13, 1994.

Gerard Lyons, Speech at the Institute for International Bankers Annual Washington Conference: Two Hot Topics: Sovereign Wealth Funds and China, http://wholesalebanking.standardchartered.com/en/capabilities/financialmarkets/research/Documents/thoughtleadershpspeeches.pdf.

GIC, Report on the Management of the Government's Portfolio for the Year 2008/09.

Gordon Clark, Temptation and the Virtues of Long-Term Commitment: The Governance of Sovereign Wealth Fund Investment. Available at SSRN: http://ssrn.com/abstract=1349123, visited on Sept. 10, 2009.

Gordon Clark and Ashby Monk, "Resource Wealth and the Ethics of Global Investment: The Legitimacy and Governance of Norway's Sovereign Wealth Fund", Sept. 15, 2009, http://ssrn.com/abstract=1473973.

Gordon Clark and Ashby Monk, "The Oxford Survey of Sovereign Wealth Funds Asset Managers", http://papers.ssrn.com/sol3/papers.cfm? abstract_id = 1432078.

Gordon Clark, "Temptation and the Virtues of Long-Term Commitment: The Governance of Sovereign Wealth Fund Investment", Feb. 25, 2009, http://

ssrn.com/abstract=1349123.

HFSB, "Who has signed up to the process of the HFSB best practice standards?", available at http: //www.hfsb.org/? section=10567.

IMF, "The Rise of Sovereign Wealth Funds", 44 Finance & Development Quarterly 3, 2007.

IMF, Global Financial Stability Report: Market Developments and Issues, April 2007.

IWG-SWF, "International Working Group of Sovereign Wealth Funds Presents the 'Santiago Principles' to the International Monetary and Financial Committee", available at http: //www.iwg-swf.org/pr/swfpr0806.htm.

International Law Commission of UN, "Draft Articles on Diplomatic Protection with Commentaries", Yearbook of the International Law Commission, Vol. Ⅱ, 2006.

John Moteff and Paul Parfomak, Critical Infrastructure and Key Assets: Definition and Identification, 2004.

Joint Committee on Taxation, Economic and U.S. Income Tax Issues Raised by Sovereign Wealth Fund Investment in the United States, JCX -49 - 08, 2008.

Korea Investment Corporation, Annual Report, Investment Policy Statement, 2008.

Lawrence H. Summers, "Sovereign Funds Shake the Logic of Capitalism", *Financial Times*, Jul. 30, 2007.

Lawrence Summers, "Funds that shake capitalist logic", *Financial Times*, Jul. 29, 2007.

Norwegian Ministry of Finance, Active Management and Active Ownership, 2009.

New South Wales Government Policy Summary of the Competitive Neutrality Complaints Handling Mechanism, Jan. 2002.

OECD, Agreement on Exchange of Information on Tax Matters, Apr. 2002.

Office of the President, The National Strategy for the Physical Protection of Critical Infrastructure and Key Assets, Feb. 2003.

Paul Krugman, "China's Dollar Trap", *The New York Times*, Apr. 2, 2009.

Remarks by Treasury Assistant Secretary for International Affairs Clay Lowery at Barclays Capital's 12th Annual Global Inflation-Linked Conference on Feb. 25, 2008, available at http://www.treas.gov/press/releases/hp836.htm.

Revenue Canada Agency, IC77-16R4, s. 50, available at http://www.cra-arc.gc.ca/E/pub/tp/ic77-16r4/ic77-16r4-e.html, visited May 30, 2009.

Rodriguez-Cedeño, "Diplomatic Protection: Statement of the Chairman of the Drafting Committee", http://untreaty.un.org/ilc/sessions/56/diplomatic_protection_statement_final.pdf.

Section1, Government pension fund Act of Norway (No. 123 of 21 December 2005).

Temasek Holdings, Temasek Report 2009.

"Sovereign Wealth Fund Investment Patterns and Performance" (Sept. 18, 2008), EFA 2009 Bergen Meetings Paper.

Sovereign Wealth Institute, "Sovereign Wealth Transparency & Investment Strategy", available at http://www.swfinstitute.org/news/mareight.php.

Sridhar Arcot and Valentina Giulia Bruno, "One Size Does Not Fit All, After All: Evidence from Corporate Governance", 1st Annual Conference on Empirical Legal Studies, 2013.

Steven R. Weisman, "Rules Urged To Govern Investing by Nations", *N.Y. Times*, Oct. 20, 2007.

Sunita Kikeri, John Nellis, Mary Shirley, Privatization: The Lessons of Experience, World Bank, 1992.

SWF Institute, Linaburg-Maduell Transparency Index, available at http://www.swfinstitute.org/research/transparencyindex.php.

Symposium, "Linkage as Phenomenon: An Interdisciplinary Approach", 19 *U. PA. J. Int'l Econ. L.* 209, 1998.

Temasek, "Our Mission", available at http://www.temasekholdings.com.sg/about_us.htm.

The Monitor Group, Assessing the Risks: The Behaviors of Sovereign Wealth Funds in the Global Economy, 2008.

"UK Trade and Investment, UK to Attract Sovereign Wealth Funds", Apr.

11, 2008, http: //www.ukinvest.gov.uk/OurWorld/4019411/en -GB.html, 2009.

UNCTAD, " World Investment Report 2009: Transnational Corporations, Agricultural Production and Development", 2009.

Vidhi Chhaochharia & Luc Laeven, "The Investment Allocation of Sovereign Wealth Funds" , available at: http: //papers.ssrn.com/sol3/papers.cfm?abstract_id=1262383.

Wei Cui, "Income Taxation of State-Owned Enterprises: Theory and Chinese Evidence", available at http: //ssrn.com/abstract=1410463.

Yearbook of the International Law Commission, 1997, Vol. Ⅱ.

索　引

C

D

F

G

H

I

J

K

L

M

N

Q

S

T

W

Y

Z

后　记

本书是在我的博士论文基础上修改完成的。在本书即将付梓之际，特别要感谢我的导师周仲飞教授和 Joseph Norton 教授。Joseph Norton 教授书桌对面墙上贴的“RESULT”，像一个图腾，激励着我们不懈探索。我期待今后有机会能用更富有价值的成绩来纪念师门辱教十载的点滴。

感谢那些给我良多教益的先生们，他（她）们是李明良、李清伟、Xuan-Thao Nguyen、毛毕华、李树憬、苏虎超、段小京、曾坚、姚少杰等。感谢我在上海财经大学和美国南卫理公会大学（SMU）的同窗好友，尤其是同门的师兄弟姐妹。感谢关心和帮助过我的朋友们。

感谢国家留学基金委员会“建设高水平大学”项目对我赴美留学的支持，感谢中国博士后科研基金会和中国社会科学院创新工程学术出版项目的资助。

感谢我的父母和岳父母，感谢我的妻子管科超和女儿李知窈，你们的爱充盈了我的年华。

由于能力、时间所限，错讹之处在所难免，敬请不吝指教。

李虹

2014 年 8 月

图书在版编目（CIP）数据

主权财富基金监管研究/李虹著. —北京：经济管理出版社，2014.10
ISBN 978-7-5096-3376-2

Ⅰ. ①主…　Ⅱ. ①李…　Ⅲ. ①投资基金—基金管理—研究　Ⅳ. ①F830.45

中国版本图书馆 CIP 数据核字（2014）第 211144 号

组稿编辑：宋　娜
责任编辑：宋　娜　梁植睿
责任印制：黄章平
责任校对：张　青

出版发行：经济管理出版社
（北京市海淀区北蜂窝 8 号中雅大厦 A 座 11 层　100038）
网　　址：www. E-mp. com. cn
电　　话：(010) 51915602
印　　刷：三河市延风印装厂
经　　销：新华书店
开　　本：720mm×1000mm/16
印　　张：16.75
字　　数：275 千字
版　　次：2014 年 10 月第 1 版　　2014 年 10 月第 1 次印刷
书　　号：ISBN 978-7-5096-3376-2
定　　价：88.00 元